浙江省普通本科高校"十四五"重点立项建设教材

高等院校经济管理类新形态系列教材

商务沟通与谈判

（附微课）

□ 莫群俐 主编

□ 闫森 杨丽华 副主编

人民邮电出版社

北 京

图书在版编目（CIP）数据

商务沟通与谈判：附微课 / 莫群俐主编. -- 北京：
人民邮电出版社，2025. --（高等院校经济管理类新形态
系列教材）. -- ISBN 978-7-115-67864-5

Ⅰ. F715.4

中国国家版本馆 CIP 数据核字第 2025JQ7112 号

内 容 提 要

本书分上下两篇，共 14 章。上篇为商务沟通篇，包括沟通与商务沟通、口头沟通、书面沟通、非语言沟通、网络沟通、商务沟通礼仪、跨文化沟通和基本商务沟通等；下篇为商务谈判篇，包括商务谈判基础、商务谈判理论基础、商务谈判沟通艺术、商务谈判的准备、商务谈判策略和国际商务谈判。

本书章首设置了"导入案例"，正文内穿插了"案例与思考""案例赏析""视野拓展""微视频""自我测评""拓展游戏"等栏目，章后"思考与实践"模块包括"思考与讨论""活动与演练""案例分析"，"知识巩固"模块以二维码链接了多种类型的习题。

与本书配套的教学大纲、电子教案、电子课件、补充案例、习题及答案、实训指导、模拟试卷及答案等资料的索取方式参见附录内的更新勘误表和配套资料索取示意图（部分资料仅限用书老师下载，咨询 QQ：602983359）。

本书为高等院校经济管理类相关专业教科书，也可作为企业的培训教材及职场人士的自学参考用书。

♦ 主　　编　莫群俐

副主编　闫　森　杨丽华

责任编辑　万国清

责任印制　陈　犇

♦ 人民邮电出版社出版发行　　北京市丰台区成寿寺路 11 号

邮编　100164　　电子邮件　315@ptpress.com.cn

网址　https://www.ptpress.com.cn

三河市祥达印刷包装有限公司印刷

♦ 开本：787×1092　1/16

印张：14.25　　　　　　　　　　2025 年 9 月第 1 版

字数：380 千字　　　　　　　　 2025 年 9 月河北第 1 次印刷

定价：56.00 元

读者服务热线：（010）81055256　印装质量热线：（010）81055316

反盗版热线：（010）81055315

前　言

在社会发展中，沟通是人们交换信息、增进情感、交流思想必不可少的环节。尤其是在经济全球化、信息大爆炸的今天，高效沟通已经成为每一位商务人士必备的技能。对于有志于从事商务活动的人士而言，掌握高效沟通的精髓是增强职场竞争力的有效保障。

为更好地落实党的二十大所强调的立德树人这一根本任务，满足教师教学与学生学习的需要，增强教材的实践性和趣味性，我们在编写本书时特别注重通过大量生动、具体的案例为学生学习以及提升谈判技能提供具有可操作性的建议和指导，具体体现在以下几个方面。

（1）理论讲述深入浅出，避免晦涩。本书以大量现实案例阐述理论方法，从而确保学生能够及时消化并吸收相关知识。

（2）强调案例教学是整个教学活动的重要环节。本书每一章均从具有实际应用背景的导入案例开始引入正文，然后再介绍相关的基本理论、方法和技巧，其中以"案例与思考""案例赏析""视野拓展""微视频"等栏目来辅助说明商务沟通与谈判的理论、方法和技巧在实践中的应用。"自我测评"栏目可帮助学生增强自我认知，"拓展游戏"栏目可提高教学和学习的互动性、趣味性，增强教学和学习效果。

（3）各章末均提供三类基本训练材料。思考与讨论：让学生对本章基本内容进行回顾总结。活动与演练：要求学生深度参与训练，并通过互动来提升学生的谈判技能；此训练兼有专业性和趣味性的特点，能提高学生对理论学习的兴趣。案例分析：要求学生在掌握基础知识的基础上分析实际问题。

与本书配套的教学大纲、电子教案、电子课件、补充案例、习题及答案、实训指导、模拟试卷及答案等资料的索取方式参见附录内的更新勘误表和配套资料索取示意图（部分资料仅限用书老师下载，咨询 QQ：602983359）。

我们在编写本书的过程中参阅了大量国内外有关论著，在此向各位专家、学者一并表示诚挚的谢意！

感谢宁波工程学院在我们编写本书的过程中给予大力支持。

由于编者水平所限，书中难免有不当之处，敬请广大同行和读者批评指正。

编　者

目　　录

上　篇

商务沟通篇

本篇主要内容

Communication and negotiation

第一章　沟通与商务沟通

📓 **学习目标**

了解沟通的含义与意义；认识沟通的过程与类型；理解商务沟通的重要作用；掌握商务沟通前需做好的准备。

> 📎 **导入案例**
>
> 丁强是一家建筑公司的安全检查员，督促工地上的工人佩戴安全帽是他的职责之一。在他工作的第一个月，每当发现有工人不戴安全帽时，他便会严肃地要求工人改正。其结果是，受到批评的工人虽然会勉强戴上安全帽，但等他一离开，有的工人就会把安全帽摘掉。发现第一个月的督促效果不佳后，从第二个月起，丁强决定改变工作方式。他再看见有工人不戴安全帽时，便会询问工人帽子戴起来是否不舒服或帽子尺寸是否不合适，并亲切地给工人分析戴安全帽的重要性。结果，第二个月的督促效果比第一个月好了很多。
>
> **思考与讨论：** 你是如何理解这两种沟通方式的效果差异的？这说明了什么？

第一节　沟通概述

我们都知道，看似最简单的事情，往往也是最难的事情。沟通也一样，似乎每个人都会和他人沟通，但人和人之间的沟通能力还是有较大差异的。商场是追求效率、效益之地，要想驰骋于此，则要对商务沟通进行深入的研究。

一、沟通的意义

《现代汉语词典》（第 7 版）对沟通的解释是：使两方能通连。我们可以将沟通定义为：沟通是指信息、思想与情感凭借一定符号载体，在个人或群体间从发送者传递给接收者，并获得理解、达成协议的过程。

从沟通的定义可以看出，沟通具有以下含义：首先，沟通的传递要素包括中性信息、理性思想与感性情感；其次，沟通具有相互性，只有发生在两个及两个以上个体或群体之间的传递过程才能称为完整的沟通；最后，主体发出的信息、思想与情感不仅要传递给特定的对象，即沟通客体，还要被充分理解并使主客体双方达成协议。总之，沟通是主客体双方准确传递、理解、反馈信息、思想与情感的过程。

家庭、企业、国家等都是十分典型的组织形态，沟通是组织的基本活动之一。沟通是维系组织关系、创造和维护组织文化、提高组织效率和效益、支持和促进组织不断进步与发展的重要途径。善于沟通的人懂得如何维持和改善与他人的关系，能更好地展示自我、发现他人的需要，从而建立良好的人际关系。有效沟通的意义可以总结为以下几点。

（1）传递和获得信息。信息的传递和获得，都需要通过沟通来进行。通过沟通，双方才能交换有价值的信息，生活中的事务才能得以开展。有效地传递信息能提高办事效率，积极地获得信息会提升人们的竞争力。在沟通中，好的沟通者善于保持注意力集中，能获得所需要的重要信息，并节省时间与精力，从而拥有更高的沟通效率。

（2）满足个体的需要。从心理学角度来说，人们的情绪需要通过沟通来加以调节；从社会学与经济学的角度来说，人们沟通的目的是满足各自的需要，减少内部冲突，调节情绪与促进情感交流，增进相互理解。

（3）改善人际关系。社会是由人们所维持的关系组成的网络，人们需要同周围的社会环境相联系。沟通与人际关系两者相互促进、相互影响。有效的沟通可以使人们建立和谐的人际关系，进而使沟通更加顺畅。

（4）实现组织的目标。从管理学的角度分析，良好的沟通可以使组织成员的行为协调一致，通过彼此的信息交流，高效率地实现组织的目标。

> 电影《荒岛余生》中，汤姆·汉克斯扮演的男主人公被困在孤岛上。因为孤独，他把一个排球当作最好的朋友和精神寄托。当他的"排球朋友"掉落在大海中，他奋力去救，但没办法救回来时，他大喊："I'm sorry!"这镜头让人感动得落泪。我们离不开他人，更离不开沟通。

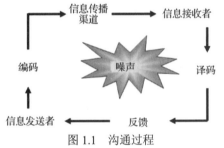

图 1.1　沟通过程

二、沟通的过程

沟通的过程是信息发送者通过选定的信息传播渠道将信息传递给信息接收者的过程。图 1.1 所示的沟通过程涉及信息发送者、编码、信息传播渠道、信息接收者、译码、反馈等要素。此外，在这个过程中还可能存在妨碍沟通的因素，即噪声。

（1）信息发送者。信息发送者是沟通过程中的主要要素。信息发送者是利用生理或机械手段向预定对象发送信息的一方。信息发送者可以是个人，也可以是组织。信息发送者的主要任务是信息的收集、加工及传播。

（2）编码与译码。编码是指信息发送者将信息的意义符号化，编成一定的文字等语言符号及其他形式符号的过程。译码则是指信息接收者在接收信息后，将符号化的信息还原成思想，并理解其意义的过程。完美的沟通应该是：信息发送者的思想经过编码和译码后，与信息接收者形成的思想完全吻合，即编码和译码完全"对称"。编码与译码"对称"的前提条件是收发双方拥有共同的经验；如果双方对信息符号及信息内容缺乏共同的经验，即缺乏共同语言，编码、译码过程就不可避免地会出现偏差。

（3）信息传播渠道。不同的信息内容要求使用不同的传播渠道。例如，工作总结多采用正式文件的形式而很少采取口头形式。再如，邀请朋友吃饭如果采取备忘录的形式就显得不伦不类了。有时根据需要，也可以使用两种或两种以上的渠道传递信息。在各种沟通方式中，影响力最大的是面对面的沟通方式。

（4）信息接收者。信息接收者是信息发送者的信息传递对象。人们通过沟通分享信息、交流思想和感情，这种分享和交流是可以双向进行的。在大多数情况下，信息发送者与信息接收者在同一时间既发送信息又接收信息。因此，信息接收者的主要任务不仅是接收信息发送者的信息、思想和情感，还要及时地把自己的信息、思想和情感反馈给对方。

（5）反馈。反馈是指信息接收者接收信息发送者所发出的信息，经过消化吸收后，将自己的理解传达给信息发送者的过程。沟通本质上不是行为而是过程，这意味着在沟通的每一个阶段都要寻求受众的支持，更重要的是给予他们回应的机会。通过反馈，双方才能顺利沟通。在沟通过程中，反馈既可以是有意的，也可以是无意的。例如，演讲者在演讲时就存在与听众沟通的过程，听众可能会以喝倒彩表达他们的不满，也可能会表现出疲惫或精力不集中。听众这种无意间的情绪流露，可以反映出他们对演讲的内容或方式不感兴趣。在沟通中，反馈是非常重要的一环，它可以让信息发送者得知对方是否接收与理解自己发出的信息，并了解对方的真实感受。

（6）噪声。噪声是指沟通过程中的干扰因素。它是准确解释和理解信息的障碍，可以说妨碍沟通的任何因素都是噪声。噪声存在于信息发送者和信息接收者之间，分为外部噪声、内部噪声和语义噪声等。

三、沟通的类型

依据不同的划分标准，沟通可以分为不同的类型。分析不同类型沟通的特点，有利于我们选择更恰当的沟通方式。

1. 语言沟通和非语言沟通

根据沟通符号的不同，沟通可分为语言沟通和非语言沟通。

语言沟通建立在语言文字的基础上，它又可分为口头信息沟通和书面信息沟通。语言可以帮助人们获得他人的理解，人们大多数时候是通过语言使他人对自己产生印象的。

非语言沟通是指通过某些媒介而不是语言文字来传递信息。非语言沟通的内涵十分丰富，包括身体语言、时间、沉默和空间等。非语言沟通与语言沟通同样重要，有时其作用会更加明显。

有效的沟通是语言沟通和非语言沟通的结合。

> 美国加利福尼亚大学洛杉矶分校的研究者发现，在面谈中，55%的信息来自身体语言，38%来自语调，仅有7%来自真正的语言。正如管理学大师德鲁克所说："人无法只靠一句话来沟通，总是得靠整个人来沟通。"人们控制要说的话比较容易，而控制身体语言却不容易，有些身体语言常会将人的思想暴露无遗。

2. 口头沟通和书面沟通

根据语言载体的不同，沟通可分为口头沟通和书面沟通。

在生活中，我们可以通过面谈、小组讨论、演讲、打电话等方式与他人进行口头沟通，也可以通过电视、电影、录像等方式来获得信息。口头沟通的优点在于快速传递信息和反馈，缺点在于信息失真的潜在可能性较大。当信息经过多人传递时，涉及的人越多，出现信息失真的可能性就越大。

书面沟通是指人们利用信函、出版物、传真、平面广告、网页、电子邮件、备忘录、报告和报表等书面文字或符号载体进行沟通。书面沟通有形且可以核实，对于复杂或长期的沟通来说，这一点尤为重要。但是书面沟通比较耗费时间，花费1小时写出的东西，如果采用口头表达，可能只需十几分钟就能说完。同时，难以及时反馈也是书面沟通的一个缺陷。口头沟通能使信息接收者对自己听到的信息及时进行回应，而书面沟通则不具备这种内在的反馈机制。

21世纪兴起的电子沟通既有口头沟通，又有书面沟通，它是指将包括图表、音像、文字等在内的语言信息，通过电子信息技术转化为电子数据信息传递的一种沟通方式。它的主要特点和优势是可以将大量信息以较低成本快速地进行远距离传送，还可以在短时间内跨时空、大范围传送信息。

3．**正式沟通和非正式沟通**

根据沟通内容是否具有结构性和系统性，沟通可分为正式沟通和非正式沟通。

正式沟通是指按照组织所规定的路线和程序进行的信息传递和交流，如组织间的信函往来，组织内部的文件传达、汇报等。沟通越正式，对内容的精准性和对听众定位的准确性要求就越高。正式沟通相对来说内容和形式比较刻板、速度比较慢，需要花更多工夫去减少信息层层传递之后失真或被扭曲的可能。

非正式沟通是指运用组织以外的渠道进行的信息传递与交流，如员工私下交谈、朋友聚会聊天等。非正式沟通的优点是相对迅速、反馈直接，且具有较强的交互性、创造性、开放性、流动性和灵活性等特点；缺点是沟通难以控制，信息容易失真，可能导致小集体、小圈子的产生，影响组织的凝聚力和向心力。

4．**向上沟通、向下沟通和平行沟通**

根据信息在群体或组织中传递的方向，沟通可分为向上沟通、向下沟通和平行沟通。

向上沟通是指居下者向居上者表达意见，即通常所说的下情上传。在向上沟通中，"下"是主体。积极地向上沟通可以给员工提供参与管理的机会，减少员工因不能理解下达的信息而造成的失误，营造开放式氛围，提升企业创新能力。

向下沟通是指居上者向居下者传达意见、发号施令等，即通常所说的上情下达。在向下沟通中，"上"是主体。要想沟通顺畅，上司要摆正心态，不能高高在上，否则会使下属产生畏惧心理或不愿沟通的反感情绪。

平行沟通是指处于同等地位人员之间的横向联系。平行沟通的目的是交换意见，以求心意相通。向上、向下沟通时，人们比较容易找到合理的平衡点；平行沟通时，人们则容易产生"谁怕谁？"的心态。人们常说"你敬我一尺，我敬你一丈"，尊重对方，对方也会以礼相待，这样才能更有效地沟通。

 **案例与思考**

王宏该怎么办

王宏的投资公司是在政府支持下成立的窗口公司。在国内经济形势好的时候，公司集资成立了两家子公司，王宏委派自己的老同学沈文和林立分别担任两家子公司的总经理。两人在担任总经理后，又投资成立了多家孙公司，且双方业务有重叠。沈文和林立管理不善，与王宏和中层干部都缺乏沟通。孙公司又擅自做出投资决定，使公司蒙受损失。王宏决心整顿子公司，但他十分纠结，不知该如何进行整顿。

思考与讨论：本案例涉及的是什么样的沟通问题？与沈文和林立的同学关系是否会影响王宏的决策？如果你是王宏，你会怎么做？

5．**单向沟通和双向沟通**

根据是否进行反馈，沟通可分为单向沟通和双向沟通。

单向沟通是指在沟通过程中，信息发送者负责发送信息，信息接收者负责接收信息，信息在沟通全过程中单向传递。单向沟通没有反馈，如做报告、发指示、下命令等。

双向沟通是指信息发送者和信息接收者之间进行双向的信息传递，在沟通过程中双方角色不断变换，沟通双方既是信息发送者又是信息接收者。双向沟通中的信息发送者以协商和讨论的方式与信息接收者交流，信息发出以后还须及时听取反馈意见，必要时双方可进行多次商谈，直到达成共识为止。双向沟通与单向沟通的比较如表 1.1 所示。

表 1.1 双向沟通与单向沟通的比较

项　目	比　较
时间	双向沟通比单向沟通耗费的时间更多
信息准确度	在双向沟通中，信息发送与接收的准确性比单向沟通更高
沟通者的自信度	双向沟通中的信息接收者会产生平等感和参与感，自信心和责任心较强，双方都比较相信自己对信息的理解；单向沟通则与之相反
满意度	双向沟通的双方对沟通的满意度一般更高
噪声	双向沟通中，与主题无关的信息较易混入沟通过程，噪声比单向沟通要大得多

单向沟通与双向沟通各有优缺点，我们应学会在不同的情况下选择合适的沟通方式。组织如果更重视工作效率与管理秩序，宜采用单向沟通，如例行公事、上对下的命令传达等。组织如果要求工作准确性高、重视成员间的人际关系，则宜采用双向沟通；如果是处理新的复杂问题，需要上层组织做重大决策，双向沟通的效果更好。对领导者个人来说，如果经验不足，或者想树立权威，则单向沟通较有利。

6.　自我沟通、人际沟通和群体沟通

根据沟通对象的不同，沟通可分为自我沟通、人际沟通和群体沟通。

自我沟通也称内向沟通，即信息发送者和信息接收者为同一个人，个人自行发出信息、自行传递、自我接收和理解，自己是信息的唯一发送者和接收者，信息由思想和情感构成，大脑是渠道。自我沟通中自己的所思所想时刻都在发生改变。在自我沟通中，你不用直接与他人接触，你的经验就会使你懂得如何与自己"交谈"。

人际沟通是指人们之间的信息交流过程，也就是人们在共同活动中彼此交流各种观念、思想和感情的过程。这种交流主要通过言语、表情、手势、体态以及社会距离等来表达。它能满足人们心理上、社会上和决策方面的需求。心理上，人们为了满足社会性需求而沟通；社会上，人们为了发展和维持关系而沟通；在决策中，人们为了分享资讯和影响他人而沟通。人际沟通在形成组织规范、协调人际关系、实现组织目标和加强组织领导方面具有举足轻重的作用。

群体沟通指的是组织中两个或两个以上相互作用、相互依赖的个体，为了达到基于各自目的的群体特定目标而组成集合体，并在此集合体中进行交流的过程。

7.　即时沟通和延时沟通

根据信息发送者发送信息和信息接收者接收信息之间时间的长短差异，沟通可分为即时沟通和延时沟通。

即时沟通，就是信息发送和接收基本同步进行。面对面（包括会议）、音视频或电话沟通等都有即时的特性。即时沟通对信息发送者和接收者都有更高的要求，出错的可能性大，但可立即交流、及时纠正差错信息。

书面、邮件、语音留言、文本留言、便笺等都有延时性，信息发送者发出信息一段时间后才能到达信息接收者或者被信息接收者看到或听到，这些就是延时沟通。信息发送者应充分利用延时特性，反复检查信息，力求发出的信息准确无误。对于语音留言、文本留言等，信息发送者可在发出信息后再检查，发现错误可选择撤回、补充说明等方法确保信息准确无误。

在商务沟通中，延时沟通常会更稳妥，但由于延时沟通缺乏即时交流，信息接收者也可能会误解对方的信息。

 拓展游戏

撕纸游戏

操作程序如下。①给每位学生发一张纸。②老师发出以下类似的指令：大家闭上眼睛，全程不许提问；

把纸对折，再对折，继续对折；把右下部分撕下来；把纸旋转180°，把左上部分撕下来；睁开眼睛，把纸打开。

思考与讨论：与周围的同学对比各自手中纸的形状，并讨论为什么会出现不同的结果。

第二节　商务沟通概述

任何组织和个人，为了生存和发展必然要参加社会活动，并从中获取物质、能量和信息，直接或间接地通过交换为社会提供产品或服务。其中与市场相关的活动，通常称为商务活动或商业活动。商务活动是指参与市场活动的主体（如政府、厂商、家庭与个人等），围绕卖方以营利为目的的产品出售和买方以生存和发展为目的的产品购买所进行的相关经济活动的集合。在商务领域，沟通是否有效，很多时候直接决定了商务活动的成败。

商务沟通是指商务组织为了取得经营的成功，组织大量的商务活动，凭借一定的渠道（也称媒体或通道），将有关商务经营的各种信息发送给商务组织内外既定对象（信息接收者）并寻求反馈，以求得与商务组织内外既定对象相互理解、支持与合作的过程。

一、商务沟通的作用

为什么要学习商务沟通？这要从商务沟通的作用谈起。在现代商务活动中，商务沟通的作用主要体现在以下几个方面。

1. 商务沟通是实现信息共享的重要手段

沟通的基本特征就是实现信息共享。

> 英国大文豪萧伯纳曾经说过："如果你有一个苹果，我也有一个苹果，我们彼此交换苹果，那么，你我仍然各有一个苹果；如果你有一种思想，我也有一种思想，我们彼此交换思想，那么，我们每个人将各有两种思想。"

商务沟通最基本的作用是在商务活动中实现信息共享。任何个人要想在商务活动中取得成功，必须与同事以及公司外部的有关人员沟通，以实现对有关信息的共享。公司想要保证经营活动顺畅、有序地进行，需要通过沟通来保证内部不同部门之间，以及内部部门与某些外部机构之间实现信息共享。

> 未来学家托夫勒在其著作《权力的转移》中曾提出，我们的社会中最重要的要素是知识，未来的财富创造主要依靠知识的开发与交流。这意味着员工必须掌握沟通技巧，以实现知识共享。能通过沟通更快地掌握更多所需信息的人和企业，将比不善于沟通的人和企业创造更多的财富。

2. 商务沟通是在新环境中获取竞争优势的重要手段

沟通正成为新的环境条件下公司和个人谋求生存和发展、增强竞争优势的重要手段。

从公司外部看，环境变化越来越迅速，竞争越来越激烈，公司既需要利用沟通来把握竞争态势，也需要通过沟通了解市场需求，并让客户熟悉本公司及其产品，以促使客户做出有利于本公司的购买决定。公司需要通过沟通让利益相关者了解其目标，以便获得有关各方的支持。只有对外沟通良好的公司才能成功地收集和传递有关的信息，保持和增进与有关各方的关系，从而在激烈的市场竞争中处于有利的地位。由此可见，良好的沟通是增强外部竞争优势所必需的。

微视频
商务沟通概述

从公司内部看，公司要想在商务活动中取得成功，需要让员工了解公司的发展方向与策略，以便使他们更好地为公司服务，这需要良好的沟通来保证。全面质量管理、更快速的新产品开发、公司组织结构的扁平化、供应链和物流管理等方案的实施，都要求公司内部部门之间的信息传递顺畅，成员间相互信任，这一切都依赖于良好的沟通。如果部门之间缺乏良好的沟通，公司员工就可能无法获得和传递需要的信息，也会缺乏合作需要的基本信任，公司就会在竞争中陷入困境。

公司的良好业绩依赖于员工之间的良好沟通。善于沟通的员工能比其他员工更好地建立、维护和改善工作中的人际关系，获得更多的支持和合作机会，这也正是员工竞争力的体现。

3. 商务沟通是实现商务目的的基础

商务沟通能够帮助企业影响和说服客户、合作伙伴和员工。通过有效的沟通技巧，企业可以建立更强的影响力，改变他人的态度和观点，并激发动力。有效的商务沟通可以简化工作流程，降低企业成本。通过有效的沟通，企业可以避免误解和冲突，更快地解决问题，提高工作效率，最终实现商务目的。

视野拓展

商务沟通能力是公司招聘和调整员工职位的重要依据。

对于个人而言，无论是即将参加工作的大学生，还是工作多年后再择业的员工，商务沟通能力都是决定其能否找到理想工作以及被选拔到重要岗位的关键因素。

科学技术可以成为人际沟通的有力工具，但科技再发达，通信再方便，它们也无法取代沟通本身。

即使是制造企业，在选拔和录用新员工时，也会考虑应聘者的沟通能力。应聘者在面试中给招聘人员留下的第一印象与自己的沟通能力密切相关。对于想要换工作的人来说，良好的沟通技能也是其获得理想职位的重要条件。

对于已经拥有固定工作的人来说，沟通能力同样重要。大多数企业在决定员工的升迁时都会把沟通能力作为重要的因素来考察和评估。具有良好沟通能力的人往往能获得更多的升迁机会，而缺乏沟通能力的人往往会错失被提升的机会。随着一个人任职级别的提高，沟通能力会显得越来越重要。所以，培养良好的商务沟通技能是实现职业生涯目标至关重要的手段。

二、商务沟通前要做的准备

利用情境分析法可以实现有效的商务沟通。这种方法要求沟通者在进行商务沟通之前依次在以下几个方面做好准备。

（一）沟通目的和对象分析

沟通的目的总是基于某种需要。值得注意的是，沟通各方的需要往往不完全一致。沟通者既要考虑自己的需要，也要顾及沟通对象的需要。为解决问题而沟通时，沟通者不仅要考虑能帮助公司解决什么问题，同时也要考虑能为自己或他人解决什么问题。更具体地说，沟通者应明确自己是想要告知、影响、说服、解释、刺激、理解、感受，还是有其他目的。

一般来说，沟通往往是多目标的。即使是一次简单的面谈，或者书写一封简短的信件，都可能包含多个相关的目标。但目标太多也会影响沟通效果，特别是当多个目标不完全均衡时，就要区分主要目标和次要目标，并从众多的目标中挑选出两三个比较重要的目标作为指导沟通过程的依据。

沟通前需要对沟通对象进行深入的分析。首先，要明确沟通对象是谁，是外部的客户还是内部的同事，如上司、同级别的同事、下属。对象不同，

微视频

沟通对象不同
对策不同

沟通的方式也应当有差别。其次，要了解沟通对象与本次沟通有关的特征有哪些。当沟通对象为两人以上的群体时，还要了解对方成员间是否存在某些差异。再次，要了解沟通对象对沟通话题的了解程度。例如，他们是否熟知与沟通话题有关的专业术语，是否具备与沟通话题相关的一般知识，是否需要为其提供关于沟通话题的背景材料。最后，要了解沟通对象对沟通话题的态度，以及对自己意见或观点的反应。沟通对象对沟通话题的态度是由他们所追求的利益决定的。所以，沟通者必须了解沟通对象追求的利益是什么、自己的意见或观点是否符合对方的利益要求等。

 案例与思考

三个商贩

　　一位老太太来到一个水果摊前问道："这李子怎么样？"商贩回答："我的李子又大又甜，特别好吃。"老太太摇了摇头。她又走到第二个水果摊前问："你的李子好吃吗？"商贩答："我这里专门卖李子，各种各样的李子都有。您要什么样的李子？""我要买酸一点儿的。""这种李子酸得咬一口就流口水，您要多少？""来一斤吧。"

　　老太太继续在市场中逛，她看到另一个水果摊上也有李子，它们又大又圆，非常抢眼。老太太问商贩："你的李子多少钱一斤？""阿姨您好，您想买哪种李子？""我要酸一点儿的。""别人买李子都要又大又甜的，您为什么要酸李子呢？""我儿媳妇怀孕了，想吃酸的。""阿姨，您对儿媳妇真体贴。您要多少？""我来一斤吧。"老太太很高兴。商贩一边称李子一边说："您知道孕妇需要补充什么营养吗？""不知道。""孕妇特别需要补充维生素。您知道哪种水果含维生素多吗？""不清楚。""猕猴桃含有多种维生素，特别适合孕妇吃。""是吗？好啊，那我就再来一斤猕猴桃。""您人真好，谁家有您这样的婆婆，真有福气。"商贩开始给老太太称猕猴桃，嘴里也不闲着："我每天都在这儿摆摊，水果都是当天从批发市场进的，您儿媳妇要是吃了喜欢，您再来！"

　　思考与讨论：这三个商贩的沟通效果有什么不同？是什么原因造成的？

（二）沟通环境分析

　　商务沟通的结果受环境条件的影响很大，这一点不可忽视。影响商务沟通的环境因素有很多，其中最主要的是沟通地点和沟通时间。

1. 沟通地点的影响

　　从大的方面讲，不同的地理区域往往有着不同的文化背景和区域特征。不仅不同国家居民间的沟通可能存在跨文化沟通的冲突，即使在我国国内，南方与北方、东部与西部的企业或个人之间，在商务沟通习惯上也存在着明显的差异。大、中、小城市以及农村的企业或个人之间，沟通习惯上的差别也很大。"入乡随俗"是成功沟通的前提条件。

　　从小的方面讲，商务沟通所选择的场所往往暗示着沟通者的身份和地位，安排在高档场所进行沟通通常表明沟通者比较重视对方。沟通场所的布局和陈设对沟通双方的心理也会产生一定的影响，某些布局和陈设会使人感到沟通双方地位悬殊，给一方造成压力；某些布局和陈设则会使沟通双方感到平等，沟通会更加顺畅。

　　沟通地点往往决定了人们如何理解信息的含义，同样的信息在不同的沟通地点可能有不同的含义。如果沟通地点选择错误，有可能会使他人产生严重的误解，甚至导致沟通失败。

　　现代商务沟通常利用电话或网络进行，此时的"地点"实际上已转化为所选用的沟通工具，不同的沟通工具对沟通效果也有不同的影响，使用者在决定前应仔细权衡。

拓展游戏

移水出圆

2. 沟通时间的影响

沟通时间对沟通效果的影响主要体现在以下几个方面。

首先，选择合适的沟通时间是沟通成功的重要条件。不同的人有不同的作息习惯，选择适合对方的沟通时间是基本礼貌的体现。选择不恰当的时间进行沟通，会大大增加遭到拒绝的可能性。

其次，选择不同的时间进行沟通会影响人们对信息的理解。同事之间在工作时间进行的沟通往往被理解为正式沟通，双方需要为此承担责任；而在下班后的休息时间所进行的讨论常常被理解为非正式沟通，双方一般不需要为此承担责任。

再次，不同的人时间观念不同。在商务沟通中，一方不能准时赴约，一般会使对方产生不被尊重的感觉。人们对迟到的宽容度会因所沟通的问题不同而产生差异。对于一般的面谈迟到，人们会比较宽容；但在面试等比较重要的事情中迟到，人们的宽容度就会很低。

最后，沟通时间的长短应当合适。交谈或谈判的时间越长，人们的注意力就越难集中，继而会产生厌倦感。沟通时间过短，又难以引起对方的重视。沟通时间适度是很重要的，但有时也会通过延长交涉时间迫使对方做出让步。

（三）沟通内容和方式分析

1. 沟通内容

沟通者需要确定为达到沟通目的，沟通究竟需要包含哪些信息。沟通应当包含的信息有两类：有关你自己观点的信息和促进对方接受你观点的信息。

几乎所有商务沟通的目的都包括希望自己的观点被对方接受。为此，你的观点就必须足够明确，要把观点与某种行动联系起来，促使对方采取某种行动。无论是与客户沟通，还是与公司内部的上司或下属沟通，观点都应该明确。

与某种行动相联系是保证沟通有效的基本条件。如果商务沟通仅是在成堆的资料与可能的解决办法之间徘徊，迟迟没有定论，这种沟通多半是没有价值的。

除了自己的观点外，沟通内容还应当包含帮助对方理解沟通的话题信息，并给对方提供做出反馈决定的依据。沟通者必须围绕如何才能获得对方的赞同和支持、如何使对方信服来组织沟通的内容。有时，某些信息看似有价值，但经仔细推敲后会发现其对于实现沟通目的是没有作用的，这样的信息就不应该被包含进去。在确定必须包含哪些信息时，还要考虑对方可能会有哪些反对意见，如何才能使对方改变态度。只有考虑了这些问题后，仍然被认为具有必要性的信息才是值得放进沟通内容里的。

微视频

垫话、开场白促进对方接受自己的观点

2. 沟通方式

选择合适的沟通方式主要应考虑两个问题：一是确定要通过哪种沟通渠道来进行沟通；二是确定表达的方式、风格和语言。

商务沟通所选择的沟通渠道要合适。商务沟通中常常有多种沟通渠道可供选择。例如，打算向上司提出建议时，既可以给上司发电子邮件，也可以打电话，或者直接找上司面谈。沟通渠道的选择要以能最有效地进行信息传递、理解和处理为原则。为了保证沟通的及时性和有效性，有时也需要考虑沟通对象的习惯和偏好。

从表达方式来看，商务沟通中的信息既可以采用文字、口头语言或肢体语言来传递，也可以采用图片、视频、音频等多种形式，甚至是实物模型等形式来表达。沟通者需要根据所要传递的信息的特点，选择既便于表达，又便于理解，而且效率高、速度快的表达方式。

表面上看，表达风格在商务沟通中并不重要，实际上不同表达风格的效果有明显差异。清晰而充满活力的表达风格会使信息易于理解并令人信服，晦涩和没有生气的表达风格会使信息难以理解并令人厌烦。选择表达风格的关键是风格应适合沟通者、沟通对象以及沟通场合的特点。在某些场合沟通时，最好体现出幽默感；而在另一些场合沟通时则要求保持高度的严肃性。

关于沟通中语言的运用，首先要求语气得体。即使表达风格清晰、生动和有活力，如果语气不当，沟通效果也会大打折扣。商务沟通中的语气应当尽可能和缓，避免使用带有优越感的、傲慢的语气；更不应该采用指责的语气，因为指责只会促使对方做出防御性的反应。其次，沟通语言的选择要充分考虑对方的心理特点和知识背景。措辞要准确，要使用对方容易理解和接受的词句；陈述要条理清楚，言简意赅。

 案例与思考

一次失败的沟通

崔力在某公司担任市场部经理，年底公司为了奖励市场部的员工，制订了赴海南旅游的计划，名额限定为 10 人。可是市场部的 13 名员工都想去，崔力就去向上级申请再加 3 个名额。她对领导说："朱总，我们市场部的 13 个人都想去海南旅游，可只有 10 个名额，剩余的 3 个人会有意见。能不能再增加 3 个名额？"朱总说："筛选一下不就完了吗？公司提供 10 个名额的花费已经不少了，你们怎么不为公司考虑呢？你们呀，就是得寸进尺，不让你们去旅游就好了，谁也没意见。我看这样吧，你们做领导的姿态高一点，明年再去。这不就解决了吗？"

思考与讨论：崔力这次的沟通失败了，可她却不知道自己错在哪里。请你帮她分析一下。如果你是崔力，你会如何争取旅游名额呢？

有些社会学家把成功沟通（包括商务沟通）的核心原则总结为换位思考。换位思考是设身处地理解他人感受的过程。将心比心、设身处地，是获得理解不可缺少的心理机制。它在客观上要求我们将自己的内心世界，如情感体验、思维方式等与对方联系起来，站在对方的立场上体验和思考问题，从而与对方在情感上进行沟通，为增进理解奠定基础。换位思考要求沟通者在沟通开始时思考并解决这样几个问题：第一，对方需要什么；第二，我能给予什么；第三，怎样将"对方需要的"和"我能给予的"有机结合起来。

 拓展游戏

在工作与生活中，有些人会嫌弃老人动作慢、啰唆，进而表现出不耐烦。

要求：学习换位思考后，两三人一组，一位扮演老人上公交车，其他人跟在后面上车。角色依次互换。

三、了解有效商务沟通

1. 有效商务沟通效果的具体表现

有效商务沟通的特征是能成功地说服他人，其效果表现在三个方面：强化他人现有的积极观点、修改或转变他人现有的观点、让他人接受新的观点。以上三点在口头沟通中表现得尤为突出。

（1）强化他人现有的积极观点。这里的"积极观点"指的是与你相同的观点。在劝说中，你的首要任务是强化赞同你的人的观点。这种强化不仅有助于防止支持者退却，还有助于增加帮你劝说不支持者的人的数量。

（2）修改或改变他人现有的观点。当从可靠的信息提供者处获得新证据后，人们的态度会朝着某个方向转变，但这是一个比较漫长的过程，不符合人们的参照框架的新证据可能会被其拒绝。但是经过一段时间，基于可靠来源的足够的新证据会打破平衡，让人们重新考虑自己的立场。

（3）让他人接受新的观点。在劝说中最难实现的目标莫过于让他人接受全新的观点。这项任务最好的完成方式是，在我们想确立的新立场与他人的现有信念之间建立联系。例如，广告商为了转移消费者对某产品的喜好，会向消费者展示新产品比现有产品更加经济实惠、更环保、更安全。尽管让他人接受新的观点需要做大量的指导性工作，但如果方法正确，就会产生比较持久的效果。

拓展游戏

总经理下达命令

2. 提高沟通说服力的原则

说服力是取得商业成功的重要因素。商业上的许多失误不是因为缺乏资金、智慧和勤奋，而是因为缺乏说服力。在既具有频繁沟通特性又具有自由竞争特性的商业社会，每一次成功都是依靠协同效应取得的。如果没有说服力，上对上司、中对同事、下对下属，内对同行、外对顾客，都会失去影响力。

> 一个小女孩在宠物店逗玩一条宠物狗好一阵儿后，说："唉，我下不了决心是买还是不买。我有'选择困难综合征'。"宠物店老板和蔼地说："小姑娘，你不用现在做决定，你可以把小白（宠物狗的名字）带回家养几天。如果你感觉好，就留下；感觉不好，就送回来。"小女孩欣喜万分。

大家知道，人们一旦养了宠物，一般是舍不得与其分开的，因此，这桩交易的结果很可能是乐观的。一般情况下，营业员任凭小女孩逗玩小狗，报以微笑，就已是难能可贵了。而这位老板使用一流的说服技巧，取得了强行推销难以达到的推销效果。

为了使自己的沟通具有说服力，要注意以下几点。

（1）诱之以利，让对方感到满足。没有利益的诱惑，是难以说服对方的。例如，对方是你的顾客，为了使对方获得利益，你必须确保你的产品品质优良，不是次品；你要对自己的产品有十足的信心，不推销自己都怀疑其品质的产品；你要善于发现顾客的意图，使之感到满足和快乐，绝不能漠视顾客的购买欲望，或者只顾自己获取利润。

（2）投其所好，让对方感到亲切。当对方处于警觉状态时，你是不可能说服他的。面对顾客，你需要付出努力来赢得对方的信任。人们在决定接受某个产品或某项服务时，会事先确定其中不存在风险，所以你必须耐心地说明产品或服务的安全性，使对方打消疑虑。

（3）动之以情，让对方消除心理障碍。情感是说服活动的重要媒介。当对方处于不信任的状态时，你的话是不可能产生说服力的。对待顾客，你必须保持友好的态度。当他拿不定主意时，你要表现得善解人意，要以诚相待。

微视频

商务说服

（4）善于折中，让对方感到双赢。当对方感到自己无法获得利益时，你的话自然不会有说服力。当对方感到只是他获利，你无利可图时，你的话也不可能有说服力；因为他觉得你不会做无用功，他不可能遇到"天上掉馅饼"的好事。你要善于谈判，审时度势地让价，让对方感到自己减少了支出，接近了你的价格底线，这时，双方往往就能愉快地成交。

案例赏析

一大早，丁一就被房东的电话吵醒了。房东说他们夫妻俩经过商量，决定暂时不卖房子了，继续租给丁一。这就意味着丁一将不会再被每周来几次的看房人打扰了，也意味着他不用再为找房子搬家而操心了。丁一很高兴自己做了充足准备的沟通获得了回报。他当时是这样做的：首先，丁一询问了房东卖房的近况，并且从为房东考虑的角度给出了一些建议，以博得房东的好感；其次，丁一告诉房东看房给自己的生活带来了不便；最后，丁一承诺房东自己还要住一年之久，并且表示房东对他一直很好，因此他对房东要上涨10%的租金也理解和接受。

【案例简析】这是一个租客与房东沟通时运用沟通技巧的成功案例。租客既得到了自己想要的结果，又博得了房东的好感，实现了双赢。

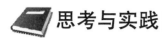 **思考与实践**

一、思考与讨论

1. 沟通可以分为哪些类型？
2. 沟通过程中有哪些要素？
3. 简述商务沟通在现代商务活动中的作用。
4. 进行有效商务沟通前需要做好哪些准备？
5. 以自己的一次成功沟通为例，总结沟通成功的经验。
6. 回忆自己的一次失败的沟通，分析沟通失败的原因和应该采取的补救措施。

二、活动与演练

形式：全体人员，14～16人一组。

类型：问题解决方法及沟通方式。

材料：眼罩及贴纸。

场地：空地。

程序：给每人一个编号，但这个编号只有本人知道；所有人都戴上眼罩；让小组成员按编号从小到大的顺序排成一列；任何人都不能讲话，只要有人讲话或摘下眼罩游戏便结束。

讨论：

1. 你是用什么方法通知小组其他成员你的位置及编号的？
2. 你在沟通中遇到了什么问题？你是怎么解决这些问题的？
3. 你认为还有更好的方法吗？

三、案例分析

假设你去一家医院看专家门诊。看病的人很多，大家都在那里排队。你等了一个多小时，前面还有一个人就轮到你了。然而，你前面的那个人就诊出来后，下一个进去就诊的人却不是你。原来是该医院一位护士的熟人没有排队就被直接领进去了。此时你会选择以下哪种处理方式？

1. 气愤地找护士和医生理论，扬言要找医院领导反映此事，要求有一个公正的答复。
2. 大声嚷嚷："熟人就可以不排队吗？这家医院的职工素质太差了，再不到这家医院来看病了！"随即生气地转身就走，骂骂咧咧地离开这家医院。
3. 自我沟通："忍忍算了，何必自找麻烦？！"或者："多待会儿也好，正好可以多玩会儿手机。想开点！"

问题与分析：你如果遇到这种事情，会选择上述哪种沟通方式？你还有其他沟通方式吗？

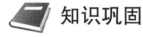 **知识巩固**

第二章　口头沟通

📝 **学习目标**

认识口头沟通的优点和缺点；理解有效口头沟通的特征；掌握有效口头沟通的技巧。

导入案例

1990年1月25日晚上7:40，阿维安卡52航班起飞；晚上9:52飞机被迫在肯尼迪机场降落，在第二次试降时发生了空难。调查人员根据飞机上的黑匣子和与当事航管员的交谈发现，导致这场悲剧发生的主要原因是飞行员英语水平太差和航管员责任心太差造成的沟通障碍，具体是"燃料状况"这一简单信息没有被清楚地表述。

52航班出事之前，飞行员说了"燃料不足"并要求获得"优先降落许可"（西班牙语"priority"），飞行员以为这就是求救语，航管员没有听到求救语（Mayday），自然没有给予足够的重视，也没有及时批准飞机降落。后来，当机场人员指示飞机进行第二次试降时，机组成员再次提醒"燃料不足"，但航管员仍然没有重视，于是悲剧发生了。

导致这场悲剧发生的主要原因是沟通障碍。如果飞行员发出正确的求救信号，准确说明燃料状况，航管员就有义务和责任为其优先导航并尽可能迅速地允许其着陆。但令人遗憾的是，52航班的飞行员错误使用求救语，所以航管员一直没能理解飞行员所面临的困境。

思考与讨论： 在这个案例的沟通中，你认为改善哪些方面就能避免这场悲剧？你是否认同在我们的工作和生活中，表达不当往往会带来麻烦，甚至会酿成悲剧？

第一节　口头沟通的优缺点

口头沟通具有沟通对象的广泛性和沟通形式的多样性，因此是应用最广泛的沟通形式。口头沟通的对象既可以是公司内部的同事，也可以是公司外部的客户、其他商业机构、新闻媒体，甚至是政府有关部门的人员。

口头沟通不仅包括面对面的谈话、发言和演讲等，还包括通过电话、微信、QQ，甚至腾讯会议等工具进行的语音沟通。

一、口头沟通的优点

与其他沟通方式相比，口头沟通具有以下优点。

第一，口头沟通可以综合运用多种手段，适用于复杂问题的沟通。在口头沟通中，沟通者既可以传递语言信息，也可以传递非语言信息；同时还可以利用各种辅助手段，如投影仪和模型等来提升沟通效果。特别是在双方对所讨论的问题知之甚少或分歧比较严重的情形下，口头沟通能取得其他形式的沟通无法达到的效果。

第二，口头沟通可以迅速获得对方的反馈。口头沟通具有即时性，便于双方对对方的观点和行为做出反应。因此，沟通者可以迅速获得对方的反馈，从而决定新一轮沟通应采取的策略。所以，口头沟通能大大提高沟通效率，缩短解决问题的时间。

第三，口头沟通有利于培养感情。口头沟通会给人以亲切、自然的感觉，也表明双方对沟通比较重视。如果双方能取得一致意见，就能产生认同感，从而逐渐建立起友好关系。所以，口头沟通往往会提高沟通成功的可能性。

拓展游戏
苹果与凤梨

二、口头沟通的缺点

口头沟通具有以下缺点。

第一，口头沟通失真的可能性较大，沟通的内容有时会走样。正如"传话"游戏：每个人都以自己的方式解释模糊的信息，当信息到达终点时，其内容常常与原意大相径庭。如果重要决策通过口头方式在组织金字塔中向下传递，则信息失真的可能性较大。

第二，口头沟通对时间和地点的要求比较高。较正式的口头沟通（如面谈等）需要事先对时间和地点进行磋商和安排。口头沟通过程中，必要的寒暄，甚至一再地强调某件事情或某种观点，都会花费比较长的时间，但时间过短往往难以达到预期的沟通目的。如果通过电话或网络进行口头沟通，则要约定好通信工具和时间。

第三，口头沟通不利于控制情绪。口头沟通过程中，双方都会通过大量的非语言信息来推测对方的意图，因此，任何一方想要掩盖其意图都是比较困难的。也正因为口头沟通中的非语言信息比较丰富，所以肢体语言会比口头语言更容易冒犯对方。在意见分歧较大的情况下，双方往往不容易控制情绪，常会产生过激反应，从而使沟通陷入僵局。

第二节　提升口头表达能力

一、有效口头表达的信息特征

要想进行有效的商务口头沟通，信息发送者要确保发送的信息具有以下基本特征。

1. 准确

如果对方发现你提供的信息有误，你就有误导之嫌，这会引起对方的警觉，甚至会使你处于被动局面。如果对方认为你提供的信息不够充分，就不会产生你期待的回应，从而导致你的愿望落空。

在本章导入案例中，飞行员误把"优先降落许可"当成求救语，没有得到航管员的重视。可以看出，该飞行员作为信息发送者未能使发出的信息具备"准确"这一基本特征。

2. 清晰

"清晰"这一特征，是表达上的"公理"。即便是持"模糊派"观点的艺术家，也只是借用"模糊"的手法达到清晰地表达主题的目的。有些人认为清晰就是简单，主张在商务口头沟通中坚持简单易懂的原则。但大多数商务业务并非简单地表达就可以被理解，简单要以信息被清晰地表达为前提。要实现清晰的口头沟通，必须满足以下四个方面的要求。

（1）逻辑清晰。表达应当有逻辑，贯穿主线；切忌无章法地罗列，以免虽然每句话都很清晰，但对方仍不知道你到底要表达什么。

（2）表达清晰。有声语言如果词不达意、前言不搭后语，就很容易被人误解，达不到交流的目的。因此在表达思想和感情时，应做到口音标准、吐字清晰，说出的语句应符合规范，避免使用似是而非的语言；去掉过多的口头语，以免语言冗杂；语句停顿要准确，思路要清晰；说话要缓急有度，从而使交流顺畅。

（3）简洁。清晰不等于简单，我们要在清晰的基础上追求简洁。良好的商务口头沟通追求以少量的话传递大量的信息。无论是与客户还是与上司、同级别的同事、下属进行沟通，简洁都是基本要求。每个人的时间都是宝贵的、有价值的，没有人喜欢不必要的、烦琐的沟通。鲁迅曾指责制造"长而臭"的文字无异于"谋财害命"。简洁不是指句子短，也不是省略重要信息，而是字字有力。

（4）有活力。有活力意味着生动，从而易于被人记住。根据心理学的规律，人们通常对普通事物只能保持短时间的关注；根据记忆的规律，人们只能保留对于接触到的信息的部分记忆。因此，沟通中的精神不集中或遗忘是很正常的现象。有活力的表达就是指表达让人难以忘怀。

🎓 案例赏析

李南是一位个子不高、戴眼镜的电视节目主持人。他是这样介绍自己的："单看咱这形象，眼睛不大还有点儿近视，但这丝毫不影响我的睿智与远见。耳朵虽小，但它提醒我要耐心倾听观众的心声。嘴巴也不气派，正说明我不夸夸其谈，唢呐和号角的孔都不大，但同样能'怒吼'与'呐喊'。个子虽然矮了点，可潘长江先生说过：'浓缩的都是精华。'有人说缺点在一定条件下也会成为优点，这话难免有些夸张，但'缺点在一定条件下会成为特色'是毋庸置疑的。"

【案例简析】李南没有使用老掉牙的方式来做自我介绍，而是借自嘲容貌的方式，把一个形象生动、个性鲜明的自己推到了观众的面前，自然也就让观众对他一"听"难忘。

二、口头表达的基本技巧

1. 保持良好的说话姿态

在面对面的口头沟通中，人们能从说话人的神态领悟其本意。因此，保持良好的说话姿态是实现有效口头沟通的重要手段之一。要想保持良好的说话姿态，要注意以下几点。

（1）外表形象应保持干净整洁并符合环境要求。商务沟通中，外表形象会影响对方对你的看法。对方甚至在听你讲话之前就会根据外表形象对你形成某种看法，不适当的外表形象容易令对方产生误解。商务沟通对外表形象的要求是干净整洁并符合环境要求，刻意地追求时尚或保持正统的做法都是不可取的。

据说，某女主持人由于穿着随意被面试官拒之门外，回到家又被房东嫌弃穿着打扮不精致，她心情极度郁闷，直接在睡衣外面裹了一件厚外套，愤怒地冲进了一家咖啡店。被侍者引到空位后，她发现对面坐着一位衣着得体的老太太，正举止优雅地喝着咖啡。老太太起身离开时悄悄给她塞了一张小纸条，上面写着：洗手间在你的右边转弯处。她瞬间羞红了脸，暗自反思："自己这样打扮显得不尊重自己，以致让别人觉得也不尊重他们。"从此以后，她很注意让自己穿戴得整洁又美观，成为大众眼中聪慧、干练又精明的女强人，还经常说：没有人有义务透过你邋遢的外表，去发现你优秀的内在。虽然这只是一则故事，无法判断真假，但商务场合确实"没有人有义务通过你邋遢的外表，去发现你优秀的内在"。

（2）保持良好的体姿。说话人的体姿会影响对方的情绪，并直接影响讲话的效果。讲话时，斜靠或无精打采的体姿会给人疲倦和厌烦的感觉。坐姿和站姿给对方留下的印象也会大不相同。

说话人特别要注意避免因情绪和心理而失态，以免严重影响沟通效果。

（3）保持礼貌、友好和自然的态度。口头沟通时人的态度容易受情绪的影响。无论面临什么样的情境，控制情绪、保持礼貌和态度友好都是必要的。要做到这一点，关键是懂得换位思考，站在对方的角度看问题，理解对方的感受。这样，即便面对负面情绪，也能保持礼貌和友好的态度。同时，口头沟通时说话人的态度应当自然。不自然的态度表明说话人缺乏自信，这会影响话语的可信度。态度自然是说服对方的基本条件，也体现了说话人的真诚。

（4）保持机敏和愉快，富有激情。机敏表现为视野开阔、反应灵敏；愉快表现为语调动人、富有情趣。这两者都能对对方产生很大的吸引力。说话充满感情，声音富有激情，能大大增强说服力。要富有激情，说话人就应该对所讲的内容充满兴趣，关心受众的感觉，并做到全身心地投入。

（5）保持目光接触和交流。讲话时与受众保持目光接触，表示一种友好和重视对方的态度。讲话时不看对方则表示对对方不感兴趣，也反映出对自己缺乏自信。目光接触要适度，既要避免目光不接触，也要避免目不转睛地凝视。

 **案例与思考**

最近工作忙不忙

假设你入职不久，在公司遇到领导，领导问你："最近工作忙不忙？"

思考与讨论：碰到类似情况（如新的老师或朋友问你最近学习忙不忙），你以前通常是怎样回答的？你认为领导有哪些意图？你应该如何回答？如果你不知道领导的意图，应该如何回答？

2. 提高声音质量

声音质量主要包括音调、音量、语速和语调等四个方面。

（1）音调。音调高会给人以细、尖、刺耳的感觉；音调低会给人以粗犷、深沉的感觉。选择适当的音调对于提升沟通效果是至关重要的。

（2）音量。音量大小要与环境相适宜。音量的大小主要是由场地大小、受众人数的多少以及噪声大小等三个因素决定的。

（3）语速。语速快会给人以紧迫感，对促使受众理解有一定的帮助，但长时间语速过快会影响受众的理解。通常，在公共场合讲话的语速要快于平时；语速应随句子重要性的变化而改变；要适当地使用停顿。如果是电话或网络沟通，语速应该比正常略慢一点。

（4）语调。语调是音调、音量和语速的组合。语调的变化常常与说话人的兴趣及强调的重点密切相关。因此，撇开所讲的内容不谈，语调本身就可能流露出说话人的态度。

3. 确保语言清晰和准确

（1）清晰。首先是思路清晰，说话人要清晰地表达自己的想法，做到条理明晰、表达流畅、语言简洁。其次是说话人所使用的词语要含义明确，是受众熟悉和容易理解的。

（2）准确。说话人要确保用词能够准确地表达自己的意思，避免使用易产生歧义的词句。引用的依据要恰当，避免没有事实依据的空谈。

有一位秀才去买柴，他对卖柴的人说："荷薪者过来！"卖柴的人听不懂"荷薪者"（担柴的人），但是听得懂"过来"，于是把柴担到秀才面前。秀才问："其价如何？"卖柴的人听不太懂这句话，但是听得懂"价"这个字，于是就告诉秀才价钱。秀才接着说："外实而内虚，烟多而焰少，请损之（你的柴外表是干的，里头却是湿的，燃烧起来会浓烟多而火焰小，请便宜些吧）。"卖柴的人听不懂秀才这句话，于是担起柴走了。

我们平时要使用简单的语言来传达信息，要根据谈话的对象灵活运用沟通方式，有时过分修饰反而达不到预期目的。

三、口头表达的语言艺术

社交圈子的扩大是一个人进步的表现，一个人的社交水平取决于其思想、品德、知识、语言表达等因素。语言表达是诸多因素中最重要的因素之一。

口头表达包含许多紧密联系的方面。语言所传递的信息是语言的内核，艺术表达是语言的外衣，礼仪是语言通向外界的桥梁。合理的内核辅以艺术表达如同穿上华丽衣裳的美丽姑娘，讲究礼仪如同脚下有了畅通无阻的桥梁，即可心之所向，行之所往。

（一）打招呼的语言艺术

见面打招呼早已成为众人皆知的常识。见面不打招呼、不理人，是难以与他人保持正常关系的。打招呼在社交场合中的重要性就更不用说了。小品演员冯巩在好几届的春晚表演中都用"观众朋友们，我想死你们了！"来和观众打招呼，拉近了和观众的距离，温暖了大家的心。他在春晚中的每次小品表演都受到了众多观众的喜爱，甚至有观众说："有了冯巩这句'我想死你们了'才叫过年呢！"

1. 称谓

打招呼的第一步是要给对方一个恰当的称谓，这是十分重要的开端。社交场合中，人们对别人如何称呼自己是十分敏感的。称呼得当，会让对方对自己产生良好的第一印象，营造出良好的氛围，沟通就会变得顺利。称呼不当，会使气氛不融洽，不得不花费力气做补救工作，给沟通平添麻烦，严重时甚至会导致刚刚认识便不欢而散。一般而言，恰当的称谓应考虑这些方面：双方的身份、年龄，双方关系的性质、深度和所处的交际场合。特别情况下，应在有一定了解后，考虑对方的特殊喜好。例如，有的人年龄较大，但不喜欢被人称呼为"老李""老刘"等；有的人本来年龄不大，却不愿被人称呼为"小李""小王"等。

称谓有泛称和尊称两种，不恰当的称谓会给人留下无礼的印象或使人产生疏远感。

泛称是一般的称呼，常用的有以下几种形式：①姓+职称、职务或职业，如王教授、王厂长、王老师等；②直呼姓名；③泛尊称，如适用于女性的"小姐""女士"，适用于男性的"先生"，男女性都可用的"同志"等；④受尊敬或令人羡慕的职业+泛尊称，如大使先生等。此外，还有适合非正式场合的一些形式：老或小+姓，如老王、小王等；姓+辈分，如王伯伯、王阿姨等；名+同志，如旭东同志等。上述形式各有各的适用场合，如形式①和形式③适用于初次交往，形式②适用于交往次数较多的情况。

尊称是对人表示尊敬的称呼，常用以下形式表示：贵——贵姓、贵人、贵公司等；大——大名、大作等；您——使用率最高、应用范围最广的称呼。

泛称的使用要注意把握分寸，尊称的使用要注意界限。例如，"师傅"通常是对某些行业里有专长的人的尊称，这些行业主要指传统意义上的工、商、戏剧等行业，如果将老师、医生、记者等泛称为"师傅"，则可能会引起对方的不快。

视野拓展

语言的禁忌

2. 寒暄

打招呼的第二步是在称呼对方后进行简单的对话，我们一般称之为寒暄。只有称呼而无寒暄就好像在文件上只签字，而无具体批示，会使人感到别扭。寒暄的作用有多个层次，最低的层次是应酬，即说一些并非完全没有意义的话；较高的层次是沟通感情，营造和谐的氛围；最高的层次是升华交往关系，逐步进入人际交往的佳境，达到预期的交际目的。

寒暄的常用形式有三种：第一种是典型的"你好！""早上好！""春节好！"等简单、直接的问候；第二种是商界或文人常用的"幸会！""幸甚！"等正式用语；第三种是传统的问句，如"吃了吗？""上哪儿去呀？"等，这种貌似提问的话语并不表示真的想知道你的起居行为，只不过是传达说话人的友好态度而已。这三种寒暄形式各有各的作用，要注意运用得当。例如，在国际场合一般不要使用我国传统的寒暄方式，因为外国人不一定了解我国的民情风俗。又如，在商界常用的"幸会"也可在一般场合下使用。

要想更快地拉近关系，一般可以采取两种寒暄形式。第一种寒暄形式是攀谈型。只要愿意，人们之间总可以找到这样或那样的"亲""友"关系，如"同乡""同学""同事"等沾亲带故的关系，这些关系在初次见面时往往能成为发展友谊的契机。第二种寒暄形式是敬慕型，即用敬重、仰慕等表现自己的热情和礼貌，如"王先生，久仰大名""大作已拜读，受益匪浅"等。

不论采取何种寒暄形式，使用都不宜过多，否则会使人厌烦；寒暄的使用要恰到好处，过分吹捧会显得虚伪。

打招呼时可辅以体语式。体语式招呼指的是使用面部表情和身体姿势等作为招呼语的方式，最常见的是微笑和点头。体语式招呼的含义因发出人本身的社会特征和交际双方之间关系的不同而异。例如，女士使用这种方式表现出稳重、端庄；男士使用这种方式表现出矜持。双方关系疏远或进行洽谈时可用这种方式，一时想不起对方的姓氏、身份时，也可借用这种方式来掩饰。

（二）自我介绍的语言艺术

人与人的相识离不开自我介绍，自我介绍是展示自己形象和价值的重要方法与手段。从某种意义上说，自我介绍是进入社会进行人际交往的一把钥匙，运用得好，可助你在社交活动中一帆风顺；运用得不好，会使你在社交活动中麻烦不断。因此，在社交活动中学习自我介绍的语言艺术是至关重要的。

自我介绍要注意四个方面：第一，保持自信。要镇定自如，能够清晰地表达自己的特点，眼神平和、坦然。人们会对从容不迫的人产生好感，对局促不安的人产生怀疑。第二，繁简有度。自我介绍包括姓名、年龄、籍贯、职业、职务、单位、住址、履历、特长、兴趣等要素。要素的选取和内容繁简的确定要适合交往的目的。第三，掌握分寸。介绍自己的长处时不可流露出自得之意，介绍自己的弱点时可配合自谦、自嘲的语气。第四，特殊情况下，在语言之外，可辅以证明材料，如工作证、获奖证书等，以提高对方对自己的信任度。

（三）提问的语言艺术

提问是使对方开口讲话的有效手段。高明的提问，不仅能起到投石问路的作用，还能使交谈沿着自己希望的轨道向更深的层次展开，从而达到沟通的目的。有的人提问后，便能立即打开对方的话匣子；而有的人提问后，却令对方生气和难堪。提问时应注意以下几个方面的问题。

（1）提问要区分对象，所问的问题应适合对方。一般情况下要问对方知道的内容，最好是问对方专业领域的问题。如果你的问题对方回答不出，会使双方都陷入尴尬。最好的提问方法是，提出问题就能引起对方的极大兴趣，进而引导对方滔滔不绝地与自己交流。

（2）提问时态度要谦逊。提问的时候要注意态度谦恭、友好，语气温和，彬彬有礼。如"能向您请教一个问题吗？"这类开场白能使对方愉快地表达自己的意愿。当把事情陈述完后，可以这样问："想听听您的看法，行吗？""您对这个问题是怎么看的，可以谈谈吗？"这样的问话语气平和、谦逊，对方会很乐于作答。

（3）提问要讲究方法。提问时，问题不能过于抽象和简单，以免对方无从回答，或只能用

"是"或"不是"等来笼统作答。为了获得需要的答案，要讲究提问的技巧。要做到问得好、问得妙，要营造气氛、引导对方，并选择恰当的语句。

> 例如，某酒吧有些顾客喝饮料时有加鸡蛋的习惯。酒吧老板教服务生这样接待顾客："先生，您是加一个鸡蛋，还是加两个鸡蛋？"这样提问可以把顾客引导到加"一个"或"两个"鸡蛋的选择，而不是"是否加鸡蛋"。

这种提问技巧，往往会诱使顾客毫不犹豫地做出选择，从而成功推销产品。

> 第二次世界大战结束后，日本有许多商店因人手奇缺，想减少送货任务。有的商店就将问话顺序进行了调整，将原来的"您自己带回去，还是给您送回去呢？"改为"是给您送回去，还是您自己带回去呢？"顾客听到后一种问法，大都会说："我自己带回去吧。"

在提问时结合陈述与疑问语气，能够引导对方展开思考，从而更有效地获取信息。

（四）拒绝的语言艺术

高超的拒绝方法能使对方高兴地接受你说的"不"，或者让对方的不快保持在最低限度之内，从而使和谐的气氛不受影响。

常用的拒绝的语言艺术有以下三种：第一种是在倾听中保持沉默，把无言的"不"传达给对方。首先，必须让对方感受到你在倾听。其次，要让对方感觉到你在该说话时却保持沉默。第二种是让对方自我否定，放弃原来提出的问题。你在对方提出问题后，不正面回答，只是提出一些看法或条件，让对方心领神会或者产生新的认识。第三种是形式上肯定而实质上否定。先予以肯定，再用"然而……"进行实质性的否定。这样做可使对方处于开放状态，容易接受你的拒绝。

> 艾伦·金斯伯格是美国著名的诗人。在一次宴会上，他向一位中国作家提出一个谜语，请这位作家回答。谜面是："把一只 2.5 千克的鸡装进一个只能装 0.5 千克水的瓶子里，用什么办法把它拿出来？"中国作家沉思片刻，回答道："您怎么把它装进去的，我就怎么把它拿出来。您用语言把鸡装进了瓶子，那么我就用语言这个工具再把鸡拿出来。"

四、善用表达方式提升口头表达效果

使用何种表达方式因人、因事、因时、因地而异，没有一种表达方式绝对适用于任何情况。下面介绍一些常用的能提升口头语言表达能力的表达方式。

1. 直言不讳

直言不讳是最简单的表达方式之一。在许多场合，直言不讳是最合适的表达方式。首先，直言是真诚的表现；反之，委婉可能会造成心理上的阻隔感，使对方产生"见外"的感觉。其次，直言是说话人自信的表现，自信是交往的基础，缺乏自信的人很难与人打交道。在真诚和自信的情况下，直言不讳往往具有很好的效果。

直言不讳绝不等于粗鲁和不讲礼貌。在采用直言不讳的表达方式时，要注意配合适当的语调、语速、表情和姿态等，这样就比较容易使人接受。采用直言不讳的方式来表示拒绝、制止、反对的意见或态度时，如果能诚恳地陈述原因和利害关系，效果会更好一些。

2. 委婉

在不便直言的情况下，宜采取委婉的表达方式。适合采用委婉表达方式的情形有两种：一是因不便或不雅等而不能直说的事，可借用相关事物来表达本意；二是对方在接受意见上可能存在情感障碍，只有使用婉转的语言才能促使对方接受。

通常，委婉的表达方式是用相关事物本身、相关事物的特征或相关事物之间的关系来代表或类推本来所要说明的事物、特征或关系等。

3. 模糊

模糊就是以不确定的语言来描述事物，以达到既不为难别人又保护自身的目的。模糊的表达方式主要用于不便直说或想使所说的话留有余地等情形。

例如，有人问："你说广州的产品好还是上海的产品好？"一位富有经验的商务人士回答："各有各的特点。"

4. 反语

当说话的人言不由衷，采用与心里想的完全相反的语言来表达自己的意思时，其所用的语言就是反语。采用反语或者是因为有难言之隐，或者是因为忌讳而不能直说。

在《晏子春秋》中，烛邹不慎让一只捕猎用的鹰逃走了，酷爱打猎的齐景公下令将其斩首，晏子用下面的一段话救了烛邹。

晏子说："烛邹有三大罪状，哪能这么轻易就杀了呢？请让我一条条地列出来再杀他，可以吗？"齐景公说："当然可以。"晏子指着烛邹的鼻子说："你为大王养鹰，却让鹰逃走，这是第一条罪状；你使得大王为了鹰而要杀人，这是第二条罪状；把你杀了，天下诸侯都会责怪大王重鹰轻士，这是第三条罪状。"数落完烛邹的罪状，晏子请齐景公杀了烛邹。齐景公说："不杀他了。我明白你的意思了。"

晏子表面上是在列举烛邹的罪状，实际上却是在批评齐景公重鹰轻士，并指出了这样做的危害，既达到了批评的效果，又没使身居高位的君王难堪，可谓使用反语策略成功的典型案例。

5. 沉默

沉默有多种含义：既可以表示无言的赞许，也可以表示无声的抗议；既可以代表欣然接受，也可以代表保留己见；既可以说明自己决心已定，无须多言，也可以说明自己附和众议，别无他见。

俗话说："沉默是金。"在适当的场合、合适的时候，沉默是自信的表现，既是让对方接受你的观点的有效办法，也给了对方改变态度的机会。沉默也是巧妙地表达拒绝的方法之一。在无法满足别人的请求时，如果简单地回答"不"，会让对方认为你的态度强硬，但是只要你一直保持倾听的姿态，在对方要你发表意见时保持沉默，或笑而不语，对方就会明白你的意思了。

谈话中间的停顿是一种特殊形式的沉默。

美国前总统林肯经常在谈话中利用停顿来增强沟通的效果。当他说到重要的地方，希望听众产生深刻印象时，他就会身体前倾，看着对方的眼睛，这种凝视甚至会保持一分钟之久，且一句话也不说。

这种谈话中的突然停顿所导致的沉默氛围，能够促使对方集中注意力，倾听接下来要说的内容。

6. 自言自语

这里所说的自言自语，指的是在公共场合中的自言自语。商务活动中的自言自语，尽管表面上看是自言自语，但实际上是说给别人听的。在公共场合适当地自言自语，具有多种功能：有可能引起别人的注意；赢得交谈的机会；获得帮助；等等。例如，你在办公室焦虑地自叹"这可怎么办呢？"，常常会引起同事的注意，从而得到关心和帮助。

7. 幽默

幽默的表达方式有以下作用。

（1）幽默可以化解难堪和尴尬。生活中难免会出现各种尴尬情况，让人手足无措。恰当地运用幽默可以让紧张的气氛变得轻松，从而起到意想不到的沟通效果。

有一个人因为生意失败，迫不得已变卖了新购的住宅，而且连他心爱的汽车也脱手了，改以电单车代步。有一天，他和太太一起，与几对私交甚笃的夫妻相约外出游玩。一位朋友的新婚妻子不知内情，见他们夫妇共乘一辆电单车而来，便脱口而出："为什么你们骑电单车来？"众人一时错愕，场面变得很尴尬。这时那人的妻子不徐不疾地回答："是因为我想抱着他。"

（2）幽默可以化解矛盾。我们在日常生活中容易与他人产生各种矛盾，这时可以用幽默的语言、洒脱的态度，巧妙地把矛盾化解掉。

有人不小心踩了别人的脚，连忙向对方道歉。被踩的人说："不怪你，是我的脚放错了地方。"被踩的人的难能可贵之处，不是无视生活中的矛盾，而是用大度和幽默成功地化解矛盾。

（3）幽默可以含蓄地表示拒绝。拒绝别人是令人遗憾的事，但又是无法回避的事。拒绝别人常常让人感到难以启齿，一是怕语言生硬会伤害对方，二是怕不恰当的拒绝会破坏两人的关系。那么是否有两全其美的方法，既不会伤别人的面子，还可以巧妙地拒绝呢？回答是肯定的。纵观中外历史，许多名人、伟人都善于使用特别的语言武器，机智地拒绝对方，这种特别的语言武器就是"幽默"。

美国一位女士读过《围城》后，给钱锺书先生打电话，希望见一见钱锺书先生。钱锺书先生向来淡泊名利，他在电话中说："假如您吃了一个鸡蛋，觉得不错，您有必要见那只下蛋的母鸡吗？"

钱锺书先生以其特有的幽默和机智，运用新颖别致而又生动形象的比喻，拒绝了那位美国女士的请求。钱锺书先生的回答不仅维护了这位女士的自尊，还使自己避免了麻烦。

（4）幽默可以用来针砭时弊。幽默具有针砭时弊、激浊扬清的作用。

领导问："大家对我今天的报告有什么看法？"一位听众说："很精彩。"领导说："真的？精彩在哪里？"这位听众说："最后一句。"领导说："为什么？"这位听众说："你说'我的报告完了'时，大家热烈鼓掌。"

这位听众用幽默的方法讽刺了这位领导长篇大论式的空头报告。

（5）幽默可以作为有力的反击武器。我们提倡人与人之间互相友爱、尊重，但实际上并不是每个人的道德修养水平都很高。对以伤害别人为乐趣的人不能姑息养奸，对于别人蓄意挑衅的举动，也可以运用幽默予以回击。

萧伯纳的剧本《武器与人》演出时，剧院举行了隆重的首演式，邀请了各界知名人士参加。演出很成功，许多观众在剧终时要求萧伯纳上台，接受大家的祝贺。正当萧伯纳走上舞台，准备向观众致谢时，观众席上突然站起一个人大声喊道："萧伯纳，你的剧本糟透了！谁要看？！收回去，停演吧！"观众大吃一惊，以为萧伯纳肯定会气得发抖。谁料，萧伯纳笑着对那个人深深地鞠了一躬，彬彬有礼地说道："我的朋友，你说得好，我完全同意你的意见。但遗憾的是，我们两个人反对这么多观众有什么用呢？我们能让这剧本停演吗？"几句话引起全场响亮的笑声，紧接着是暴风雨般的掌声。掌声中，那个寻衅的人低头走出了剧场。

又如，德国大文豪歌德有一次在公园的林荫小路上散步，迎面走来一位经常恶意攻击他的批评家。那位批评家不给歌德让路，并傲慢地说："我从不给傻瓜让路。"歌德立刻回答："我完全相反！"说完，立刻侧身让对方通过。

幽默方法的运用要自然，切忌牵强、做作，避免因运用不当而带来副作用。值得注意的是，幽默并不等同于开玩笑或滑稽。幽默是一种风格和行为特征，幽默是智慧、教养和道德处于优势水平的自然表现。所以，幽默的正确运用是需要积累和磨炼的。

8. 含蓄

对于只可意会不可言传的事情，适合采用含蓄的表达方式。含蓄是指采用暗示的方式表达。

含蓄的语言耐人寻味，因此是一种既能让人感受到尊重，又能让人得到启示的表达方法。

> 某个班级上课时，因为进修生和旁听生多，时常挤得本班学生没有座位。为了改变这种情况，班长在上课前宣布："为了尽可能地让来我们班听课的进修生和旁听生有座位，请本班学生坐前六排。"

这实际上暗示了进修生和旁听生不可坐前六排。与其他同样能给人启发的表达方法相比，含蓄的表达方法具有以下两个特点。

（1）含蓄既可以起到暗示作用，又可维护说话人的自尊。

> 有一位男生想向心仪已久的女生表白，但又怕遭到拒绝而难堪。于是他找了个机会对女生说："听说有缘的男女，各拔一根头发放在一起可以打成结；若是无缘的男女，头发打不成结。你愿意用我们的头发试一试吗？"那位女生非常大方地说："那你就从我头上拔一根头发试试吧。"

> 这对年轻人运用含蓄的表达方式，巧妙地完成了相互间的表白。

（2）含蓄的表达方式可以不伤和气。有时在某种情境中，如之前发生的不愉快是双方都清楚的，在问题解决之后不想旧事重提而让大家不愉快，但又必须意有所指，这时可以含蓄地说："由于大家都知道的原因……"再如，有时碍于第三者在场，有些话不方便说，这时也可采用含蓄的表达方式。

使用委婉含蓄的语言时要注意，委婉含蓄不等于晦涩难懂。其表现技巧首先要建立在让人听懂的基础上，同时还要注意使用范围。如果说话晦涩难懂，便没有委婉含蓄可言；如果不分场合地使用委婉含蓄的表达方式，可能会导致不良后果。

9. 比喻

比喻手法的运用，可以将抽象的"假大空"、堂皇的文字转化成新颖独特的内容，这会让听众耳目一新。下面，我们来看一位老干部的讲话初稿。

> 亲爱的同志们：

> 大家好！

> 长江后浪推前浪，恭喜你们作为有为的一代能够担此重担。此岗位非同小可，所以我在临别之前，给各位提三点建议！

> 第一，希望你们要时刻保持清醒的头脑。头脑清晰，思路明确，统筹安排，我们就能做出科学的决策。决策科学，我们才能少走弯路，才能长远、合理地规划。兼听则明，偏听则暗。希望你们能够多搜集信息，整体规划，时刻保持清醒的头脑。

> 第二，希望你能够廉洁奉公，以身作则。在各种利益面前慎出手，面对种种诱惑莫伸手，努力打造风清气正的干部队伍。把党风廉政建设作为重点工作来考核，增强每个同志的责任感和危机感。不为名利失心，不为权欲熏心，不拿群众一针一线。时刻保持公正廉明，真正做到为人民服务！

> 第三，希望你们勤下基层，与群众打成一片，走群众路线，多倾听群众的心声，解决群众的实际困难。不要总是高高在上，脱离群众。一定要心为民所系，权为民所用，利为民所谋，一切以人民为本，做人民的公仆。

> 以上三点建议，希望同志们切记。

> 谢谢大家！

这篇讲话稿，条理清楚，"三点论"逐一叙述，明明白白，用语也非常简练；但给人的感觉不生动，难以留下深刻印象。这也是我们常见的讲话类型。

但是，运用比喻的手法进行形象化处理后，这篇讲话稿就换了一个模样。

> 亲爱的同志们：

> 大家好！

长江后浪推前浪，恭喜你们作为有为的一代能够担此重担。此岗位非同小可，所以我在临别之前，没有其他东西送给各位，就送给各位"三盆水"吧。

第一盆"水"，希望你们经常"洗头"。希望你们时刻保持清醒的头脑。头脑清晰，思路明确，统筹安排，我们就能做出科学的决策。决策科学，我们才能少走弯路，才能长远、合理地规划。兼听则明，偏听则暗。希望你们能够多搜集信息，整体规划，时刻保持清醒的头脑。所以，送给大家第一盆"水"，希望各位一定要经常"洗头"，"洗"掉旧条框，"洗"掉旧思维，"洗"掉短期行为，永远不要让大脑松懈！

第二盆"水"，希望你们经常"洗手"。希望你们廉洁奉公，以身作则。一身正气，两袖清风，在种种利益面前，一定要经常"洗手"。面对种种诱惑莫伸手，努力打造风清气正的干部队伍。把党风廉政建设作为重点工作来考核，增强每个同志的责任感和危机感，不为名利失心，不为权欲熏心，不拿群众一针一线。时刻保持公正廉明，真正做到为人民服务！

第三盆"水"，希望你们经常"洗脚"。希望你们勤下基层，与群众打成一片，走群众路线，多倾听群众的心声，解决群众的实际困难。不要总是高高在上，脱离群众。一定要心为民所系，权为民所用，利为民所谋，一切以人民为本，做人民的公仆。所以，第三盆"水"，送给大家，希望你们"洗"掉疲劳，"洗"掉惰性，"洗"出脚踏实地、勤政为民的作风。

以上"三盆水"送给各位，希望同志们切记，经常"洗头"，经常"洗手"，经常"洗脚"，用好这"三盆水"。

谢谢大家！

修改后的讲话稿和初稿的意思一样，同样是"三点论"的条理化叙述，因为巧妙运用了比喻手法，就变得生动形象了。

第三节　提升倾听能力

一、倾听的重要性

达成有效的口头沟通，不仅要求说者信息清晰、准确，还需要听者的配合。在对方讲话的过程中，听者用心接收并尝试理解对方的言辞、肢体动作、思想及情感等信息，就是倾听。如果听而不闻或挂一漏万，听者很可能会误解说者的本意。

在倾听过程中，我们不仅要听到对方所说的话语，还要重视对方说话时的音调、音量、停顿等。例如，说者适当地停顿，说明他可能是谨慎、稳重之人，而过多的停顿则会让我们感觉其急躁不安、缺乏自信；我们还可以通过对方说话的音量判断出其态度是愤怒、吃惊、轻视或怀疑等。

视觉器官接收的信息也属于倾听的内容。我们说的话往往由于说话方式的不同而具有不同的意义。例如，当听见你的女友对你说"讨厌"时，如果她神色娇羞，说明她不过是在假嗔；如果她横眉冷目，说明她可能真的生气了。

并不是所有人都会倾听。例如，下面这些人就是不会倾听的人：①他用迟钝的目光看着你，一心一意地在想自己下面该说什么；②他对你说的话一点也没有听进去，还在你讲话的过程中不断地打断你；③他先前对你说"如果你有任何问题，可随时找我"，当你真去找他时，他却把所有的时间都用在谈论自己的问题上；④他在讲座开始5分钟后就不听了，虽然没有睡觉，却一直在抱怨没意思和浪费时间；⑤他在某个发言人刚说完坐下后，就对坐在旁边的人说："这个人对他自己所说的话其实并不懂，我不能容忍这种装腔作势的人！"

倾听不同于一般的听，它不是人的本能，人们只有通过后天的学习才能获得这种能力。

二、有效倾听的技巧

有效倾听要在专心原则、移情原则、客观原则与完整原则的指导下，首先克服倾听者障碍；再在没有障碍的情况下学习提升倾听效果的方法；最后在掌握基本方法的情况下进入具体的倾听场合，有针对性地进行倾听锻炼。

（一）克服倾听者障碍

倾听中，环境障碍的克服较为容易；说话者障碍通常不是倾听者单方面能解决的，需要双方共同努力，所以这两个方面不在这里详细讨论。倾听中，倾听者障碍的克服需要经过较长时间的努力，且主要依靠个人去完成。下面就其进行一些探讨。

仔细分析倾听者障碍，可以发现障碍的形成分别出现在发现和接收信息及译码和理解信息两个阶段，在前一阶段主要是不够专心或粗心大意导致的障碍，在后一阶段主要是误解导致的障碍。

为避免粗心大意导致的沟通失败，可从以下几点下功夫。

（1）列出你要解决的问题。例如，项目的最后期限是哪天？我们有什么资源？从对方的角度看，该项目最重要的是哪方面？在谈话过程中，你应注意听取对方对这些问题的回答。

（2）在谈话接近尾声时，与对方核实你的理解是否正确，尤其是关于下一步该怎么做的理解。

（3）对话结束后，记下关键点，尤其是与最后期限或工作评价有关的内容。

导致译码和理解信息错误的主要原因是误解。

1977年，两架波音747飞机在某机场跑道上相撞。在这起事故中，两架飞机的飞行员其实都接收到了调度指令。KLM飞机的飞行员接到的指令是："滑行至跑道末端，掉转机头，然后等待起飞准许命令。"但飞行员没有把指令中的"等待"当作必须执行的部分。Pan Am飞机的飞行员收到的指令是"转到第三交叉口暂避"，但他将"第三交叉口"理解为"第三畅通交叉口"，因而没有将第一个被阻塞的交叉口计算在内。就在他将飞机停在主跑道上的时候，KLM飞机以186英里/小时（约299.34千米/小时）的时速与之相撞，飞机爆炸了，机上全部人员遇难。这起不幸的事故就是由飞行员对指令的误解造成的。

要克服误解障碍，通常可从以下几点着手：①不要自作主张地忽略自己认为不重要的信息，最好与信息发出者核对一下；②消除成见，克服思维定式的负面影响，客观地理解信息；③考虑对方的背景和经历，想想他为什么要这么说，他的话有没有什么特定的含义；④简要复述对方所讲的内容，让其有机会更正你理解不到位的地方。

（二）用心倾听

用心倾听不仅是指倾听者听说话者说了些什么，还要求倾听者理解说话者的肢体语言，如读懂说话者的面部表情、手势等。倾听者应通过下面的方法学会用心倾听：①倾听者应有倾听他人的愿望，有意识地培养全神贯注倾听他人讲话的能力；②注意倾听说话者说了什么内容，这些内容是怎样被说出来的，这些内容表达了什么样的感受和情绪；③倾听者要努力成为一名中立者，并尝试从说话者的立场出发理解其观点，不要被说话者语言中的情绪化内容影响。

（三）体态倾听

作为倾听者，体态倾听意味着采取积极的倾听态度。倾听者应通过积极的体态表现，向说话者表明自己在认真地倾听其讲话，这样说话者就会受到鼓励，并有信心继续讲下去。

1. 了解体态倾听因素

如果说话者在向倾听者讲话时，倾听者昏昏欲睡，这种消极的倾听体态会让说话者感到无奈。倾听者要用积极的体态参与倾听，向说话者表明自己在倾听。体态倾听因素主要有以下四个。

（1）直接面对说话者。直接面对说话者表示倾听者正在集中精力倾听说话者讲话。直接面对说话者时，倾听者的脸和身体都没有来回转动，表明倾听者的注意力没有被其他事物吸引。

（2）保持良好的目光接触。目光接触是沟通中的一种肢体语言，是彼此展现真诚、读懂对方的一种方式。目光接触并不是说倾听者要把眼睛睁得大大的、目不转睛地盯着说话者，睁大眼睛盯着说话者只会让其感到紧张。

（3）采取开放的态度。在倾听中仅仅直接面对说话者和保持良好的目光接触是不够的，倾听者为了表示自己在倾听，还应该采取开放的态度。这种开放的态度可以在倾听者倾听信息时得到很好的诠释，不管是什么信息，倾听者都会聚精会神地听，不错过任何一个细节。

（4）保持适当的放松。倾听者在倾听过程中，对说话者的话非常感兴趣时不要显得过度热情和兴奋，要保持心态平和，因为倾听者如果过度兴奋会使说话者感受到压力。当说话者情绪低落时，倾听者温和的态度会帮助说话者放松心情。

2. 运用体态倾听因素

认识体态倾听因素是一回事，要将这些体态倾听因素灵活运用到实践中则是另一回事。因此我们在实际生活和工作中要有意识地运用体态倾听因素，让对方感受到我们的诚意或者重视等。

（四）正确地发问

发问是倾听者向说话者表明自己确实在倾听其讲话的直接、恰当的方式。正确地发问是有效倾听的一种表现。

1. 倾听式发问

正确使用倾听式发问是获得信息的关键。倾听式发问根据倾听者的不同目的，可以分为四种类型：倾听者通过发问表示自己对说话者所讲内容感兴趣，鼓励说话者继续谈论相关话题；倾听者通过发问使说话者对话题进行更深入的阐述，以便获得更多的信息；倾听者通过发问来了解说话者的感受和想法；倾听者通过发问来表达自己的观点，对说话者所讲内容进行回应。

说话者：我觉得很压抑。因为我自愿加班加点，尽最大努力按时完成了项目，但是好像人人都不赞同我。

倾听者：看上去你很失望，你没有得到足够的支持，是吗？

说话者：是的，正是这样，并……

2. 反馈式发问

反馈式发问能够表明倾听者始终在和说话者进行心灵和思想上的沟通，并完全听懂了说话者所说的话。反馈式发问可以帮助倾听者理解说话者所说的话。运用反馈式发问，要求倾听者对说话者所讲的中心主题和观点做出总结。

（五）及时地表态

为了鼓励说话者继续说下去，倾听者要及时表明态度，把沟通内容拓展到自己需要了解的信息上。

1. 给予鼓励

倾听者可以使用多种方法鼓励说话者讲述更多的内容，如采取支持性的肢体语言与支持性的口头语言等。

支持性的肢体语言能鼓励说话者继续讲下去。支持性的肢体语言非常多，如面带微笑地注视着说话者的眼睛、点头、竖起大拇指等。

支持性的口头语言是支持性的肢体语言的"等价物"。如"哦，明白了""非常有趣啊"等，是"我理解您所说的话，请接着讲更多信息吧"的另一种表达方式。

2. 反馈性陈述

反馈性陈述可以深入揭示说话者的情感。倾听者有时希望说话者对所讲述内容做些补充或者解释，在这种情况下，倾听者不仅要能够听出说话者的弦内之音，也要能够听出其弦外之音，表明自己真正理解说话者的情感。

说话者：我真不知该如何选择，每项活动都有赞成和反对两种意见，而且反应都相当强烈。

倾听者：如果我处在你的位置，我宁愿慢些做出决定，以免得罪某一方。

说话者：我需要更多的信息，或许应该再收集一些意见，向有经验的人请教。

3. 重述关键词

重述关键词是能够鼓励说话者讲更多信息的有效方式。如果倾听者在认真倾听，那么就不难找到一些特殊的关键词，进而使用这些关键词来鼓励说话者做出更为详细的解释。

三、提升倾听能力的策略

自我测评

倾听技能测评

以下是能帮助你成为更好的倾听者的七个基本策略。

（1）预先做准备。事实上，只要花两三分钟做准备，就能减少对彼此时间的浪费。例如，优秀的记者会在采访前做好背景研究，了解对方的基本情况，从而提出正确的问题，并对对方的回答有所预期且能更好地理解。

（2）排除其他事情。你能给予对方最大的善意，就是你的全神贯注。若要有效倾听，就需要保持100%的专注。

（3）保持眼神接触。通过双眼，人能表达更多的感受与理解。如果你觉得很难与对方进行眼神接触，可以试着把视觉焦点放在对方的鼻梁上。

（4）先把对方的话听完。不要预设对方的话应在何时停止、谈话内容应朝哪个方向发展。即使你非常善于猜测，也不要把想法说出口，因为就算你猜对了，这样的举动也是不合适的。你应该保持耐心，专心倾听，不要打断对方的话。对于对方所提出的问题，不要在一开始时就设定回答的框架。如果你已经听完对方所讲的每一件事，却仍然不了解情况，此时应该怎么办？有智慧的人会把所有的沟通问题都归因于自己。通常来说，谁对谁错并不重要，重点应该放在如何促进有效的沟通上。

（5）记笔记。记笔记既能让你保持专注，也能让你保持清醒。记笔记的正面意义在于，它代表你重视这个话题、重视说话的人，而且你会记下正确的信息。如果你能以轻松的态度记笔记，不仅会让对方感到自在，自己也能更有效地倾听。

（6）察觉对方的情绪。和人交谈时，谈话内容可能不局限于事实或个人观点，而涉及情绪层面。察觉对方的情绪并询问对方的感受，能让对方明白他的感受对你来说是重要的，这样做也能避免双方出现某些言辞交锋的状况。涉及感受问题时，不做任何预设与猜测显得格外重要。每个人都背着自己的情绪包袱，包袱里的东西可能会毫无预警地掉出来，因此请不要预设你知道对方在谈话内容之外曾发生过什么事。

（7）容许沉默。两个人进行沟通时，沉默是非常具有恫吓性的。因此，沟通时，不要把沉默当作迫使对方说出更多事情的武器。如果短暂的沉默是为了体现对说话者的尊重，以便让其有足够的时间思考，这则是一种正确的沉默。

倾听是最值得重视的沟通技巧之一。但是，很多商务工作者却不愿意下功夫学习如何有效地倾听，因为大多数人对自己倾听的能力都很有自信。当一位演说者发现有的听众在睡觉，或他的演说没有得到任何反馈时，他一定会觉得自己缺乏演说的技巧；对于拙劣的倾听，倾听者自己却很难察觉。大多数人很难相信倾听的能力是通过学习获得的。人们可以通过表 2.1 对自己的倾听技能进行评价。

👑 拓展游戏

倾听者在倾听对方讲话时，还需对自身的非语言习惯进行评估，以便了解在倾听时自己是否有不恰当的行为对倾听的效果造成不良影响，具体内容如表 2.1 所示。

表 2.1　倾听时非语言习惯的自我测试

倾听行为	是否存在	你的改进计划
爱看自己的脚		
爱盯着自己的手表		
喜欢摆弄手边的小东西		
一直盯着对方的眼睛		
看着对方的额头		
心里想的和表现出来的面部表情不一致		
坐时跷着二郎腿		
双臂交叉放于胸前		
双手叉腰		
遇到和自己说话风格不一致的人时沉默不语		

 思考与实践

一、思考与讨论

1. 分析说明口头沟通的优缺点。
2. 举例说明口头表达中通常采用哪些语言艺术。
3. 如何使你的话具有说服力？
4. 结合实际分析如何让自己成为一个善于言辞的人。
5. 你身边谁是最会说话的人？举例说明他是如何做到能说会道的。
6. 提升倾听效果的方式是什么？
7. 结合自己的实践，谈谈提升倾听能力的策略有哪些。

二、活动与演练

选择下列题目中的一个进行一次即兴发言，要求时间控制在 3 分钟左右。

1. 在某次集体活动中，要求每个成员进行自我介绍，以便给其他成员留下深刻的印象。
2. 你参加某企业招聘经理助理的面试，面试官要求你陈述自己的履历，以及你应聘该职位的理由和你的职业发展规划。

3. 你准备竞聘某学生社团副会长的职位，请你发表竞聘发言。

4. 你邀请了一位熟悉的老师给大家讲课，你需要为该老师做引荐发言。

5. 在某次竞赛活动中，你获得了一等奖，当你上台领奖时，被要求讲几句话。

三、案例分析

1. 请扫描二维码阅读案例并回答案例后面的问题。

2. 李明是一家大型石油公司公关小组最年轻的成员。他能参加每两周一次的小组会议，对此他很是高兴。但是，多次参加这样的会议后，他觉得这样的会议很无聊。这次，副总裁又在召开会议，李明认真地听了一会儿。当他听副总裁讲到拉丁美洲出现的公关问题，尤其是听到"加勒比海地区"这几个字时，他的思绪跑偏了——"今年我要是能够享受冬季假期就好了"。李明沉浸在想象里，其中有白色海滩、热带饮料、异国舞蹈、帆船……

"……这是李明非常感兴趣的一个领域，我们应该听听他的意见。"大家都看着李明。"啊！副总裁说的是哪个领域？"李明拼命回忆会议上副总裁说的最后几句话……

问题与分析：作为倾听者，在沟通过程中应注意什么？李明哪些方面没有做好？如果你是李明，在这样的场合，你会怎么做？

 知识巩固

第三章 书面沟通

 学习目标

了解书面沟通的特点；掌握书面沟通的原则；认识书面沟通的步骤；了解提升书面表达能力的方法。

> **导入案例**
>
> 总经理给新来的曹助理布置了一个任务，让她向各个部门下发岗位职责空白表格，要求各个部门填好后在当天下午两点之前上交总经办。她说"明白"，就去执行任务了。
>
> 到了下午规定的时间，技术部没有按时上交表格。总经理问曹助理："你怎么向技术部传达的？"曹助理说："完全是按您的意思传达的。"总经理又问为什么技术部没上交。曹助理说技术部就是没上交，不清楚为什么。
>
> 总经理把曹助理和技术部负责人召集到总经办会议室，问这个事情。技术部负责人说，当时的确没有听到曹助理传达关于上交时间的要求。曹助理说自己确实说过了。技术部负责人说确实没有听到。
>
> **思考与讨论**：办公人员在传达信息的时候出现上述情况，既耽误工作，又难以分清责任，反映了管理方式的不足。有什么办法可以避免此类事情的发生呢？

第一节 书面沟通的特点与原则

书面沟通是指以纸面或电子媒介为载体，通过文字、图表等方式进行信息传递的过程。美国管理学家克莱姆和史尼德指出，商务管理者会把22%的时间花在"写"上。无论是企业内部部门之间，还是企业和供应商、客户等外部部门之间，在互相沟通时都应当有书面函件。但是，在工作实践中，一些人习惯性认为打电话交谈就足够了，或过分相信口头沟通的功能，结果往往造成损失。有效的书面沟通有助于顺利地开展工作，从而有利于与客户建立良好的关系。书面函件，如通知、报告、合同、方案等的撰写都需要掌握一定的书面沟通技巧，并遵循一定的原则。

微视频
书面沟通的特点
与原则

一、书面沟通的特点

与口头沟通相比，书面沟通成本高、效率低，所以很多企业，尤其是规模小的企业会选择电话沟通。但如果出现关于订货型号、送货期限等争议，书面函件是分辨是非最好的依据。书面沟通具有内容清晰可查的优势。书面沟通与口头沟通的比较如表3.1所示。

拓展游戏

要求：两人一组。一个人连续说 3 分钟，另外一个人只许听，不许做笔记，不许发声，不许插话，可以有身体语言。之后换过来，让第二个人说完。结束以后，每人轮流先谈一谈听到对方说了些什么，然后各自都说一说对方描述的是不是自己想表达的。

商务书面函件和文学作品如小说、散文等有着非常大的区别，它的非情感特征比较突出。即使商务书面函件有时要表达情感，通常也会比较节制，不会无节制、无控制地表达出与目的无关的情感，那样很容易使员工分散精力，从而达不到提高工作效率的效果。另外，表达情感时要注意文种，比如会议纪要、通知、备忘录等纯粹事务性公文就不适合表达情感。

表 3.1　书面沟通与口头沟通的比较

沟通方式	优　点	缺　点
书面沟通	适合传达文件、意见； 便于保存以备日后查阅； 可以细致地考虑，采用更为精确的词句； 准确性高； 更正式，具有权威性； 保证不在现场的相关人员也能获得相同信息	成本高； 反馈速度慢； 耗时长； 形式单一，缺少非语言形式的补充作用
口头沟通	适合表达感情、感觉； 成本低； 可以及时更改、调整； 个性化程度高； 反馈速度快	不便于保存； 说话者缺少选择合适词语的思考时间； 准确性低

 案例赏析

公司员工小张早上刚穿上鞋准备去上班，突然听到"咚！咚！咚！"的敲门声。小张打开门，快递员递给他一束花，小张看到花束中的贺卡上写着："小张，非常感谢你这一年来为公司付出的一切……祝你生日快乐！"署名竟然是公司领导！小张都忘记今天是自己的生日了，想到领导那么忙还记得给自己送生日礼物，小张很感动。

【案例简析】鲜花与贺卡满足了员工情感上的需要。由此可见，在商务沟通过程中，可以采用书面沟通方式来表达较为含蓄的情感。用恰当的书面语言与对方进行沟通，如领导使用贺卡等，可以辅助性地增强员工对公司的归属感。

二、书面沟通的原则

（一）基本原则

进行书面沟通时需要遵循一些基本原则，这些原则可以概括为 4C，即正确（Correct）、清晰（Clear）、完整（Complete）、简洁（Concise）。

1. 正确

"正确"是书面沟通的首要原则。也就是说，书面沟通的材料要真实可靠，观点要准确无误，语言要恰如其分。要正确地传递信息，作者在写作前要下一番功夫，明确写作的意图，从而实现有效沟通。

书面函件的正确性主要取决于表述的准确性。写作"不正确"，是书面沟通过程中经常出现的问题。"不正确"具体表现在观点不正确、逻辑混乱或没能用适当的语言文字来表达，有时候甚至连作者自己也不知道要表达什么。

案例与思考

李教授的学生为何找不到酒店

李教授去湖南郴州上课，接待方将他安排在郴州市第一人民医院南院对面的汇圆湖酒店。

李教授的一个学生想来看望他，打电话问他住在哪里。李教授从窗口看到对面是第一人民医院住院楼，就说住在第一人民医院对面。学生再问是什么酒店，李教授将酒店住宿须知中的名称告诉了他。学生说听不清楚，请李教授给他发信息；李教授发送了信息。不久学生说不小心删除了信息，请李教授再发一次酒店名。这时李教授没在酒店，就凭记忆发短信给他：第一人民医院对面的汇圆酒店。发这条信息时李教授犯了两个错误：一是从酒店窗户看到的住院楼是一个扇形，李教授只看到了"第一人民医院"几个字，而没能看到"南院"二字，应该是第一人民医院南院；二是酒店名少了一个"湖"字。李教授很快发现了第二个错误，想打电话给学生说明是第一人民医院对面的汇圆湖酒店。不巧的是，李教授的手机没电了，一时无法与学生联系。结果学生到第一人民医院对面找汇圆酒店，没有人知道，最后还是在出租车司机的帮助下找到了第一人民医院南院对面的汇圆湖酒店。

思考与讨论： 李教授与学生应该如何做才能避免这次沟通中出现的失误？

2. 清晰

"清晰"是对函件在内容和形式上的要求。函件写得清晰易懂，思想表达得明白突出，读者就能理解作者的意思。要确保函件满足清晰原则，还必须选择贴切的词汇和适当的句型。表述清晰能引起读者的兴趣，更能使读者正确领会函件的内容。

例如，甲公司称："这个新产品14毫米的厚度给人的视觉感受，并不像乙公司的产品那样，有一种比实际厚度稍薄的错觉。"

这句话中的"那样"指代不清晰，是说甲公司的产品"有一种比实际厚度稍薄的错觉"，还是说乙公司的产品"有一种比实际厚度稍薄的错觉"呢？

除了在语言表达上力求清晰外，还应注意函件的整体布局的清晰，包括标题、字体、字间距和页边距等。尤其要注意字间距，若是字间距过窄会影响阅读效果。如果是手写，则字迹不能潦草。文字书写是否清晰，不仅影响文章的准确性，还会影响读者对文字内涵的把握。

3. 完整

"完整"是书面沟通的一个重要原则。书面沟通的一大优势就是使人们有充足的时间思考问题，完整地表达观点。人们通过电话交谈或当面交谈时，常常会遗漏事项，这是由口头沟通的特点决定的。在进行书面沟通时，为了完整地表述观点，应该反复检查、思考，不断增补重要的事项。

4. 简洁

"简洁"似乎与"完整"相矛盾，但其实只要把握好"度"，它们就不存在矛盾。完整是书面沟通的重要原则，但并不意味着要把所有的事实、观点都罗列在纸上。可以通过排序把不太重要的事项删除，对琐碎的、没有太大价值的文字进行删减，使函件言简意赅。

（二）其他原则

有专家从其他角度总结出商务书面沟通应该遵循以下两个重要的原则。

1. 创新

有人认为商务文书应该是十分正式的，结构严格符合规范要求，内容符合逻辑要求，结果使商务文书变得教条刻板、冗长乏味。现在，人们越来越强调对于商务文书写作的"创新"要求。芭芭拉·格兰兹认为，"创新"原则从字面上看似乎与商务文书的写作要求相矛盾。通常创新是指无限制、新鲜和非常规的，而商务文书写作则意味着规范性的表述，所以"创新性商务写作"的说法看起来似乎自相矛盾。但实际上，创新性商务写作既要求掌管逻辑思维的左脑提供事实、细节和分析判断，又要求具有创造力的右脑针对某种情境提供创新性的、全面的和新颖的见解。

商务沟通者应注意依据公司情况及时更新需要沟通的信息，促使对方更好地理解你所传达的信息。

2. 以读者为中心

要想让书面函件被读者真正地理解，我们需要考虑下面几个问题：第一，读者期待的是什么？第二，这份书面函件能给读者带来什么？第三，如何让读者心甘情愿地做出我方期待的让步？第四，如何把双方的利益有效地结合起来，做到双赢？

分别对比以下几组句子，挑出更易被接受的表达方式。

（1）A. 明天下午我们会把你们 3 月 2 日预订的羽绒服 200 件装箱发运。

     B. 你们订购的 200 件羽绒服将于明天下午装箱发运，预计在 3 月 12 日抵达贵公司。

（2）A. 你的报价单……

     B. 您的第 ZS 628 号报价单……

（3）A. 我们很荣幸授予你 3 000 元最高信用额度。

     B. 您的交通银行信用卡有 3 000 元的最高信用额度。

（4）A. 很遗憾，你没能通过本公司的入职考试。

     B. 您没能通过本公司的入职考试，感谢您对本公司的关注与支持。

从"以读者为中心"原则来考虑上面几组句子，我们不难发现，B 句更易被对方接受。在进行书面沟通时，以读者为中心原则要求我们注意以下几点：①褒奖时多用"您"，贬抑时则尽量少用"你"，这样能够维护读者的自尊，为自己树立良好的形象，从而为双方进一步的交往打下基础；②尽量直接进入主题，直截了当地提出问题，避免不相关的话语；③为读者提供具体的信息，以便读者能够尽快知道是哪份订单、哪批货物等。

第二节 书面沟通的步骤与能力提升方法

一、书面沟通的步骤

各种书面沟通材料的正式程度各有不同，各类商务文书的体例、功能也各不相同，因此并没有一套放之四海而皆准的写作程序。但是作为商务沟通工具，一般较正式的商务文书的创作过程包括收集资料、组织观点、草拟初稿、修改成文等四个步骤。

（一）收集资料

书面沟通过程的第一步就是收集资料。资料的作用具体表现为以下三点：①资料是形成观点的基础；②资料是形成主体的支撑；③资料是安排结构的依据。

沟通者可以利用多种方法收集资料，如：翻阅以前的文档、财务报告；电话采访、拜访；在互联网上、计算机硬盘中或内部数据库中搜索。这些方法可综合运用，以尽可能全面地收集资料，为沟通做好准备。

（二）组织观点

进行书面沟通时最重要，也最困难的任务之一就是组织观点。如果能在起草文稿之前将观点组织好，写作效率会得到很大程度的提高。

收集了相关资料，也对目标读者情况有了非常详细的了解后，就可以将相同或类似的信息组织在一起形成不同的版块；再运用合适的方法，将版块之间的关系呈现在纸面上，从而有助于组织思路。下面简要介绍两种建立资料关系的方法。

1. 传统线性提纲法

传统线性提纲法是用数字或字母为资料建立一定的先后关系，一级一级地将主要观点串起来的方法。

传统线性提纲法常给人一目了然的感觉。例如，某杂志社主编在对杂志社最近几个月的经营情况做了详细的调查研究后，决定对编辑提出提高文章质量的要求。该主编在起草书面材料前采用了传统线性提纲法。

（1）提高文章质量的原因：有些文章已经明显呈现出质量不高、没有实质性内容的问题；通过对读者进行问卷调查得知，已经有大量读者对杂志的文章质量感到不满意；最近新出现数家同类杂志社，对本杂志社造成了不小的冲击。

（2）提高文章质量的措施：实行承包制度，每位编辑要对确定的某个版块负责，根据调查问卷的结果来决定每位编辑的工资级别；每篇文章要经过三个副主编全部审核通过，才能刊登。

（3）征求建议：……

这位主编在理清思路后，很容易地就写出了书面材料。显然，这种方法是很有效的。

2. 环形关系法

环形关系法（见图 3.1）不用按照严格的等级规则来整理思路，一般是想到某两个方面有什么关系就将这两个方面用线连接起来，当所有方面都建立关系后就能比较清晰地组织文章思路了。

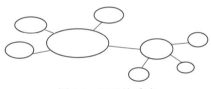

图 3.1　环形关系法

（三）草拟初稿

做好调查、理清思路后就可以着手起草初稿了。

1. 选择恰当的结构

（1）时间顺序结构。如果校学生会主席要你为下个月为期三天的招新宣讲活动列出具体安排，你会选择什么样的组织结构呢？要解决这样的问题，人们倾向于选择时间顺序结构：从当天的时间安排入手，进行适当的描述。选用时间顺序结构的好处是，能够突出事件的发展脉络，清晰、连贯。

（2）分类别结构。使用分类别结构，能将要说明的内容表述得更加清楚，避免重复、交叉的问题。例如，图书管理员为图书馆列出资料查询单时，就可采用分类别结构。此外，建议书、电子邮件和通知书等，也多使用这种结构。

2. 使用写作技巧

书面沟通比起口头沟通，可以保留更多的信息，使双方的交流不受空间的限制，也提高了准确性。要想使书面函件更加有条理，就需要使用一些书面函件的写作技巧。

（1）把所有的观点都罗列出来。在起笔时，可能会有很多想法，一时间不知道该从哪里写起。先写自己的感受，还是先分析目前的状况？好像应该先提一提上次的通信吧？类似这样的问题会充斥于脑海中。这个时候不妨把想到的观点、案例、建议等一一罗列出来，然后对所有的观点进行筛选，最后做出取舍。这样做能够使思维更加缜密。

（2）使用恰当的称呼。如果不正确使用称呼就会有失礼貌，对交往产生不利的影响。书面沟通中的称呼，反映了双方关系发展所达到的程度。在正文中引用人名时，一定要谨慎。如果关系不是特别亲近，在完成写作后要多读几遍，体会称呼是否合适。如果不清楚对方的名字，称呼"先生""女士"即可。

（3）尽量描述共同点，以寻求切入点。你曾同你的目标读者一同滑过雪吗？你希望你的目标读者会继续下订单吗？在书面函件中适当提及曾经共度的快乐时光，会让对方感到惬意，感到跟你合作是轻松、自然的。对方感到沟通比较舒适的时候，一般就是他们答应你要求的时候。这都要归功于你在书面沟通中使用了技巧，使得你的文字更具感染力。所以，在开始构思时，回想你们共同的美好经历有助于提升书面沟通的效果。

（4）综合使用各种方法来安排文章结构。有些人可能不喜欢选择某种固定的方式来把内容串起来，那么可以考虑使用自己擅长的书面表达方式。如果擅长制作 PPT，那就把主要观点用 PPT 展现出来，然后再配以说明。如果是组织一个社交活动，那么送给朋友、亲属的请柬就不必采用分门别类等太呆板的形式，你可以使用昵称、私下对彼此的称呼等。为了使文字变得有生气，不必拘泥于一种形式。

（5）行文一气呵成，不要边写边改。有人写文章时，为了选择词语、句式等而写写停停，这种局限于细节性问题、中断创作思路的写作方式不利于保持思路的连贯性。文章的创作是一个连续的过程，保证拥有连贯的思路是至关重要的。

（6）跟着感觉写初稿，不要拘泥于写作的先后顺序，这样不容易漏掉要点。在刚开始写时，往往没有头绪，这时不妨把题目、要点先写下来。总而言之，要从自己最有把握的部分着手。

在写作过程中，可能会联想起适合其他某部分的写作方式，这时可以直接跳到那个部分把想法写下来，这样有助于保持文章的完整性。如果在某处写不下去了，也不用一直停在那里，尽管进行其他部分的写作。不要强迫自己一定要完成某段内容，否则很容易耽误整篇文章的进度，甚至会影响写文章的心情。在思路停顿的时候，可以考虑看看相关的图表，图表对重新整理思路会有帮助。也可以采用这样的方法：当实在感觉自己文思枯竭时，不妨试着去和别人交流、给自己放个小假、来回走动等，放松一下紧绷的神经。适当的休息对再次打开写作思路会有很大的帮助。

（7）使用恰当的措辞。哪怕是极其微妙的措辞，读者都能从中感受到是否被尊重。所以，要想使书面沟通真正起作用，就要考虑读者的身份、文化背景等因素，用恰当的措辞来行文。比较下面两封函件的主体部分，哪种措辞更容易被对方接受呢？

信函 1

张力：

　　我写这封信是为了昨天开会的事。我对这次和××公司进行业务谈判的进程不了解，我根本不清楚你们的整个安排，但在会议上你却一直要我对整个进程提意见。我也是这个谈判组的成员，希望你以后能够事先把工作安排告诉我，而不是像昨天那样，到会上才问我的意见。我甚至是通过对方公司才了解到一些工作进展的。

孙军

大家读完这封信后是什么感觉？是不是觉得语气过于激烈？如果你是张力，你会有何反应呢？这样的语气可能会影响双方的关系，甚至会给今后的工作产生一定的影响。我们来看看下面这封函件。

信函 2

张力：

　　你好！

　　非常感谢你让我参加了昨天的会议。从会议上我们都看得出来，你和团队其他成员做了很多谈判前的准备工作。以后你们平时的讨论情况能否也通知我，以便我能够及时得到关于谈判进展的最新信息呢？

　　我的邮箱地址是××@×××.com。

孙军

这封信在用语方面做了大量的调整，这样就把读者和作者的关系拉近了，有利于提高团队合作的效率。

（四）修改成文

首先，整体把握文章的完整性。通常应从以下几点来把握文章的完整性：文章是否已经将所有要表达的意思都囊括其中？有没有需要补充的内容？这些内容是不是被恰当地安排到文章里了？这样的文章能否体现创作水平？这些都是这一环节需要考虑的事情。从宏观上把握住这些要点，是保证沟通顺利进行的基础。

其次，检查语言和结构。文章的语言是否简洁明了，语法是否准确？这种结构安排是否对交流有利？是否对读者有吸引力？这些问题都要在修改时仔细斟酌。

最后，检查细节。做收尾工作时，还要考虑文章的篇幅长短、每个句子的长度控制等。

书面函件可能会在和目标团体进行沟通时使用，所以通常会很复杂、正式，不能有任何疏忽；一旦出现纰漏，将会带来比较严重的后果。作者要细致地对待每个句子、每个词语，甚至每个标点；要对每个环节进行整理，包括写作、编辑和审校，任何一个环节都不能少。

二、提升书面表达能力的方法

下面介绍提升书面表达能力的方法，这些方法简单易行，效果显著。

（1）写日记。写日记是比较简单、比较容易执行的写作训练方法。很多人即使有心"写点什么"，但多数情况下会遇到"不知写点什么""找不到合适的题材"之类的问题。对于这样的初学者，比较好的训练方法是写日记。即使平常不知写点什么，回顾一天发生的事情，总还是有内容可写的。

（2）记录健康状况。即使知道写日记的种种好处，依然有人"没有时间写"或"坚持不了多久"。那么，更简单的训练方法便是每天记录自己的健康状况，即每天早晨在笔记本上记录自己的体重、心情、睡眠时间等。例如，每天早上起床之后，先测一下体重，然后将其记录下来，并根据体重变化写下一句话。如果体重增加了，就可以告诫自己："今天要控制一下饮食。"如果体重减轻了，可以鼓励自己："看来昨天的运动有效果了，今天还得去健身房！"

（3）写读后感。想学到更多的商务写作技巧，可以写读后感。一开始可以简单地按照"读之前的想法""读后的领悟""以后的打算"来写。例如，"以前，我是一个特别容易紧张的人，读了书领悟到适度紧张原来可以提升专注力和能力；我以后要通过深呼吸来放松紧张的情绪。"接下来再给每一条内容添枝加叶。写多了，就游刃有余了。对于观看过的视频也可以写观后感，以提升自己的书面表达能力。

（4）在网上发表文章。事实上，在网上发表文章会有更多的受众和更快的传播速度，但也可能会带来负面评论，甚至遭受诽谤、中伤，但总的来说利大于弊。

要想在网上发表文章，可以先练习写博客。在博客里发表文章，就是"面向不特定的多数网友"发送信息，要想吸引读者，文章的水平必须相当高才行。所以这种方式对新手来说难度比较大。但新手可以从微信等社交媒体开始，先在朋友圈里发表自己对某部电影的看法、读某本书的感想、日常生活中的趣事等。在社交媒体中发布信息，有一些注意事项，如把握好个人信息的公开度等。社交媒体的进入门槛比较低，但面对的毕竟只是熟人、朋友，所以传播广度远不及博客。

微视频
书面沟通的步骤
与能力提升

如果你的文章很精彩，吸引了成百上千万的粉丝，你就成了"人气博主"。到那时，你甚至可以把写博客当作职业。总而言之，博客的进入门槛较低，却有无限的可能性。

需要特别注意的一点是要围绕兴趣爱好写文章。围绕自己的兴趣爱好写出的相关文章往往最有真情实感，也最能打动人。有的人开通了博客，就准备大显身手了，却"不知该写点什么""找不到合适的主题写"。遇到这样的情况，建议围绕自己的兴趣爱好写。例如，你的兴趣爱好是看电影，那你就可以写影评，为当下最热门的电影写一些自己的见解，不仅能提高知名度，也能增加访问量。

 拓展游戏

要求：老师在黑板上写下两个短句，如"我们的产品真完美""你会有很大收益"，学生选择一个句子在 5 分钟内进行扩写。写完后分组进行朗读，看谁的扩写最形象生动。每组推选出一位同学朗读自己写的句子，各组进行评比。

第三节　书面沟通中的阅读

书面沟通的一面是写作，另一面则是阅读。阅读，是人们充分运用眼睛和大脑，从文字中获取信息的一种手段。阅读是商务沟通中不可缺少的一种活动，同时，阅读也是写作的基础。

一、阅读的分类

按阅读的目的，阅读可以分为工作性阅读、学习性阅读、研究性阅读和消遣性阅读四大类。

商务环境下的阅读大多属于工作性阅读，其目的是适应与胜任工作的需要，带有显著的职业性和专业性的特点；也有为了学习知识、发展能力而开展的学习性阅读；还有为了得出研究成果而进行的研究性阅读，包括检索、评论、考证、专题、创造等五个步骤。消遣性阅读是指闲暇时间里进行的一种随意性较强的以消遣为目的的阅读。随着人们的闲暇时间增多，用于文化消费的时间通常也会增加，以自娱消遣为目的的阅读已经成为不少人生活中的必需品。

二、阅读的方法

在现代经济社会中，很多人每天都在阅读，而对一个商务工作者来说，更会将大量精力放在各种文件、报告等文字资料的阅读和处理上。正是通过阅读，商务工作者完成了书面信息的商务沟通，从而为管理工作的顺利进行提供了保障。

对于别人写出来的材料，只有阅读后理解了，做出相应的反馈，才是有效的沟通。在商务环境中，有效阅读能力越强，沟通效果自然越好。一个灵活、成熟、高效率的读者能通过调节阅读速度来适应阅读目的和所读材料。下面是商务环境下的阅读方法。

（1）浏览。在正式阅读之前，通过浏览，我们可以初步了解材料的内容。浏览将使我们了解阅读材料的组织形式，确定要采用的最佳阅读方法，快速、高效地组织思考过程，以完成阅读目标。

（2）略读。略读是指在没有充足时间、足够兴趣，或根本没有必要仔细阅读某些材料的时候，以很快的速度进行阅读，并略去部分内容，以获取文章要旨和自己所需要内容的阅读方式。通常对某个课题进行大量略读，比细读一两本书要有用得多，能帮助我们在短时间内获得比较多的信息。

如果是四五千字的文章，我们应该以最快的速度读完第一段或前两段，以便弄清文章的整体背景，然后快速扫视每段的首尾句或前后几行，因为主题句通常位于段落的首尾处，而最后一段通常是全文的总结，一般要完整阅读。

略读的速度大致为普通阅读速度的两倍以上，但理解效果较差，因为略读的目的是以最快速度获取文章的主题或我们想要的内容。

（3）寻读。寻读主要用于从材料中找出某些信息，而不需要阅读全部材料，如在报纸上寻找电视节目，查找电话号码，翻词典查生词等。寻读的目的是快速、准确地找出自己所需的信息。寻读时应在心中默记提示词，避免无关词汇、思想的干扰，找到所需的信息后应仔细进行阅读。为了节省时间，在寻读前必须熟知材料的排列顺序。有的材料是按字母排序的，像词典、索引之类；有的材料是以时间顺序排列的，如节目表、史料等。

（4）研读。德国科学家普朗克曾说过："读书不思考，等于吃饭而不消化。"我们需要对作品做出评价，或者吸收全文的观点、理论时，应进行细致、思辨性的研读。研读材料时需细心，有时需要停下来重读或思考、记忆，仔细体会字里行间的言外之意，以便完全理解材料。

在商务环境中，我们要根据具体的情境要求选择恰当的阅读方法。

 案例与思考

漏掉两个字，运费多开支

某公司与美国某客商签订了进口某货物的合同，双方约定在美国西部港口交货，但双方合同上和信用证上都写成了"美国港口交货"，漏掉了"西部"两字。美方接到信用证后，通知该公司在美国东部某港口接货，该公司只好通知船方到该港口接货，结果多承担了一笔运费支出。

思考与讨论：此案例给予我们的教训是什么？

 思考与实践 ══════════════════════

一、思考与讨论

1. 书面沟通相比口头沟通来说，有哪些特点？
2. 在哪些情况下你会选用书面沟通方式？
3. 书面沟通的原则有哪些？
4. 结合你自己的实践，你觉得在书面沟通过程中，哪个环节对你最重要？为什么？
5. 假如你是一个淘宝商户，有个大客户说你寄给他的手机坏了。请你自行决定细节，以书面形式回复这个客户，并注意遵循"以读者为中心"的原则。
6. 阅读的方法有哪些？

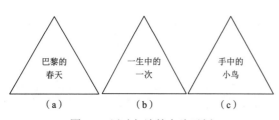

图 3.2　活动与演练卡片示例

二、活动与演练

形式：全体学生参加。

时间：10分钟。

材料：类似图3.2所示的卡片。

场地：教室。

将类似图 3.2 所示的自制卡片发给学生，请学生把卡片正面朝下放在面前的桌子上，并告诉学生："在卡片上有三个三角形，每个三角形中各有一个短语。当我说'开始'时，请大家迅速将卡片翻过来并记住三角形中的短语，然后在卡片的背面将三个短语以相反的顺序写下来。"稍后由老师检查。

讨论：你是怎么理解老师的指示的？为什么有些学生会出错？为什么老师的指示也会被学生误解？这个游戏说明了什么？

三、案例分析

小于在单位做外联工作，经常需要跟人联系。她与别人的沟通大多是利用微信文字进行的。小于认为微信是这个世界上让人最轻松、自在的交流工具。因为她比较敏感，打电话时若对方语气比较急，她就会猜疑对方对她有意见。用微信文字沟通就不会有这种烦恼。小于可以在网上和对方轻松交谈，或闲聊，或交代工作，而且在微信上用文字表达可以考虑清楚了再答复，不会感到紧张。

渐渐地，小于对微信的依赖越来越严重了。想和某人联络时，要是对方离线，她宁愿留言等对方回复，也不愿意打电话，即使有特别紧急的事也宁愿发短信而不愿意打电话。结果这严重影响了她的工作效率，而且她的性格也日渐变得内向。在网上，她每天都发帖，迅速成为论坛红人，和网友打得火热。但在现实生活中，她却与近在咫尺的领导和同事说不上几句话。她发现自己陷入了困境：越不当面交流，就越害怕跟别人交流，甚至打个电话都要考虑好久。

问题与分析：请分析小于出现这种状况的原因，也请你为小于摆脱这种困境出谋划策。

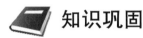

知识巩固

第四章 非语言沟通

 学习目标

了解非语言沟通的定义；明确非语言沟通的作用；认识非语言沟通的常见类型和表现形式；掌握运用非语言沟通的原则及解读非语言沟通信息的注意事项。

 导入案例

斯科芬·翰尔曾说："人们的脸直接反映了他们的本质。假若我们被欺骗，未能从对方的脸上看穿他的本质，被欺骗的原因是我们自己观察得不够。"亦有人解释说："深谙沟通之道的人，往往对别人的非语言行为具有特别敏锐的感知能力，即从最细微的地方观察对方，发现其最真实的想法。"

思考与讨论： 你觉得斯科芬·翰尔的话对吗？你是如何理解的？

第一节 非语言沟通概述

一、非语言沟通的作用

据研究，高达 93% 的沟通是以非语言形式进行的，其中 55% 是通过面部表情、身体姿态和手

 拓展游戏

测验：身体语言，
你了解多少

势传递的，38% 是通过声调传递的。

所谓非语言沟通，是指不通过口头语言和书面语言，而是通过其他的非语言沟通技巧，如声调、眼神、手势、空间距离等进行沟通。非语言沟通与语言沟通关系密切，二者相伴而生。

相对于语言沟通，人们往往会忽视非语言沟通的重要性，因而在不知不觉中使沟通的效果大打折扣。

非语言沟通在我们的生活中具有许多重要作用，主要有以下六种作用。

（1）强调。非语言沟通常强调语言信息的某个部分。如：眉毛上扬可能表示惊奇，摆动手指则可能强调不赞成。

（2）补充。非语言沟通可以强化语言沟通的基调，如：情绪低落的表情或萎靡的姿势会伴随着气馁或沮丧的话语；端庄的姿势、微笑，以及充满活力的动作是对那些积极向上的口头叙述的补充。

（3）掩饰。非语言沟通会有意无意地传递与我们口头传达的信息相矛盾的信息。当告诉家人自己一切都好时，我们眼中的泪水和颤抖的声音会不自觉地暴露真相。一个眼神或低下头的动作就可能会告诉对方，我们的话不是真的。事实上，当语言信息和非语言信息相矛盾时，很多理由会促使我们相信非语言信息。研究表明，说谎比控制一系列的非语言反应要简单得多，这些非语言反应包括：面部表情、声带的紧张程度、脉搏跳动的频率、出汗、肌肉的紧张程度，以及许多

其他非语言行为。对于大多数人而言，这些非语言反应远远超出了人们的可控范围。

（4）调节。一些非语言行为常被用来调节语言沟通的过程。当有人想与你交谈时，有时会面对你、张开双臂、或伸出双手且两手掌朝上摊开，并以期望的目光注视着你的双眼。而当某人希望你停止说话以便自己说话或思考自己要说的话时，常会稍稍转过身、双臂合抱，或伸出一只手，手掌向前，并且闭上眼睛或将视线从你身上移开。

（5）重复。非语言信息也能够重复语言信息。如：拿上车钥匙、穿上外套、戴上帽子走向门口，同时说"我要走了"。

（6）替代。非语言信息可以替代语言信息，特别是当语言信息十分简单时。当孩子在运动比赛中朝赛道外的家长看去时，家长快速竖起拇指可以替代表扬或鼓励的话语，因为在这种相隔一定距离或人声嘈杂的情况下，说的话是很难被听到的。

《三国演义》中脍炙人口的故事"空城计"，讲的是诸葛亮守着空城，在城楼上镇定自若，笑容可掬，焚香弹琴，使司马懿的 15 万大军不战而退的故事。诸葛亮妙用非语言沟通的技巧传递给司马懿一个虚假的信息，吓退了司马懿的大军，转危为安。

在非语言信息传播的领域，可谓"眉来眼去传情感，举手投足皆语言"。

 拓展游戏

你比画我猜

要求： 老师事先准备好词语。两位学生为一组，一位负责比画，另一位负责猜。负责比画的学生可以用简单的语言和肢体动作描述这个词，但不能说出词语中包含的字。如果学生猜对该词，换下一个竞猜词语；如果实在猜不出来，可以跳过该词。每组时间为 3 分钟。比一比哪一组猜出来的词语最多。

二、非语言沟通的特点

非语言沟通主要具有以下特点。

（1）非语言沟通产生于特定背景之下。如同背景对于理解语言信息的重要性一样，背景对于我们理解非语言沟通也同样重要。双臂交叉以及向后靠的坐姿在某些场合可能意味着没有兴趣，但在另一个场合可能意味着沉思。亨特学院（Hunter College）的约瑟夫·德维托教授说过："事实上，离开背景，就不可能解读特定的非语言行为。"因此，为了能够理解和分析非语言沟通，有必要对背景进行充分认知。

（2）非语言行为往往扎堆出现。根据大多数研究人员的观点，非语言行为往往扎堆出现，各种语言信息与非语言信息或多或少会同时存在。身体姿势、目光接触、手臂和脚的移动、面部表情、语速和措辞、肌肉的变化以及非语言沟通的其他要素会同时存在。

（3）非语言行为总是在发生。科学研究揭示，人们每天使用语言进行沟通的时间远远少于使用非语言行为进行沟通的时间。日常生活中，语言的沟通是间断的，非语言沟通则是一个不停息、无间断的过程。只要人们彼此在对方的感觉范围内，就始终存在非语言沟通。人们更常运用非语言行为而不是口头语言保持沟通。这一基本事实又从另一个侧面证明了，日常生活中人们通过非语言行为实现的信息交流要多于口头语言的交流。

所有行为都能沟通，即使在我们并没有与他人讲话或倾听他人讲话时，也是如此。甚至你并不重要的行为，如你的姿势、你的口型，或者你卷起（或者没有卷起）衬衫的方式都会向你周围的人传递你的相关信息。其他人可能不会以同样的方式或你希望的方式解读那些行为，但是无论你喜欢与否，你一直在沟通，即使你坐在一旁无所事事；事实上，无所事事恰恰传递了你对某事的态度。

（4）非语言行为受到规则的制约。语言学领域致力于研究和解释语言的规则。正如口头语和书面语遵循具体的规则一样，非语言沟通也是如此。一些非语言行为，如传达失望、喜悦、赞同、震惊或悲伤的面部表情是很普遍的。也就是说，无论你在哪里出生、成长、接受教育，基本上，全人类的面部表情的意义都大同小异。然而，我们大多数的非语言行为都是习得的。一个手势可能在我们的文化中代表一种意思，而在别人的文化中却可能代表另一种意思。例如，OK 手势在许多西方国家，通常表示一种肯定的态度，或者表示一切正常。然而，在一些文化中，它可能被视为具有侮辱性，因为它可能与一些负面的意义相关联。例如在巴西，这个手势有时被认为是不礼貌的，类似于"你很糟糕"的意思；在土耳其，它甚至可能被视为一种粗俗的手势。

（5）非语言行为是高度可信的。研究人员发现：我们容易相信非语言行为，即使它们与语言信息相矛盾。当一个雇员在回答其主管的问题时，眼神游离或盯着地板，我们就会怀疑该雇员在撒谎。尽管我们试图伪装，但事实上有很多非语言行为是无法伪装的。我们可能会写出或说出具有说服力的假话，但很难用非语言行为去表现这类假话。

（6）非语言行为属于元信息沟通。元信息沟通就是指有关沟通的沟通。我们沟通时，所表现出的行为就是我们所要沟通的内容本身。例如，你的面部表情会表明你对刚才的用餐是否满意；你的握手方式、语调及目光接触会告诉别人你对刚才那个人的看法。

三、非语言沟通的常见类型

非语言沟通涉及沟通中的诸多方面，按照不同的标准可以分为不同的类型。下面这种分类方式概括度较高。

1. 身体语言沟通

身体语言沟通包括动态的和静态的两类。动态的身体语言沟通是指通过目光、表情、身体运动等实现沟通；静态的身体语言沟通是指通过身体姿势、空间距离及衣着打扮等实现沟通。

2. 副语言沟通

副语言沟通是通过非语词的声音，如重音或声调的变化、哭、笑、停顿等来实现沟通的。心理学家称非语词的声音信号为副语言。一句话的含义常常不是取决于其字面的意义，而是取决于其弦外之音。俗语说的"听话听声，锣鼓听音"就是这个意思。语言表达方式的变化，尤其是语调的变化，可以使字面意思相同的一句话具有完全不同的含义。如一句简单的口头语"真棒"，当音调较低、语气肯定时，表示由衷的赞赏；而当音调升高、语气讽刺时，就有可能表示幸灾乐祸。

心理学研究发现，低音调是与烦恼、悲伤的情绪相联系的，高音调则表示恐惧或气愤。副语言研究者德保罗 1982 年的研究发现，鉴别别人是否说谎的最可靠线索就是声调。一般的说谎者说谎时会低头或躲避别人的视线；老练的说谎者则可以有意识地控制这些慌乱行为，说谎时不仅不脸红、不低头，还能有意识地以镇定的表情迎接别人的目光。但是，说谎时声调的提高却是不自觉的，它可以透露说谎者言不由衷的心态。

3. 利用外部条件

外部条件的利用包括辅助仪器与设备的使用、个人的衣着风格、环境的布置等。例如，教师在日常讲课的过程中会较少使用教鞭，但如果是公开课或者是教学比赛等重要场合，就会使用这种设备。教鞭的使用除了方便教学之外，还传递了一种信息：这是非常重要的场合，大家都非常重视这次活动。在日常生活中，有很多现象都可以从这个角度来解释。例如，人们在不同场合会穿不同款式或颜色的衣服。因为着装能表现一个人的特点，所以人们会根据一个人的衣着来判断其职业。在正式的宴会上，座位的安排也可以表达某种信息。在组织环境中，不同职业的人的办公室布置风格是不同的，专业人士和管理人员的办公室一般是庄重和严肃的。办公室的位置和地点是表明一个人地位和身份的重要信息。

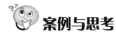 **案例与思考**

盲人歌手的"第六感"

　　某城市电台的一位主持人时常经过一个地下通道，并时常见到一个男孩坐在通道的一角弹着吉他唱歌。男孩总是戴着一副墨镜，显然是个盲人。他的歌唱得很好。主持人为了听他唱歌，常常走得很慢，等他一曲唱完，便走到他跟前放下一点零钱再离开。

　　有一天下雨了，男孩唱的是主持人很喜欢的《光辉岁月》，她就站在那里倾听。男孩唱得很投入，她也被他的投入打动了。他唱完以后，她像往常一样，在他的琴袋里放下零钱。这时，男孩突然抬起头说："谢谢你，谢谢你多次给我的帮助。我还要谢谢你，你每一次经过的时候，都是蹲下来往我的琴袋里放钱。我在这里唱了 3 年的歌，你是唯一一个蹲下来放钱的人。我听得出你走路的声音，你总是轻轻地蹲下来，轻轻地离去。"她很吃惊。他摘下墨镜，露出一双很大的眼睛，里面却没有光泽。他又说："我就要离开这座城市了，今天我在这里就是为了等你来听。我想在我临走的时候唱首歌给你听。"

　　男孩调了一下琴弦，轻轻地唱起了《你的眼神》。歌声很优美，令人感动。

　　思考与讨论： 你相信这个故事是真实的吗？本案例对你有什么启示？

四、非语言沟通的表现形式

　　下面介绍一些普通的、具体的非语言沟通表现形式。

1. 目光

　　"眼睛是心灵的窗户"，心理学家的大量科学研究已经证实了这一格言的合理性。研究发现，眼睛是理解人内心世界的最有效途径。人的一切情绪、态度和感情的变化，都可以从眼睛里透露出来。人们对自己的语言可以做到随意控制，可以为了暂时适应某种特定情境而口是心非，但对目光却很难随意控制。观察力敏锐的人，可以从一个人的目光中看到其内心的真实状态。

　　莎士比亚有句名言：女人啊，虽然你嘴里说着"不"，眼里却在说着"是"。这句名言就是对目光这一身体语言的解读。

　　心理学家的研究证实，人的情绪变化，首先会反映在瞳孔大小的变化上。当人的情绪从淡定变得兴奋、愉快时，瞳孔会不自觉地放大。有人研究过人们打扑克牌时的瞳孔反应，发现如果一个人抓到了自己期望的好牌，兴奋度会陡然上升，并出现瞳孔放大的现象。科学家对动物的研究也证实，猫在看到感兴趣的食物和猎物时，也有瞳孔放大的反应。

　　更进一步的科学研究还揭示，对于令人厌恶的刺激物，人们的瞳孔反应不是放大，而是明显缩小。当人们的情绪从愉快转向低沉，或突然面对令人不快的人时，瞳孔会不自觉地缩小，并伴随不同程度的眯眼和皱眉。可见，人的眼睛是其内心状态的指示器。心理学家埃尔斯沃思（Ellsworth）等人指出，目光接触是最为重要的非语言沟通方式之一。

　　许多其他非语言沟通方式，常常与目光接触有关。

　　首先，目光接触是沟通反馈的一种重要形式，它会使沟通成为连续的过程。众所周知，语言沟通是具有明确的信息发送和信息接收的过程，在某一个特定时刻，只能由一个人说，一个人听。如果听的一方不能给予有效的反馈，那么说的一方就变成了无聊的自言自语，沟通显然就会出现困难。沟通过程中，听的一方提供反馈的最有效途径，就是与说话者保持一定的目光接触，显示自己

微视频
影视剧中的
眼神戏

正在倾听对方说话。由于目光接触，说与听、听与说从间断的沟通过程变成了连续的沟通过程。

其次，目光接触可以实现情感交流。沟通中的目光接触，可以比语言更有效地交流情感。人们可以通过目光接触表达好感、接纳、喜欢、爱意、眷恋等情感。人们可以用眼神交流愉快、兴奋、激动、幸福的感受，可以用眼神传达失落、受挫、悲伤、绝望的情绪，也可以用眼神传递惊奇、拒绝、厌恶和恐惧的信息。

再次，目光接触可以直接调整和控制沟通者之间的相互作用水平。无论是从社会规范的角度，还是从个人体验的角度来看，人们都需要与关联程度不同的人保持适度的相互作用。相互作用过大或过小，沟通信息量过多或过少，都会引起不良的后果。这种后果可以是外部的，如遭受谴责或妨碍关系的良性发展；也可以是内部的，如使人感到不适或厌烦。因此，在人际沟通过程中，需要随时调整和控制沟通者之间的相互作用水平。调整和控制沟通者之间的相互作用水平的有效途径，就是改变目光接触的次数和每次目光接触的持续时间。这种沟通调整和控制不受情境限制。在拥挤的电梯或者火车上，人们很难保持距离，甚至无法避免与别人的身体接触，但却可以通过目光接触来调整和控制与别人的相互作用水平。

最后，目光接触可以传达肯定或否定、提醒、监督等信息。人们在用目光表示肯定或否定的同时，常会轻微点头或摇头。单纯的头部运动是很难具有明确意思的，点头或摇头动作只有在目光接触的辅助下才能表示沟通者对事情的肯定或否定。

2. 表情

表情通常指面部表情。面部表情是另一个可以准确地进行信息沟通的非语言途径。人的面部有数十块肌肉，可以做出上百种不同的表情，准确地传达不同的内心情感状态。面部表情传达的信息，更容易为人们所觉察。由于表情肌的运动是主动的，人们可以随意控制，因而也会产生虚假表情。同目光一样，表情可以有效地表现肯定与否定、接纳与拒绝、积极与消极等各种维度的情感。由于表情可以随意控制，且表情的线索容易被觉察，所以它是十分有效的非语言沟通途径。人们可以通过表情来表达各种情感，也可以通过表情表达对别人的兴趣以及对一件事情的理解程度。

> 某日，李鸿章带了三个人去拜见曾国藩，请曾国藩给他们分配职务。恰巧曾国藩散步去了，李鸿章示意那三个人在厅外等着，自己走到里面。不久，曾国藩散步回来了，李鸿章禀明来意，请曾国藩考察那三个人。曾国藩摇手笑言："不必了。面向厅门、站在左边的那位是忠厚之人，办事小心谨慎，让人放心，可派他做后勤供应一类的工作；中间那位是一个阳奉阴违、两面三刀的人，不值得信任，只宜分派他一些无足轻重的工作，担不得大任；右边那位是一个将才，可独当一面，将大有作为，应予重用。"
>
> 李鸿章很是惊奇，问："还没有用他们，大人您如何看出来的呢？"
>
> 曾国藩笑着说："刚才散步回来，我在厅外见到这三个人，我走过他们身边的时候，左边的那个态度温顺，目光低垂，拘谨有余，小心翼翼，可见是小心谨慎之人，因此适合做后勤供应类只需踏实肯干、无须多少开创精神的事情。中间那位，表面上恭恭敬敬，可等我走后，就左顾右盼、神色不端，可见是个阳奉阴违、机巧狡猾之辈，断不可重用。右边那位，始终挺拔而立，气宇轩昂，目光凛凛，不卑不亢，是一位大将之才，将来成就不在你我之下。"曾国藩所指的那位"大将之才"，便是日后立下赫赫战功并官至台湾巡抚的淮军勇将刘铭传。

3. 人际距离

人与人所保持的空间距离，直接反映着彼此接纳的程度。对这一现象的揭示，是心理学家在人体语言学研究上的一个重要贡献。心理学家发现，任何一个人都需要在自己的周围有一个可以把握的自我空间。虽然这个自我空

微视频

微表情

间会随情境、单位空间内的人员密度、文化背景及个人性格等因素发生变化，但无论是谁，只要他处于清醒状态，都会有这种拥有自我空间的需要。无论他走到哪里，都会将这个自我空间带到那里。就像一个人身体周围有一个"气泡"，人的身体被包裹在"气泡"当中，这个"气泡"所覆盖的空间范围，就是一个人的自我空间。

一个人的自我空间只允许向在心理上已经对其产生了信赖感、在情感上已经将其接纳的人分享。空间距离的远近与情感的接纳水平呈正比例关系。情感的接纳水平越高，能够与别人分享的自我空间也越多，对空间距离的容忍度也越高。如果没有情感上的相应接纳，则闯入一个人的自我空间会被认为是严重侵犯，会使其感受到很大的压力并产生强烈的焦虑感。这种体验会迫使人们调整自己与别人的空间距离，直到重新有了完整的自我空间为止。

研究表明，在单位空间内人员密度较低，可以选择自己的空间位置的情况下，人们倾向于拥有较大的自我空间，需要与人保持一定的距离，否则就会感到别人侵犯了自己的空间，心理上会产生强烈的不适感。人与人之间的空间位置关系，会直接影响人们之间的沟通过程。这一点不仅为大量生活中发生的事实所证明，严格的社会心理学实验也证明了这一点。心理学家的研究发现，根据沟通过程中所保持距离的不同，沟通会产生不同的气氛。在较近距离内进行沟通，容易产生融洽、合作的气氛；而当沟通的距离较远时，容易产生敌对、相互攻击的气氛。

有这样一个例子，某研究中心主办一个讨论会，与会者都是气质儒雅的知名知识分子。但很快，讨论会的内容不再是讨论，而变成了相互排斥，甚至相互攻击。后来研究人员发现：会场的布置使与会者不能近距离地探讨观点，与会者隔着好几米的距离遥遥相望，发言者必须把每一句话都大声说出来，重重地抛给对方。这样，人们明显会产生一定的敌对情绪，无意中形成了他的观点、我的观点、我们的观点等不同的意识，并提高嗓门强调、捍卫自己的观点，也以同样的方式将自己的观点重重地抛给对方。高嗓门的陈述听起来是对抗、是挑战，所以讨论的气氛很快变成了自我捍卫和竭力反驳。第二次的讨论会改成了比较紧凑的圆桌会议，使人们能近距离、诚恳、充分地沟通，讨论会的气氛完全变成了另外一种样子。

沟通中空间位置的不同，会直接导致沟通者具有不同的影响力。心理学家泰勒（Taylor）等人发现，沟通情境中不同位置的作用是不一样的。有些位置对沟通的影响力较大，有些位置则影响力较小，而处于有利空间位置的人，对其他人会产生特殊的影响力。很多人都有体会，同样的发言，站到讲台上讲和站在讲台下讲所起的作用是不同的。这是因为高高的讲台本身就具有某种权威性。在现实生活中，一个人在特定社会场合的空间位置直接与其社会身份和地位相联系。领导者、长辈、重要人物，会自然地被安排于社交场合的重要位置，而其他人在目光和姿势上，会将这一位置当成特定场合的注意中心；社交场合越正式，人的空间位置划分也就越严格。

 **视野拓展**

据研究，在西方国家，感情较好的夫妇经常处在亲密距离之内进行交流；如果他们的婚姻出现问题，双方的沟通是在朋友间的距离内进行的；当他们协议离婚时，他们的沟通则是在社交距离内进行的。

4. 身体运动与身体接触

身体运动是最容易被觉察的一种身体语言，因为身体运动最容易引起人们的注意。身体运动语言与人们日常生活的关系是很密切的，如聋哑人借助手语实现与别人的沟通。

第二次世界大战期间，英国首相丘吉尔使用了"V"形手势，这个手势成了世界上广泛使用的代表胜利的手势。"V"是英文单词"Victory"（胜利）的首字母，竖起中指与食指并分开，就形成了"V"字。

表 4.1　身体运动语言及其意义

身体运动语言	意　义
摆手	制止或否定
手外推	拒绝
双手外摊	无可奈何
双臂外展	阻拦
挠头或脖子	困惑
搓手或拽衣领	紧张
拍脑袋	自责
耸肩	不以为然或无可奈何

每个人都可以列出自己习惯使用的身体运动语言清单。心理学家研究发现，人们通常使用的身体运动语言及其意义如表 4.1 所示。

手势是谈话的工具，是身体运动语言的主要形式。在身体运动语言中，手势使用频率最高，形式变化最多，因而表现力和感染力也最强。根据表达的思想内容，手势可分为情意手势、指示手势、象形手势与象征手势等。这些手势运用恰当会产生良好的沟通效果。例如，领导在发表重要讲话时，常常配以适当的手势，以增加话语的感染力和号召力。

触摸被认为是人际交往最有力的方式之一。在日常生活中，身体接触是表达某些强烈情感的有效方式。人与人之间的相互理解、隔阂的消融、深厚的情谊等通常需要通过身体接触才能得到充分表达。心理学家发现，每个人都有被触摸的需要。人从出生开始，就具有与温暖、松软物体接触而感到愉悦的本能。所以，儿童通常都喜欢拥抱和抚摸毛绒玩具。绝大多数成年人也对这样的经历有愉悦感。

 视野拓展

科学家帕斯曼（Passman）等人的研究发现，人不仅对舒适的触摸感到愉快，而且会对触摸对象产生情感依恋。仔细观察孩子就会发现，孩子与谁的身体接触最多，对谁的情感依恋就最强烈。这种现象不仅存在于孩子身上，同样存在于成年人身上。成年人之间的触摸或身体接触，同样可以带来独特的沟通效果。

例如，一个球员进球后，其他队员跑上去不顾一切地与他拥抱，其所表达的激动、喜悦、感谢、赞美等，是任何其他沟通方式都无法相比的。再如，有经验的领导见到下属或年轻人时，经常会拍拍其肩膀，以表示鼓励和赞赏，这样会使其感到很亲切。

在人际沟通过程中，双方在身体上相互接受的程度，是情感上相互接纳水平的有力证明。对身体的接受，是人际交往中安全感得以建立的标志。人类学家发现，如果一种文化对人们在日常生活中的身体接触较为容忍，则成长于这种文化背景中的人在人际沟通中更容易建立对别人的信任，他们的性格通常较为开朗，与别人的相处较为坦率；相反，在高度忌讳身体接触的文化背景中成长的人，在人际沟通中较难建立对别人的信任，他们的性格通常较为内向，与别人相处起来比较困难，并难以与别人建立深厚的情感联系。

在身体运动与身体接触方面，心理学家研究得最多的是握手。握手是身体运动与身体接触相结合的特殊沟通方式，也是使用得最多、适用范围（无论是情境方面还是文化方面）最广的沟通方式。通常的握手方式，是右手往前偏了伸出，来迎接别人伸出的手，然后两手虎口相触，手掌紧贴，有力地握住别人的手，小幅度且利索地上下晃动几次。在一般的社交场合，这种方式的握手最为适合；如果是特别庄重的场合，如外交会见，则晃动的次数可以更多一些。

 视野拓展

心理学家经过研究总结出社交场合握手的一般规则，有助于人们能够通过握手，成功地给别人留下良好印象。这些规则主要有以下几点：①握手者必须从内心真诚接纳对方；②握手应热情、有力，避免"钓鱼式""死鱼式""抓指尖式"握手；③作为主人、上级或女性，在需要握手的场合应主动伸手与对方握手；④不要戴手套与人握手；⑤男性一般不主动伸手与女性握手；⑥握手时应保持适当的目光接触；⑦下级一般不主动伸手与上级握手。

5. 身体姿势

在日常生活中，人们经常使用身体姿势进行沟通。在需要表示对别人尊敬的情境中，如与上级谈话时，坐姿要规范：腰板挺直，身体稍稍前倾。如果对别人的谈话不耐烦，则身体就会后仰，全身肌肉的紧张程度会明显降低。无论什么人在讲话，只要看一眼听众的身体姿势，就会明白他的讲话是否吸引听众。

心理学家萨宾（Sarbin）的研究表明，身体姿势在沟通方面有着广泛的适用范围，有些身体姿势是世界性的沟通语言。也正因为不同文化中存在着众多的共同沟通方式，跨文化的人际沟通才成为可能。西方的电影中用身体姿势表示欣赏、理解、困惑、接纳、拒绝、傲视、防卫、敌对等不同情绪，我们在看这些电影时也能完全理解其含义。同样，我国的绘画艺术、电影和电视作品中的各种身体姿势，也可以被来自其他文化背景的人理解。

需要说明的是，在人际交往的过程中运用身体姿势表达信息，往往是一个无意识的过程，而不是有意为之。即使是很有经验的人，在全力投入交往的时候，其身体姿势往往也会不由自主地表露其内心的真实状态。

 拓展游戏

快乐传真

要求：5 位学生为一组，站成一排，所有人都背对老师。老师首先让第一位学生转过身来，然后给他一个词或句子，由他表演给下一位学生看，依次下传。最后让队尾学生说出答案，与最初提示对照，看偏差有多大。

6. 装饰

装饰所起的沟通作用是自然发生的。人们的装饰，从发型、服饰、妆容到所携带的物品，都在透露出与其相关的信息。

对于许多特殊的情境，人们会注重选择服装来实现沟通的目的。一个人参加重要的社交聚会、外出演讲、洽谈生意、求职应聘时，会注意选择自己的服装，以展示自己的形象。俗话说，"人靠衣装马靠鞍"，服装在人们日常生活中的重要性可想而知。

心理学家研究发现，服装不仅在人际沟通方面有展示自我的作用，而且在个人内部沟通方面也有改变个人自我概念的功能。不同的服装会向个体自身发出不同的信息，改变个体的自我感觉。心理学家曾经做过实验，考察同一群人穿着不同服装时的自我感觉。结果发现，如果人们的穿着较为高级，则人们的自尊感会得到提升，更相信自己的能力，相信自己能够给别人留下良好印象。如果穿着较为普通或寒酸，而其他人穿戴得很高级，则其自尊感会明显下降，此时他们会怀疑自己的能力，怀疑别人对自己的判断。

案例赏析

两名康奈尔大学心理学家的研究显示，身着黑色球衣会使足球运动员或曲棍球运动员在赛场上的表现看上去更为野蛮。

1970—1986 年，美国足球联盟的 28 支球队所受处罚的记录表明，12 支受处罚最多的球队中，有 5 支球队的球衣以黑色为主色调。同样，这 17 年间美国曲棍球联盟 3 个受罚最多的球队队员也身着黑色球衣。

这一发现促使心理学家对黑色衣着进行了一系列实验。他们将两盘足球比赛的录像带放给由球迷和裁判员组成的小组观看。一盘录像带中，防守者身穿黑色球衣；另一盘录像带中，防守者身穿白色球衣。观众认为虽然动作相同，但身穿黑色球衣的防守者比身穿白色球衣的更具攻击性。心理学家推测：黑色着装的人往往给人以更具攻击性或更野蛮的感觉，而黑色着装的人也往往会变得更具攻击性。

【案例简析】此案例很好地诠释了"服装的色彩也会说话"。

7. 语调

人讲话的声音就像乐器弹奏出的音乐，语调就像音乐的声调。听客户的语调，商务人员就可以知道其心情以及其要表达的内容；反之，客户也可以通过商务人员的语调来判断其服务是否用心。像音乐家练习曲子一样，商务人员需要注意自己的语调，如果运用不恰当，有时会令客户不满意。

句子中某个词或某组词的重音不同，表示的含义就不同，如下所示。

"我知道你会发言。"（"我"重读，表示别人不知道你会发言）

"我知道你会发言。"（"知道"重读，表示不要瞒我了）

"我知道你会发言。"（"你"重读，表示别人会不会发言我不知道）

"我知道你会发言。"（"会"重读，表示你怎么说你不会呢）

"我知道你会发言。"（"发言"重读，表示你会不会别的我不知道）

语调由语速、音量、态度和音调等因素组成，平时针对这些因素多加练习才能形成好的说话习惯。

> 意大利著名悲剧演员罗西有一次应邀参加一个欢迎外宾的宴会。席间，许多客人请求他表演一段悲剧，于是他用意大利语念了一段"台词"。尽管客人听不懂他的"台词"内容，然而他那动情的声调和凄凉悲怆的表情，使大家不由得流下同情的泪水。席间一位意大利人却忍俊不禁，跑出会场大笑不止。原来，这位悲剧演员念的根本不是什么台词，而是宴席上的菜单。

 案例与思考

不修边幅的小李

小李在业务人员中学历高，人也勤快，领导对他抱有很大期望。可是小李做销售代表半年多了，业绩却总是上不去。问题出在哪儿呢？经过观察，领导发现小李有以下特征：他的双手的小指和食指喜欢留长指甲，里面难免藏着一些"东西"；他喜欢吃大饼卷葱，吃完后嘴里常有一股异味；小李自称是一个很热情的人，他和别人在一起说话时特别喜欢挨对方很近，而且声音大，语速快，有时也喜欢抢话，经常没听懂或没听完客户的意见就急着发表看法……

思考与讨论：从非语言沟通的角度分析小李在给人们传达什么样的信息。从非语言沟通的角度思考小李该如何改进。

第二节 非语言沟通的运用

一、运用非语言沟通的原则

非语言沟通在人际交往中具有重要的作用，因此，我们在运用非语言沟通时要遵循一些基本的原则。

（1）适应性原则。不同年龄、身份、地位、性别的人在不同场合的表现是不同的，所使用的非语言沟通方式必须与整个沟通气氛一致。例如，政治领导人和商界领袖在会谈过程中都会尽量保持平稳的语气和语调，不会做出比较夸张的表情和动作，否则就会与其身份极不协调；两个多年不见的老朋友见面后热情地拥抱甚至激动地尖叫，却能恰如其分地表达喜悦之情。

（2）自然原则。使用非语言沟通方式，贵在自然。各种非语言沟通方式的含义不是严格划分的，自然流露更容易为人们所接受。例如，历经磨难之后的欣喜，用热泪盈眶来表达是非常具有感染力的，此时如果只用大声的笑来表达，反倒给人不自然的感觉。

（3）针对性原则。没有任何一种非语言沟通方式能适合所有的沟通对象。在进行非语言沟通的过程中，要充分考虑对方的习惯：有的人喜欢身体接触，有的人喜欢眼神交流，有的人喜欢语言沟通……。

（4）谨慎原则。很多非语言沟通方式的含义不明确，一般情况下，我们可以借助其他线索来判断其准确含义。但是，在有些情况下，因缺乏必要的线索，收到非语言信息的人会摸不着头脑，不但不能达到沟通目的，反而会引起误解。因此，在不能确保对方能够准确解读的情况下，要慎用非语言沟通方式。有些非语言沟通方式表达的是比较强烈的情感信息，难以被对方接受。因此，有时出于礼貌，要克制非语言沟通信息的表达。

二、解读非语言沟通信息的注意事项

解读非语言沟通信息时，需要注意以下几点。

（1）非语言沟通信息通常是难以解读的。20 世纪 70 年代，许多畅销书把公众的目光引向了非语言沟通。曾有一名记者出版了《肢体语言》一书，描述了一些研究者所做的非语言沟通方面的研究。紧接着其他一些有关该领域研究的简化版和普及版图书纷纷问世。然而，为了吸引读者，其中许多书将某些研究发现的行为科学过于简单化了。根据马克·纳普教授的观点，"尽管这类图书唤起了公众对于非语言沟通的兴趣，但给读者留下这样的印象：在任何人际交往中解读非语言沟通信息都是成功的关键，其中一些书甚至认为单个的非语言行为沟通信息代表了单独的意义。重要的是我们不仅要关注非语言行为集群，而且必须认识到非语言含义如同语言含义一样，很少局限于单个外延含义"。

（2）非语言沟通信息通常应结合情境解读。一个事物在不同的情境、文化或场合中，其含义会截然不同。纳普教授认为，"一些普及版的图书并没有告知我们，要理解某个特定行为的含义，我们通常需要了解行为发生的背景。比如，注视某人的双眼可能在一种情形下表示关爱，而在另一种情形下却意味着挑衅"。解读情境的重要性，正如我们解读语言的重要性一样，是尤其关键的。毕竟，沟通的含义是由情境决定的。

（3）非语言行为通常是自相矛盾的。我们的姿势和语调也许在表达某种意思，但我们的眼神却可能在表达另外一种意思。例如，尽管我们试图站直并摆出自信的姿势，但双手急促不安地摆弄着笔可能表达出完全不同的意思。非语言行为的确会扎堆出现，因此，我们开始全面地审视面前的人时，必须经常性地考察其多种行为。但问题是，非语言行为集群或组合不是始终保持一致性或互补性的，我们该相信哪一种呢？

（4）一些非语言沟通信息比其他信息更重要。当我们对多种行为集群——语速、语调、音量、体态、姿势、瞳孔变化和双手动作进行考察时，对于认真的观察者来说，显然一些行为比其他行为更为重要。某个特定行为的相对重要性在很大程度上取决于说话者的习惯及其寻常的行为。换言之，我正观察到的行为对这个人来说是寻常的还是不寻常的？如果是不寻常的，那么它们是否与信息中的语言部分相矛盾？有必要认识到，我们身体的一些部位相比其他部位更容易受控制：如果他下决心努力这么做，即使十分紧张也能平静地就座，然而我们当中几乎没有人能够控制自己的瞳孔是否放大；许多人能够控制面部表情，但几乎没有人能够控制何时会流泪或何时嗓音会随着感情变化而哽咽。

（5）我们通常会曲解一些并不存在的非语言沟通信息，并且无法解读一些清晰存在的非语言沟通信息。我们通常会寻找那些对我们个人而言似乎是最重要的非语言沟通信息：在我们说话时，对方会不会直接看着我们的眼睛，或者他们的腿朝着哪个方向。实际上，这些非语言沟通信息可能毫无意义。如果缺乏足够的信息来做出判断，那么我们就可能会曲解非语言沟通信息。当某些人被发现在重大会议中打盹儿，会议主办方可能认为他们对会议漠不关心；事实上，也许他们正在倒时差。

（6）我们并不如自己所认为的那样擅长解读非语言沟通信息。小心谨慎是进行非语言沟通时应有的态度。即使我们从人际交往中学到的大部分实质性内容都来自非语言沟通，但我们还是不如自己希望的那样擅长于此，误解某人是常有的事。同样，我们也经常会武断地下结论。甚至有人幽默地说："商业交易的风险非常高，几乎与解读非语言沟通信息时出错的概率一样高。"因此，商务人员应切记：尽可能不要急于下结论，先尽可能多地收集语言和非语言信息，然后再尽可能对自己认为所了解的事情不断地进行确认。

 拓展游戏

老师对几位学生进行性格分析，然后让他们自己以及其他学生判断老师的分析是否正确。

思考与讨论：非语言沟通信息可靠吗？以后你会如何进行非语言沟通？

 # 思考与实践

一、思考与讨论

1. 通过现实生活中的例子说明非语言沟通的重要性。

2. 分别找出一个沟通成功和一个沟通失败的例子，分析其中非语言沟通方面的内容，说明沟通成功和失败的原因。

3. 结合实际的例子，说明如何在商务交往的过程中运用商务礼仪来促进双方之间的交流。

4. 非语言沟通的作用是什么？

5. 运用非语言沟通的原则有哪些？

6. 你觉得非语言沟通容易解读吗？为什么？

7. 如果你是下列情况的当事人，你该怎么办？

（1）假如你身边有人称自己是上市公司经理或留美归国博士，你会如何辨别真伪？你会怎样与他们交流？

（2）在面试的过程中，你怎么说明你已经做好了参加工作的准备？怎么能让面试官对你产生良好的第一印象？

（3）当你和一个美国人交流的时候，在非语言沟通方面，你将提醒自己注意哪些问题？

8. 在沟通过程中，如果对方通过语言沟通所传递的信息与通过非语言沟通所传递的信息矛盾，你会相信哪种信息？为什么？

9. 试分析自己以前在非语言沟通中存在哪些问题，现在准备如何改善。

二、活动与演练

主题：运用非语言沟通方式介绍自己。

步骤：两个人为一组，一方先通过非语言沟通的方式介绍自己，3分钟后双方互换；在向对方进行自我介绍时，双方都不准说话，整个介绍必须用动作完成，可以采取图片、标志、手势、目光、表情等非语言手段进行沟通。

观察者需要解释对方刚才通过非语言行为所表达的意思。介绍者讲解自己所表达的意思。大家把两个人表达的意思进行对照。

讨论：

1. 你用非语言沟通方式介绍自己时表达是否准确？
2. 你读懂了多少对方用非语言沟通方式表达的内容？
3. 对方给了你哪些很好的线索使你了解他？
4. 我们在运用非语言沟通方式时存在哪些障碍？
5. 我们怎样才能消除这些障碍？

三、案例分析

老李为何生气

　　小王是新上任的经理助理，平时工作积极主动，且效率高，很受上司器重。一天早上，小王刚上班，电话铃就响了，为了抓紧时间，她一边接听电话一边整理有关文件。这时，有一个姓李的老员工来找小王。他看见小王正忙着，就站在桌前等候。只见小王一个电话接着一个电话。最后，他终于可以和小王说话了。小王一脸严肃地问他有什么事。当他正要回答时，小王好像又想起了什么事，对同屋的小张交代了几句话。这时老李已经忍无可忍，发怒道："难道你们就是这么当领导的吗？"说完，老李愤然离去。

　　问题与分析：

1. 老李为什么会生气？
2. 假如你是小王，为了成功地进行本次沟通，在非语言沟通方面你会怎么做？

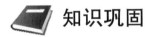 **知识巩固**

第五章 网络沟通

 学习目标

明晰互联网环境下的网络沟通方式；清楚网络沟通的优势和问题；掌握网络沟通的原则；明晰文本沟通的优劣势以及注意事项；掌握音视频沟通的优缺点以及注意事项。

 导入案例

2011 年，IBM 的一个研究团队曾对一家公司的工作人员进行了匿名调查。调查发现，经常同上司进行邮件往来的员工，每个月的收入比其他员工平均多出 588 美元。他们当时认为这一研究结果有力地支持了"善用社会性网络进行沟通将有效提升绩效"的观点。

思考与讨论：你认同上述观点吗？在当今社会，你觉得信息技术是怎样影响我们的沟通的？

第一节 网络沟通概述

一、网络沟通的主要方式

网络沟通就是指以互联网为工具，以文字、声音、图像及其他多媒体为媒介的一种沟通方式。商务沟通中所指的网络沟通的主体是商业组织，计算机网络是沟通媒介，沟通对象是商业组织的内部成员和外部公众。网络沟通是电子沟通的一种，沟通主体需要借助计算机网络来实现相互间的沟通。网络沟通在一定程度上打破了时间与空间的界限，为人与人之间的沟通提供了比传统沟通更大的便利，创造了一种新型的沟通环境。常用的网络沟通的方式或工具有以下几种。

（1）电子邮件。用户可以使用电子邮件来发送文字、图像、声音等信息；同时，用户还可以通过电子邮件得到大量的信息，并轻松实现信息搜索，这是任何传统的沟通方式都无法比拟的。在即时通信工具和社交网站普及后，电子邮件的使用频率大大下降，不过它在商务沟通等领域仍是重要的沟通工具。

（2）网站。每个网站都由不同的网页组成，网页通过超链接（链接）相互连接，形成一个信息网络，用户可以通过浏览器进行访问和互动。网站是互联网的核心构成部分之一，几乎涵盖了所有在线服务，包括信息传播、电子商务、社交互动、在线学习、娱乐等领域。

随着互联网的普及，网站的种类和功能变得日益多样化；随着 Web 技术的不断发展，网站也逐渐走向复杂化。例如，单页应用程序（SPA）和渐进式网页应用程序（PWA）开始流行，它们能够提供更加流畅的用户体验和跨平台支持。无论企业还是个人，网站已成为展示品牌形象、提供产品或服务的关键平台。

（3）即时通信工具。由于安装便利、使用简单，特别是智能手机普及后，QQ、微信等即时通信工具不仅作为个人通信、即时交流的便捷沟通方式广受青睐，而且在企业管理沟通过程中也得到日益广泛的应用。例如，企业可以通过注册微信公众号，实时对外发布信息，与客户即时交

流、互动。企业也可以基于微信建立网络营销平台，或为客户提供网络即时咨询服务。

（4）在线会议。在线会议又称为网络会议，用户可利用互联网实现不同地点多个用户的数据共享，完成在线销售、远程客户支持、信息技术支持、远程培训、在线市场活动等任务。2019年以后，信息技术的发展使各个行业的交流能够不受空间的束缚有序开展。在线会议的好处是实时、高效、低成本、易操作，可以有效地降低场地、交通、住宿、时间等成本，符合社会快速发展的时效需求。

（5）远程办公。远程办公的优势在于工作地点灵活，节省了通勤时间与交通费用，较为方便、快捷。常用的远程办公软件有钉钉、腾讯会议、企业微信等。

（6）在线文档编辑。在线文档编辑是指通过互联网平台创建、编辑、存储和共享文档的过程。这些平台通常提供协作功能，允许多个用户同时编辑同一文档，进行实时更新和评论，提升工作效率。与传统文档相比，在线文档编辑具有更强的灵活性和便捷性。用户无须依赖本地存储，可以随时随地通过设备连接互联网进行访问和编辑。

随着云计算技术的发展，在线文档的编辑和共享已经成为团队协作、远程办公和跨地域合作的主要工具。

 案例与思考

可口可乐公司的"火炬在线传递"活动

2008年，可口可乐公司曾在中国推出了"火炬在线传递"活动。活动的具体内容是网民在争取到"火炬在线传递"的资格后可获得"火炬大使"的称号，其本人的 QQ 头像处将出现一枚未点亮的"火炬"图标。如果在 10 分钟内该网民成功邀请了其他用户参加"火炬在线传递"活动，这个图标就将被成功点亮，同时该网民还将获得可口可乐公司"火炬在线传递"活动专属 QQ 皮肤的使用权。而受邀参加活动的好友可以继续邀请自己的好友进行火炬在线传递，以此类推。活动方提供的数据显示：在短短 40 天之内，该活动就吸引了 4000 万人参与。平均下来，每秒就有 12 人参与。网民以成为在线火炬传递手为荣，就这样"一传十，十传百，百传千"。正如网民描述的那样"犹如滔滔江水，绵延不绝"。

思考与讨论：可口可乐公司采用了哪种网络沟通方式？采用这种网络沟通方式有什么优点？

二、网络沟通的优势

网络沟通之所以发展如此迅速并得到广泛应用，与其本身所具有的优势是密不可分的。网络沟通具有以下几个优势。

（1）大大降低了沟通成本。曾经，IP 电话的产生使跨国公司总部和分部之间电话沟通的成本大大降低。后来，出现了电子邮件，其不仅可以像传真机一样传送文件、数据、表格，而且还可以传输声音和图像，甚至能传输视频信息，同时还增强了信息传输的保密性，便于信息接收者修改并存储信息。而且更重要的是，它几乎不需要任何费用。后来出现的即时通信工具，较电子邮件更为便捷。

（2）沟通信息更直观。当代即时通信工具的不断普及，为人们提供了更加直观、立体、方便的沟通方式。通过这些即时通信工具和计算机网络，人们在进行远程沟通的同时，还可以看到对方的表情、神态，真正感受到"地球村"的含义。

（3）极大地节约了信息存储空间。云空间、数据存储器等具有强大的信息存储能力，节约了大量存储空间，形成了信息存储无纸化的趋势，同时也更便于信息的管理。

（4）工作便利化。对那些受工作地域、工作时间限制的员工来讲，网络通信的发展使他们得到了极大的便利。他们现在不一定非要去办公室了，在家通过网络同样可以完成工作，甚至在飞

微视频
网络沟通概述

机上、高铁上、在度假村，都能够处理工作事务。

（5）容易集成。由于采用标准的 TCP/IP 协议、HTTP 协议，不同的软件可以与组织原有的网络（如果组织原来有网络）很好地结合。同时，这些协议还可以使组织的内部网络与外部网络实现集成。网络在某种程度上使不同的组织联结成一个整体。内部网络为组织管理人员和员工的对话提供了很好的平台，实现了组织管理人员和员工之间的平等沟通。

（6）沟通具有虚拟性。在进行网络沟通时，人们可以用虚拟的身份出现，把自己的真实身份隐藏起来。发表见解的人能不受外界的干扰，摆脱他人带来的心理压力，从而达到言论自由。人们可以借助网络符号来向别人展示自己，同时也可以根据这些符号塑造想象中的他人。虚拟性使网络沟通更具吸引力。

（7）区域广泛性。人们通过网络进行沟通的范围和覆盖面极为广泛，可以跨越地理、文化、语言等各种界限，实现全球范围内的即时交流。这种广泛性使得人们无论身处何地，都能够迅速而高效地与他人分享信息、交流意见，甚至开展商业合作。

区域的广泛性使得企业、组织及个人能够跨越国界开展合作和交流。通过视频会议、远程工作平台以及在线教育等方式进行网络沟通不仅提高了沟通的效率，还扩大了市场、文化和社会影响力。例如，跨国公司通过电子邮件、企业社交平台、云会议等方式，能够在不受地域限制的情况下，协调全球团队成员的工作，提高生产效率和创新能力。

（8）沟通即时性。地铁上、公交车上，人们都拿着自己的手机进行各种沟通；坐在计算机前，人们向客户发送电子邮件，有时几分钟就可以收到客户回复的邮件，如此反复沟通，交易就完成了；公司的自动化办公系统中，通知、报告、培训课程、考核结果和薪酬信息等一应俱全……总之，网络沟通使人们可以跨越时间和空间的界限，以更加便利、快速的方式，更直接、更容易地与他人进行沟通。网络影响和改变了人们沟通的方式，大大提高了沟通效率。

信息科技带来的沟通即时性也引起了学者们的注意。澳大利亚莫纳什大学的一项研究发现，青少年经常使用手机容易变得冲动和急躁，会逐渐失去深度思考的能力。有学者曾指出，现代人经常使用电话、传真机和手机的习惯，已经让他们形成渴望更多选择和马上要得到满足的"即刻性"心态；同时，在沟通变得越来越方便的情况下，人们会把更多的时间花在聊天上，谈些不重要的话题，看似在忙着沟通，却往往忽略了真实的沟通。

三、网络沟通存在的问题

网络沟通为组织内部沟通、外部沟通带来了许多利益和便捷。然而，需要注意的是，网络沟通也存在以下一些问题。

1. 沟通信息超负荷

信息以前所未有的速度在组织与组织、组织与个人、个人与个人之间流转。信息流速加快的必然结果之一，就是组织中的个体接收到的信息量远远超过其所能吸收、处理的信息量。

2. 口头沟通受到极大的限制

在传统的组织沟通中，面对面的口头沟通是沟通过程中的主要形式。

电话出现后，口头沟通扩展至沟通各方通过电话进行口头上的信息交流，但沟通各方并不见面。这种意义上的口头沟通逊色于传统意义上的口头沟通，不能原汁原味地传递沟通各方的感情和意图。

进入网络时代，电话时代意义上的口头沟通也受到了极大的限制。人们越来越青睐电子邮件、QQ、微信等沟通工具。这些沟通工具虽然具有快捷、廉价的优势，但是不够人性化。因为沟通不仅要告知事实，而且要传递情感和意见。在面对面沟通时，人们可以通过对方的表情、声音和动作等来判断其话语的真实性，而借助网络沟通可能无法实现。虽然现在随着科技的发展，我们已经有效果接近面对面沟通的视频沟通，但它依旧只是"接近"，而不能做到完全一样。

3. 信息安全遇到了前所未有的挑战

在体验网络沟通的便利时，我们也面临着前所未有的信息安全威胁。作为人类基本权利的隐私权难以得到保障。网络犯罪者在网络上不难搜索到"盗号病毒"，也不难下载到相关软件和操作程序，甚至还可以想办法得到他人的银行存款账号、社会保险账号以及知晓他人在网上的行踪。这种现象无疑给人们的生活带来极大的负面影响。

4. 传统道德观念受到挑战

网络沟通既有真实性又有虚拟性。网络可以将相隔天涯的陌生人联系在一起，形成一种虚拟的社会关系。在这种虚拟社会关系中，网络沟通主体必须遵循虚拟社会中已经形成或正在形成的行为规范和价值观。事实上，人们的生活、娱乐、工作在网络沟通中受到真实社会价值观和虚拟社会价值观的双重制约。网络沟通的虚拟性给人们的日常生活带来了新的社会问题，原有的社会道德法则已经不能约束现有的行为。这给人类的道德建设提出了新的课题。

四、网络沟通对沟通主体的负面影响

那么，网络沟通给沟通主体带来了怎样的影响呢？

现代人吃饭、逛街，甚至走路都会看手机。手机的电量刚低于80%，有人就开始担心手机没电怎么办……总之，绝大多数人每天手机不离身，手机时刻都处于开机状态。

当我们在探讨信息科技如何影响我们的沟通方式，进而改变我们对生活和世界的看法时，我们会想到一个问题：网络沟通中的沟通主体是否也会因为信息科技的发展而出现一些新的问题？在这里，我们重点探讨两个问题，分别是沟通主体的焦虑感和疏远感。

1. 焦虑感

现代信息技术的发展，使得我们每天都处于"联系"的状态。

美国某位学者曾说过："当我听到跟自己手机铃声类似的音乐时，我的大脑会自动把它补全。"也是这位学者提出了"铃声焦虑"这个词，即有的人出现手机铃声幻听，无论手机是否开机，总感觉自己的手机在响，总觉得听到了自己熟悉的手机铃声，每隔几分钟就要看一次手机，有时情绪低落，有时情绪异常紧张。

计算机又会产生什么新问题呢？比尔·盖茨曾经说过："计算机天生就是用来解决以前没有出现过的问题的。"计算机帮助我们处理了数以亿计的信息和数据，然而它也常常使我们头痛。正如美国电视红人安迪·鲁尼所说："计算机使很多事情更容易做到，但其中大部分并不是必需的。"加拿大卫生部委托两位教授对加拿大100个大型机构的30多万名员工进行调查后发现，计算机、手机、因特网和电子邮箱等相关技术在带来便利的同时，也增大了人们的工作量，使1/4的加拿大人每周工作超过50个小时。

有了手机，我们常常"24小时待机"，凡是单位或客户的来电都需要及时回复；有了电子邮箱，我们需要处理的信息增多了；有了互联网，我们要从信息的海洋中准确检索到有价值的信息，需要花费更多的时间和精力。在科学管理时代早期，"泰勒制"的推行引发了工人极度的担忧和恐惧——砸机器、破坏厂房。同样，今天的科技巨变也让很多人因海量信息或隐私泄露等问题而焦虑不安。

自我测评

你是否患有
"手机焦虑症"

拓展游戏

要求：安排五六名学生暂时到教室外为打电话者，教室内的其他学生为接电话者。接电话者的手机全部设为振动模式，放在衣裤口袋里或屏幕向下放在桌上。然后让打电话者拨打手机号码。教室内的学生不要触碰手机，但要报告自己的手机号码是否被拨打过。最后教师检查哪些学生的手机号码被拨打过。

2. 疏远感

过去，有事情时人们常常采用登门拜访的方式去告知；后来，人们时常采用手机短信沟通，一条普通的短信代替了过去很多面对面的交流；现在，人们更是借用 QQ、微信等即时通信工具发送消息。

杰拉尔丁·海因斯在《管理沟通：策略与应用》一书中提到，"两个相距一臂的人面对面沟通具有较宽的带宽"，即通过多个感觉器官发送信息，信息容量更大。

显而易见，面对面沟通时，人们可以通过多种渠道捕捉对方发出的信息，能够更为准确地做出受众分析，沟通更亲近。例如，我们看到对方的神情放松、平静，听到对方的声音轻柔、舒缓，或者看到对方头发上淌着汗水，身上穿着篮球运动服……通过这些，我们能够感受到对方的心境，知道对方刚做完什么，彼此之间有亲近感。而信息时代的网络沟通使人与人之间的亲近感悄然发生了变化。因此，网上关于现代人越来越疏远、越来越孤独的声音越来越多。一般认为人们成为"低头族"的关键原因是：现代人十分沉迷于无情感的机器——智能手机。在没有智能手机的年代，下班回家后，人们总是会和家人聊聊一天发生了什么有趣的事，而现在下班回到家里，大家难得一起聊天，大多是各自低头拿着自己的手机，翻看朋友圈、聊天、浏览各种页面等。于是，人们渐渐变得疏远、孤独。

五、网络沟通的原则

在进行网络沟通时，沟通主体需要注意以下原则。

1. 彼此尊重，以人为本

虽然网络是虚拟的，但是网络沟通首要的一条就是"记住人的存在"。既然参与了网络沟通，就应该以与在乎自己一样的态度来在乎对方，尊重对方就等于尊重自己。聊天也好、发电子邮件也好、跟帖也好，必须以不侵犯他人的言论权为基础，只有言谈举止都恰当，你才能在网络中树立良好形象。这样，你才会受到别人尊重。

在网络沟通中，虽然看上去面对的是机器，但网络礼仪的根本依旧是"人"，"人"应该放在礼仪的首位：一切以"人"为中心，尊重网络中的所有人。

网络沟通必须以尊重他人为基础。网络沟通礼仪的核心原则之一是适度。与人交往有分寸才是人们能够接受和需要的，只有把握好分寸才能够更好地塑造个人形象，体现自己的修养和气质。

2. 讲究礼仪，加强修养

由于网络使用者拥有不同的文化背景与社会背景，而且网络使用者无法获得面对面时可得知的交谈规范，这时为了表示尊重，展现自己使用网络的负责态度，以及避免带给对方使用网络的不便及无意间产生的误解，网络沟通礼仪就显得非常重要。网络沟通礼仪是一般的礼仪迁移到网络情境下所产生的新名词。网络沟通礼仪使网络使用者能够遵守网络公约，做有礼貌、守规矩、懂得保护自己和避免伤害别人的网络公民。

有学者总结了各种关于网络沟通礼仪的提法，认为网络沟通礼仪主要包括正确、简洁、清楚、安全与隐私以及友善与尊重等五大原则，具体内容如表 5.1 所示。我们在进行网络沟通时一定要注意遵守这些基本的礼仪规范。

表 5.1　网络沟通礼仪的原则及具体内容

原则	具体内容
正确	（1）合乎语法； （2）使用合适的格式、用语和称谓
简洁	（1）不重复询问； （2）内容简单明了，谨慎思考后再发送，有效率地回复信息； （3）熟悉网络用语； （4）少用粗体等花式字体； （5）先浏览之前的记录，看看是否已有相同的内容
清楚	（1）尽量使用清楚、完整的句子，注意使用结语和署名； （2）在公开信息中要加入个人联系方式，以方便别人与自己联络； （3）使用电子邮件时要写明邮件主题，主题中应简述邮件内容，让收件人容易辨识
安全与隐私	（1）不继续使用即时通信软件时，要退出自己的账号； （2）时时提醒自己：网络是公开场合； （3）不把自己或者别人的密码、住址、电话、身份证号码等个人信息透露给网络上的陌生人
友善与尊重	（1）版主、群主等管理者，应该尊重所有成员，不滥用权力； （2）注意大写英文字母带有吼叫之意； （3）时时保持礼貌，不煽风点火； （4）使用表情符号等可以缓和气氛

案例赏析

因未经许可传播《红色童话》《永不瞑目》等作品的电子书，上海蛙扑网络技术有限公司曾被北京中文在线文化发展有限公司告上法庭，被判赔偿原告 20 万元。

2004—2006 年，北京中文在线文化发展有限公司陆续与王小平、余秋雨、海岩、叶永烈、池莉等作家签订了"个人作品数字图书授权合作协议"，获得了《红色童话》《借我一生》《永不瞑目》等近 40 部畅销作品的数字版权。上海蛙扑网络技术有限公司由于未经原告许可，在其所经营的"天下网"上通过有线和无线网络传播这些作品，被告上了法庭。上海蛙扑网络技术有限公司辩称，公司仅仅是信息存储空间的网络服务提供者，涉案作品由书友上传，因此公司并未侵权，不应承担赔偿责任。法院认为，涉案作品未经原告许可在"天下网"上传播，侵犯了原告享有的对涉案作品信息网络传播权的独占许可使用权，作为向涉案作品提供信息存储空间的网络服务提供者，被告未尽法定义务，教唆、帮助他人实施侵权，侵犯了原告依法享有的权利，应当就此承担赔偿损失的民事责任。

【案例简析】当时，网络兴起不久，网络传播乱象较多。网络沟通中可能会遇到不知道是否违法的事项，此时最简单的判断方法是看其是否合"礼"。上例中，被告既未尊重作者的权益，又未尊重原告的权益，明显不合"礼"，其行为确实违法。网络沟通，合"礼"者，基本不会违法。

随着网络沟通工具的普及，人们越来越依赖利用这些工具传递信息，然而面对面的交流仍然是最重要的管理沟通方式。在面对面的交流中，交流双方可以看到对方的表情和动作，可以确保沟通的有效性与反馈的及时性。有人误以为无纸化办公和电子邮件将全面取代纸上交流，其实，新的交流方式并不会全面取代传统的交流方式，但它们会全面渗透、融入现有的交流方式中。沟通主体必须不断适应全球的合作伙伴、客户、投资者和支持者的不同沟通习惯与交流方式。

案例与思考

一位美国公司高管的网络沟通错误

某美国公司的一位高管觉得员工太懒惰了，比如一上班就给自己冲咖啡，经常待在茶水间里聊天，经常有人下午不到 5 点提前下班。因此，他给全体员工发了一封电子邮件，邮件中说他希望所有人早上 7 点到公司，8 点开会，下午 5 点前不能离开公司。这封邮件被一位员工上传到网上，掀起了轩然大波，因为美国文化是很反对高压管理的。结果这个公司的股价跌了很多，这名高管也因此而离职。

思考与讨论： 试分析这位高管在网络沟通中犯了什么错误。如果你是这位高管，你会采取什么样的沟通方式来使员工达到这些要求？

六、提升使用社交媒体沟通的能力

（1）有意识地监控自己对社交媒体的使用，常常提醒自己不要被信息"绑架"，或提醒自己对使用的社交媒体做出更明智的选择。

（2）批判性地评估所接收的信息。我们通过社交媒体收到的每一条信息都有其来源，我们有必要质疑其可信度。通过了解社交媒体信息来源的观点、目标和策略，可以更好地决定是接受还是抵制该信息。商务中用社交媒体沟通，务必确认对方的身份。

（3）既考虑好处，也考虑后果。社交媒体为加强和维护我们的人际关系提供了许多便利，使我们有更多的资源来促进人际关系。同时我们也要考虑使用社交媒体可能带来的后果：数字消息可以被复制、存储、轻松发送，展示在数百人（甚至数百万人）面前，信息也可能被误解，并可能导致人际冲突。

（4）务必记住社交媒体的发展速度很快。与电视、广播和报纸等传统媒体相比较，社交媒体发展迅速，正飞速改变我们与他人沟通的方式。不断关注社交媒体的最新变化，继续思考新技术带来的利弊，这将有助于我们通过新技术取得更大成功并掌握有效沟通的技巧。

第二节　文本沟通

网络沟通中，无论是个人聊天，还是购物网站/App 中客户和客服沟通等，文本沟通是最主要的形式，本节重点关注文本沟通。

一、文本沟通的优劣势

（一）优势

1. 随时随地沟通

无论你是在街上还是在高铁上，使用即时通信工具可以随时随地进行沟通。聊天的形式也已经不局限于文本，还可以发送图片等。目前在中国使用率最高的即时通信软件是微信；在日本是 LINE；在美国，Skype 和 Facebook 都非常流行。

2. 回答效率高

人们现在更习惯于使用即时通信工具进行联系，因为往往可以得到及时的回复。电子邮件的使用频率的降低，和回复及时性较差有较大的关系。而在大多数情况下，如果迟迟收不到回复，就无法开展下一步工作。

3. 不会占用对方太多的时间

在工作中跟对方联系，但对方不能马上回复，还需要再确认一下时，还是通过即时通信工具沟通会比较合适。电话和即时通信工具两种方式的沟通结果如下。

电话沟通的情形：一旦接了电话，耳朵就被占用了，嘴和手也不自由了，跟周围的人也不容易发生眼神交流了，于是业务中断，除了接电话什么也干不了。

即时通信工具沟通的情形：看到了手机或计算机屏幕上的留言后，就可以输入回复内容，同时还可以做别的事情。

例如，参加会议的时候，如果接了电话，那么思想和身体就都被电话占用，即使人还在会场里，也不能投入会议。但如果在会议中使用聊天工具回复，一般不会影响参加会议。

4. 可以同时和多人交谈

通过即时通信工具（建群）沟通，可以同时和多人进行交谈。在"营销部全体成员"这种工作群或若干亲戚朋友的私人群内，如果有通知全体成员或需要讨论的事项，短时间内就可以敲定。

同样的事情如果用电话沟通就比较麻烦。你如果先后打给多人，可能会出现以下情况："小A说行，就这样吗？""不，小B说这样不好。""那么，还是再问问小A吧。"这样分别询问很麻烦。通过电子邮件虽然也可以同时和多人交谈，但如果抄送邮箱数量过多，就会变得比较麻烦，可能会出现互不知情、回答错位的情况。

多人利用即时通信工具进行文本沟通与面谈、电话、电子邮件等形式有很大的不同，群内留言按时间顺序排列，所有成员不仅能看到他人的留言还可根据实际需要发言，文本形式加上互不见面，还有利于克服回避心态，进一步提高议事效率。更重要的是，因省去赶路的时间，解决问题的耗时远少于面谈所需要的时间。

5. 自己掌控全局

通过即时通信工具沟通确实可以实时地回复，且不受限制。例如，打电话的时候，如果你有1分钟不理对方，依旧做其他工作，那他对你的印象通常不会好，而且也可能会生气。而如果是通过即时通信工具沟通，即使耽搁了一会儿，对方也不会生气，他可能会想"不在座位上吧""在忙吧""把我晾在这里，去哪里了呢"……

通过即时通信工具沟通，我们可以根据实际情况掌控交流的过程。

6. 文本留有记录

虽然是聊天形式的交谈，但因为最后会有记录留下来，所以文本可以成为敲定事项的一个证据。另外，这些交谈的时间也会被记录下来，就为后面可能出现的纠纷起了保护作用。

🏛 案例赏析

2011年3月11日，日本东京发生地震后，某公司员工通过聊天工具分享了大厦内的情况，如"7楼有震坏的地方""董事长在1楼，正在……""西面的楼梯比较暗，最好不要使用"，并将这些消息做了汇总。

2023年12月18日，甘肃临夏州积石山县发生6.2级地震。地震导致当地通信网络受损严重，多数手机通信受限，传统的天通卫星电话数量有限，而华为Mate60 Pro可通过直连卫星的方式完成双向语音通话和短信收发，为救援指挥和受灾群众提供了及时、准确的通信支持。

【案例简析】极端情况下，文本沟通准确、快速、占用宽带少、留有记录等优势极其明显，在救灾、海事等领域具有无可替代的作用。

（二）劣势

很多时候，优势的另一面就是劣势，比如：随时随地联系是优势，但是对于不想沟通的人来说就是劣势；自己掌控全局是优势，但是对于特别想掌控你的人来说就是劣势，因为他掌控不了你了；文本聊天会留下记录，对于想要的人来说是优势，而对于不想要的人来说是劣势……

二、文本沟通的注意事项

利用即时通信工具沟通是很自由的，但是，绝对不可忘记在商业活动中使用即时通信工具的目的。即时通信工具被广泛地用于商业活动中，就是因为人们意识到它可以提高商业活动的效率。为了达到这个目的，请关注以下几点。

（一）谨慎设置自己的在线状态

在商业活动中使用即时通信工具的时候，一般要注意保持自己的实际状况和显示的在线状态一致。换句话说，就是要谨慎设置自己的在线状态。

如果设置的状态是"在线"，那就意味着你当前正在使用计算机或者移动终端。但是，如果总是"离线"，或总是"不能联络"，最终可能会给自己带来损失。有时我们有工作需要专心处理，于是就将状态设置为"离线"；但也有人因"不想被打扰"而设置为"离线"。所以，有时"离线"也有可能被理解为"不方便谈工作"。

（二）发起交谈的注意事项

使用即时通信工具沟通时，发起会话的方式有很多。有人首先发送诸如"在吗？""有空吗？""忙？""睡了吗？"等问句，然后一直保持沉默，这种方式通常不建议使用。因为信息接收者看到这样的信息时通常是心头一紧，会想：你要干什么？这种既问对方当下状态又不说明具体事情的发问方式，制造了一个让对方很紧张的情境，他往往不知道如何回应。你既然使用的是微信留言功能，就不要期待对方马上回应。如果你希望对方在线时聊这件事情，那么，留言和他约个时间沟通更合适。

（三）聊天的注意事项

1. 长短句的运用

通过即时通信工具沟通时，通常事情的逻辑越复杂，越要简洁地表达；事情的逻辑越简单，反而越要多用几个字来缓和语气，或者体现自己的亲和力与修养。

首先，事情的逻辑越复杂，越要简洁、清晰、干脆地表达，多用短句，不能让人越听越绕。方法就是：凡是能用一行字讲清楚的，就不要用两行字；凡是能列清单的，就按顺序列出来；凡是能分段的，就按照语意一条条地表达，就像写文章时分段一样，在短信聊天中，如果以每条短消息为单位，对方就会觉得你很有条理，也方便对方有针对性地回复。

同时，不要走入另一个极端，有的人一句话发一条短消息，这样做也不对，会显得你缺乏结构化思维能力。

如果事情的逻辑并不复杂，那么就用长句来表达，因为短句往往显得简单。比如在社交场合，如果主人问你："要来杯茶吗？"有人就回答一个字："好。"也有人会回答："好，谢谢！"但越有修养的人会说得越长，比如："太好啦，我正需要一杯，非常感谢您。"

2. 措辞简洁而具体

通过即时通信工具聊天时，多一个字和少一个字的效果是不一样的。

好=我同意了

好呀/好嘞/好的=我高兴地同意了

嗯=我知道了

嗯嗯=我高兴地知道了

由此可见，虽然只是一字之差，所表达出来的情绪却不同。

同时，最好不要用太笼统的词，比如"好""棒""颜值高"等。如果你有足够的时间，最好在聊天时用更贴切的近义词。例如，挑出一个特别的词夸对方，对方就更容易记住你，如"中国版巴菲特""楚楚动人"等。

同样，我们留言时，应尽量使用简单、简洁、明快以及客气的语句。例如，"田先生，早上好！百忙之中打扰您，实在不好意思！请问您能帮我个忙吗？"这个留言用语虽然非常客气，但是却不合适。聊天工具中的留言最好简洁。"早上好，现在方便吗？"这样表达就可以了。还可以说，"田先生，我有个问题想问问你……""你好！昨天的推介案真不错！""刚才，客户那边提出了一个××的问题。你知道吗？"等。

语言会因发言人的立场不同而感觉不同，因此在运用即时通信工具交流的时候，上司对下属要尽量使用亲切的语气。具体地讲，如果下属问"现在方便吗？"，上司不宜说"是，方便"，最好说"好，说吧！"或者"当然方便"。这样的回复，从下属的角度来看，你们之间的关系就拉近了很多。

另外，通过即时通信工具沟通时，很多人喜欢在商务聊天中使用表情符号。不能一概而论地说好或不好，而要看与对方的关系，以及当时谈话的重要性。例如，在表达"谢谢""好呀""很高兴"之类的感情时，使用表情符号会给人以亲切和生动的感觉。

（四）用结束语告诉对方聊天结束

即时通信工具与其他工具相比，最大的优点就是不过度占用对方的时间。聊天的时候，基本都是实时沟通，但有时一方会突然离席，或者不方便及时回复。如果一方觉得已经谈完了，而另一方觉得还没谈完，可能 10 分钟甚至 1 个小时后，另一方还会牵挂着这件事情。因此，如果聊天已经达到了目的，就告诉对方"话已经讲完了"。

一般来说，聊天是谁发起的，谁就来结束。如果是对方发起的聊天，而你没聊几句就要结束，这很容易让对方觉得你是在敷衍他。如果这次聊天是你发起的，那么你可以根据对方每次回应是否够快、是否在延伸话题，来判断他是否投入这段交谈，以决定结束聊天的时机。你的结束语可以是"时间不早了，你该休息了，改日再见"。注意，是"你该休息了"，而不是"我该休息了"。或者，结束语还可以是"每次和你交流都有收获，我们保持沟通""打扰了，帮了我大忙""就这样吧""再联系""谢谢"……

尽量用双方都明白的结束语，这样对方就不会一直等待了。

 拓展游戏

要求：两三人一组，说说自己平常在使用即时通信工具时是怎么做的。根据本节所学的即时通信工具的沟通技巧，你认为自己在哪些方面需要注意和改善？

第三节 音视频沟通

智能手机时代到来后，音视频沟通成了非常流行的沟通方式。不仅即时通信工具可完成音视频沟通，网络会议软件或系统、网店平台的客服系统、短视频平台等都能完成音视频沟通。

一、音视频沟通的特点及优缺点

现代社会中，各种高科技手段拉近了人与人之间的距离。其中，音视频沟通是目前非常方便的一种沟通方式，其主要特点如下。

（1）实时性。音视频沟通可以使沟通双方即时交谈，就速度而言，目前没有其他沟通方式可比拟。

（2）简便性。音视频沟通的操作非常简便，一般无须培训即可操作。

（3）双向性。通过音视频沟通，一方可立即接收对方的反馈，且双方可自由沟通。

（4）经济性。音视频沟通可节省沟通的时间及费用，减少交通的成本，提高沟通的效率。

（5）普遍性。即时通信工具已经普及，人们可以随时随地与需要对话的人进行音视频沟通。

音视频沟通具有以下几个优点：①能很快与对方取得联系；②能直接与对方交谈；③可以忽视身份差异造成的压力；④可以主动终止信息的流出，有效控制信息的流量；⑤可以即时沟通；⑥成本低。

音视频沟通具有以下几个缺点：①重要的信息可能被忽略，特别是音频沟通时看不到对方的表情等，不容易察觉对方的情绪变化；②有被中断沟通的可能；③沟通中容易出现注意力不集中的情况；④较难判定对方的反应。

 案例与思考

失败的电话沟通

某家广告公司的销售人员张先生想和另外一家公司负责形象设计的经理讨论关于公司形象设计的业务，以下是此次沟通的电话实录。

销售人员："嗨，你好，张经理，最近生意还好吗？我也姓张，500年前我们还是一家呢。贵公司就要上市了，是不是整天在想如何把效益提上去呢？"

客户："你是谁啊？有什么事情吗？"

销售人员："你不是张经理吗？我找张经理。"

客户："我是，你有什么事？"

销售人员："我是××广告公司的，免贵姓张，我想找你们公司负责公司形象设计的人谈一谈……"

思考与讨论： 你认为这番对话表明了销售人员的意图吗？如果你是这名销售人员，你在电话里会怎样表达？

尽管音视频沟通具有省时、省力、快速高效的特点，但也存在一些局限性，因此，通常重大问题、复杂问题不能只通过音视频沟通来解决。

二、音视频沟通中的注意事项

作为一名职场人士，良好的音视频沟通可以体现个人的专业素养、文化素养、气质风度、礼仪修养以及所在公司的形象。在利用音视频沟通时，职场人士需要注意以下事项。

（1）在沟通前将要说的事情整理出来。如果是简单的事情，在头脑中稍加整理即可；如果是较复杂的事情，就要预先列出书面提纲，以使谈话具有条理性。接通后，先要确认对方身份并报上自己的姓名，之后要询问对方是否方便，不要自说自话，不考虑对方此时是否方便。

（2）应选择恰当的时间和场合。不分时间和场合的通话通常不会有好的效果，比如一般在早上8点之前、晚上10点之后，就不宜再进行工作方面的音视频沟通，以免妨碍对方休息；知道对方在参加会议时也不太适合进行音视频沟通。

（3）要言简意赅、长话短说，事情说完后要主动挂断。被动接受音视频沟通的一方一般并不知道对方有几件事，是否说完了，所以通常不会贸然挂断，这就要求主动发起音视频沟通的人根据交谈状况先结束通话。

（4）回应对方音视频请求时，通常要在铃响三声之内尽快接听，不要让铃响太长时间。一来对方耐心有限，时间太长会感到烦躁；二来铃声也会打扰周围的人。如果铃响超过三声接通，应向对方表示歉意："抱歉，让您久等了。"

（5）接通之后应主动报上姓名，但是切勿用机械、毫无生气的语调。有些酒店的总台服务人员在接电话时快速地问候、报上酒店的名称，打电话的人甚至听不清楚对方在说些什么，应该避免出现这种情况。因此，接通后一定要清晰地说出公司名称、自己的身份，并加上亲切的问候。

（6）在接听的同时应准备好做记录的东西。身边最好放有笔和便笺，以便能及时记下重要的事情。好记性不如烂笔头，养成记录的习惯，可以使你的工作更有条理性。

（7）接听时应保持端正的姿态，声音清晰、爽朗。身体姿势的不端正和态度的懈怠往往能够通过声音传达出去，微笑着讲话和板着脸讲话也能够从声音中区分出来。说话的声音应清晰、爽朗，让对方听得清楚、明白。

（8）给他人留言时，要确认内容能给予对方足够的信息。专家通常建议采用"5W2H"原则：Who（何人），就是来电者的姓名及职务等信息；Whom（找何人），是指要找哪一位，即留言给何人；When（何时），包含两个方面的内容，一方面是通话的时间，另一方面是具体事宜的时间；Where（何处），是指具体事宜的地点；What（何事），是指具体事项；How（如何做），是指来电者希望留言的对象怎样做；How much（做多少），是指对所提及的事项要做到何种程度。

（9）需要关注细节。比如铃响时若口中正在咀嚼食物，应迅速吐出食物后再接听；若在嬉笑或争执，一定要让情绪迅速平复后再接听，声音不要过大，话筒离口的距离不要过近；若是代接电话，一定要主动询问对方是否需要留言；若正在会客，应尽快结束通话，并告诉对方有客人在，稍后回复；工作时，通话应简明扼要，尽量不在工作时间聊私人话题；接到投诉时，不能与对方争吵，应倾听对方的不满，了解情况后及时进行处理。

 案例与思考

一家计算机销售商开展笔记本电脑促销活动，销售人员打电话给一位潜在客户。

销售人员："先生，您好，这里是我公司个人终端服务中心，我们在搞一个调研活动，您有时间吗？有的话，可以问您两个问题吗？"

客户："你就是在推销笔记本电脑，不是搞调研的吧？"

销售人员："其实，也是，但是……"

思考与讨论： 你认为销售人员的主要目标是什么？你觉得这个销售人员在打电话之前是否做了详细的准备工作？在客户提出疑问时，你认为销售人员应该怎么办？

📖 思考与实践

一、思考与讨论

1. 结合自身感受谈谈网络沟通有哪些优势，存在哪些问题。
2. 简述网络沟通需要注意的礼仪。
3. 如何提升使用社交媒体沟通的能力？
4. 通过即时通信工具沟通的优势与注意事项分别有哪些？

5. 简述音视频沟通的特点以及注意事项。

二、活动与演练

将全班学生分组，五六人为一组，要求每组学生结合所学的网络沟通知识和自身使用网络的体会，制定出一份网络沟通行为准则。在课堂上分组进行交流，老师进行评价。

三、案例分析

2018年7月的一天晚上10点23分，宁波王女士所在公司的负责人在工作微信群里发消息，要求大家10分钟内上报当月营业额，不按时上报的就辞退。由于王女士当时已经入睡，所以她没有及时回复。结果10分钟过后，这位负责人就在微信工作群通知王女士："你已被辞退了。"王女士第二天去公司上班，被告知因为没有及时汇报工作而被辞退。

问题与分析：

1. 你觉得这位公司负责人的沟通方式合适吗？
2. 如果你是这个公司的负责人，你会怎么做？
3. 如果你是王女士，你接下来应该怎么办？
4. 这个案例让你看到了信息科技发展下的电子沟通的哪些利弊？
5. 你如何评价新技术在商务沟通中的影响？

 知识巩固

第六章　商务沟通礼仪

 学习目标

了解商务礼仪的内涵；认识礼仪在商务沟通中的作用；掌握商务礼仪的基本原则；了解一些基本的商务礼仪。

导入案例

吴丽丽至今都记得自己第一次陪客户吃西餐的情形。走进西餐厅，她就看到豪华而气派的装饰，整个餐厅很安静，若有若无的音乐轻轻回荡，这一切让吴丽丽感到惬意的同时又不免紧张。她走到餐桌边，伸手去挪餐椅，这时餐厅的侍者赶紧过来，帮她轻轻挪动椅子。接下来，在进餐的过程中，她按照左叉右刀的原则使用餐具，但是其实她是左撇子，而且是第一次用刀叉吃西餐，心里很紧张，更显得笨拙。整个进餐过程中，吴丽丽觉得像是在受罪，与客户的交流也极其不顺畅。这单生意最终没有谈成，这次经历令她终生难忘。

思考与讨论：你知道西餐用餐的礼仪吗？如果你是吴丽丽，你要出席这样一个社交活动，你应如何准备，以让它成为一次成功的商务交往活动？

第一节　商务礼仪的内涵、作用与原则

《左传》有云："中国有礼仪之大，故称夏；有服章之美，谓之华。"中国拥有数千年文明，以礼仪之邦闻名于世，作为一个中国人，我们不仅要好好传承中华文明礼仪，更要懂礼、守礼，将礼仪知识运用到商务沟通中，促进与他人的交流，以获得商务活动的成功。

一、商务礼仪的内涵

在长期的商务交往中，为了保证商务活动的有序开展，根据一些惯例和各地的习俗，在商务活动过程中形成了一些约定俗成的、共同遵守的、通行的礼仪习惯，这就是商务礼仪。

商务礼仪是指商务活动中的礼仪规范和行为准则。为了体现相互尊重，社会需要用一些行为准则去约束人们在商务活动中的方方面面，其中包括仪容服饰、言谈举止、书信往来、电话沟通等方面的礼仪要求。

商务礼仪源于一般礼仪，是一般礼仪在商务活动中的运用和体现，并且比一般礼仪的内容更加丰富。商务礼仪的实质是商务交往中应该遵守的交往艺术，它是无声的语言，是体现商务人员素质与企业形象的重要标准。同一般礼仪相比，商务礼仪有很强的规范性和可操作性，并且与商务组织的经济效益密切相关。商务礼仪具体表现为礼貌、礼节、仪表、仪式等。

微视频
商务礼仪的内涵
与原则

1. 礼貌

礼貌是礼仪的行为规范，是指人们在仪容、仪表、仪态和语言、待人接物等方面的表现，主要是通过人们的语言和动作表现对他人的尊重。礼貌是个人文化水平和文明程度的体现。良好的教养和道德品质是礼貌的基础，我们可以通过自觉的培养和必要的训练，养成良好的礼貌习惯。在日常生活和工作中，习惯性的微笑、善意的问候、得体的举止等都是礼貌的表现。商务交往中有礼貌的人往往待人谦恭、大方、热情、举止得体，在商务会面时会自觉地向对方问候，行致意礼或握手礼，说话彬彬有礼。

 案例与思考

沟通礼仪的重要性

在一次商务活动的社交舞会上，A 男士看准了他的营销对象——某公司老总的夫人。于是，A 男士急步走到夫人面前，微笑着弯腰 90°，双手放在膝盖上，毕恭毕敬地低着头说："我可以请你跳舞吗？"夫人望了望身边的丈夫，停顿片刻说："对不起，我累了……"这时又来了一位 B 男士，姿态端庄地微笑着，他彬彬有礼地走到夫人面前说："夫人，您好呀！"然后又转向夫人的丈夫，友好地说："您好！先生，我可以邀请您的夫人共舞吗？"这位公司老总微笑着看了看身边的夫人说："你请便吧。"然后 B 男士转向夫人，同时掌心向上伸出右手，并说："我可以请您跳舞吗？"夫人欣然同意，两人共同步入了舞池。

思考与讨论： 你觉得 A 男士和 B 男士的礼仪如何？你觉得公司老总和夫人的礼仪如何？在沟通礼仪中，你觉得自己最接近上面哪一位人士的做法？

2. 礼节

礼节是指人们在社会交往过程中表达尊重、祝颂、问候、哀悼等情感的惯用形式和规范。礼节是礼仪的惯用形式，是礼貌的具体表现方式。例如，现代商务交往中，初次见面行握手礼、交换名片等礼节。从形式上看，礼节是具有严格规定的仪式；从内容上看，礼节折射出某种道德准则，反映着人与人之间的尊重和友善。在行握手礼时，长辈、上级、女士先伸手，晚辈、下级、男士才能伸手相握；交换名片时一般是地位低的人先向地位高的人递名片；对方人员较多时，应先将名片递向职务高或年龄大的人，不清楚对方的职务时，可按照座次递送名片。这些都是礼节。在国际交往中，由于各国风俗习惯和文化的不同，礼节的具体表达方式也有着明显的差异。例如，握手、点头、鞠躬、双手合十、拥抱、碰鼻子、拍肚皮等，是不同国家、地区和民族见面礼仪的表现形式。礼节是社会交往中人与人之间约定俗成的"法"，是必须遵守的礼仪形式。因此，商务活动中我们应十分注重不同礼节的具体运用，以避免出现失礼的行为。

3. 仪表

仪表是广义的概念，是指人的仪容、服饰、姿态、风度等。仪表能够展现一个人内在的文化修养和审美情趣，得体的仪容和服饰会给他人留下良好的第一印象，从而有助于人际交往。恰当的穿着、优雅的举止有助于树立良好的个人形象。我们要根据自身的条件和出席活动的场合，选择恰当的服饰。

 视野拓展

据社会学家研究，一位刚毕业的女学生去应聘秘书职位，如果面试官是男士，适宜选择浅灰色套裙配蓝色衬衫；如果面试官是女士，穿米色套裙配蓝色衬衫更合适；如果面试官有男有女，则宜选择中间色度的蓝色套裙配白衬衫。

这样的仪表修饰，符合应聘者身份、应聘的职位、角色的定位，也与环境相适应。

4. 仪式

仪式是指在一定场合举行的、具有专门程序和规范的活动。仪式常用在较大和较隆重的场合，如签字仪式、开幕式、剪彩仪式等。在商务活动中，商务人员经常会组织或参加各类商务仪式，这些仪式均有规范的做法。仪式有助于举办方扩大自身影响，树立良好的组织形象，因此，商务人员要认真对待、精心准备、注意细节。

商务礼仪作为企业文化和企业理念不可或缺的组成部分，其作用无可替代。在商务活动中，任何一个细微的礼仪疏忽都可能给自身及企业的形象带来损害，甚至会因此失去一些重要的机遇。

二、商务礼仪的作用

约翰·洛克曾说过："礼仪的目的与作用在于使本来的顽固变柔软，使人们的气质变温和，使其敬重别人，和别人合得来。"一个人能否与周围的人进行有效沟通，这和他在仪表风度、待人接物的礼仪等方面有很大关系。如果熟知商务礼仪，在商务活动中衣着得体、谦恭有礼、善于沟通，那么就会产生好的"首因效应"，给人留下积极而美好的第一印象。商务礼仪在商务沟通中的作用主要有以下几点。

1. 塑造良好的个人形象

商务礼仪与个人形象密切相关，用商务礼仪规范个人的仪容仪表、言谈举止是展示良好个人形象的有效途径。

> 在美国的一次形象设计的调查中发现，有76%的人会根据外表判断他人，有60%的人认为外表和服装反映了一个人的社会地位。

（1）留下良好的第一印象。第一印象主要是由人的相貌、仪表和风度举止等方面综合形成的。第一印象在人们的商务交往中起着重要作用。如果第一印象良好，彼此就会继续交往；如果第一印象不好，彼此可能就会中断交往。第一印象还会直接影响商务活动中人们对彼此的品质和特征的评价。商务人员只有充分认识到这一点，才能更好地运用商务礼仪，促进事业的成功。

（2）展示良好的个人素养与风度。美丽的容颜、矫健的身姿和华丽的服饰等都是表象，是一个人的外在美；而只有将外在美与内在美结合起来，才更有素养与风度。商务礼仪正是衡量商务人员素养与风度的一把标尺，它要求商务人员讲究礼貌、仪表整洁、敬老敬贤、礼让他人等，以展示良好的个人素养与风度。

2. 塑造良好的企业形象

塑造企业形象是指在竞争激烈的商务环境中，通过得体而诚挚的商务接待、拜访、谈判、宴请、通信、社交和馈赠等活动，为企业树立高效、讲信誉、重礼仪、善待商业伙伴的良好形象。礼仪是企业文化、企业精神的重要内容，是塑造企业形象的重要工具。企业最终要通过员工的言谈举止来表现企业形象。商务礼仪更多的是通过形式规范的礼仪来表现企业员工的素质，从而体现该企业的整体素质和形象。无论是领导者还是员工，都应有强烈的形象意识，良好的形象可以给组织带来巨大的经济效益。

> 据纽约州立大学对《财富》前1 000名公司的执行总裁的调查，这些总裁普遍认为如果公司员工能向客户展示良好的形象，公司可以从中受益。员工的形象往往代表公司的形象，而公司的形象则直接影响着公司的效益，因此保持良好的公司形象是管理者努力争取的目标之一。

3. 保障或增强沟通效果

商务活动是一种双向交往活动，交往的成功与否，首先取决于沟通效果的好坏，或者说是否取得对方的理解和认可。商务交往实质上是一种交际活动，交际活动也是信息传播过程，商务人员销售产品和服务的过程中就在交流和传播企业的商业信息。由于商务交往对象的文化背景、观点往往是不同的，所以商务交往双方的沟通往往不是那么容易的，而且经常会产生误解。若交往活动达不到沟通的目的，不仅交往的目的不能实现，而且还可能会给交往双方所代表的组织造成严重的负面影响。商务人员学习和掌握商务礼仪，有助于交往双方的顺利交流和沟通，有助于双方相互理解和认可，从而使商务活动得以顺利进行。

4. 协调关系

在商务活动中，商务人员有时会遇到沟通不畅、谈判不顺等问题，或者会遇到同事或客户对自己有敌意等棘手问题，这些问题如果处理不当，就会激化矛盾或导致小事变大，影响商务活动的正常进行，甚至会破坏企业的形象。而巧妙应用商务礼仪，则有助于化解矛盾、消除分歧，以实现相互理解，缓和人与人之间的紧张关系，使之趋于和谐，从而妥善地解决纠纷。在这里，商务礼仪是一座桥梁，同时还能起到润滑剂的作用。

5. 赢得机会

一个人的言谈举止影响着别人对他的看法，而这些看法可能会影响一个人的人际关系，甚至会影响他的发展和职位的晋升。对于一个管理者来说，良好的行为举止可以使管理工作更有效，使人际关系更加和谐，使他更容易得到上级和下级的理解与支持；对于一个员工来说，良好的行为举止可以让他赢得更多的学习和提升的机会，更容易与同事融洽相处，使领导更赏识他，也更容易得到升迁的机会，使个人生活更幸福；对于一个集体来说，有着良好的礼仪规范就意味着这个集体有着更强的凝聚力，容易赢得更多的发展机遇。

三、商务礼仪的基本原则

礼仪的本质特点是具有文化性，其属于上层建筑范畴，受经济基础制约并反作用于经济基础。礼仪作为一种特定的社会现象有其独特的属性，具体表现为以下几个特点：规范性、继承性和发展性、相互性、限定性、差异性与民族地域性。

虽然不同的民族、不同的地域，礼仪文化有很大的差异，但是在商务活动中仍然有一些大家都公认的、最基本的、共同遵守的规范，这就是商务礼仪的基本原则。在商务活动中，掌握一定的礼仪原则，以尊重为本，运用恰当的礼仪规范形式，有助于商务活动的顺利进行。

（一）尊重原则

尊重是礼仪的核心，是人性的需要，是人际交往的基本原则，是企业管理的法宝。古人云："仁者爱人，有礼者敬人。爱人者人恒爱之，敬人者人恒敬之。"英国作家高尔思华绥曾说："尊敬别人，就是尊敬自己。"俄国作家陀思妥耶夫斯基曾说："对别人不尊敬，就是对自己不尊敬。"这些中外名言都告诉我们：遵守礼仪归根结底是为了获得尊重。人与人之间只有相互尊重，才能保持和谐的人际关系。在商务交往活动中只有尊重对方，才能保持和谐、愉快的商务关系。不论哪个国家、民族、地区，不论什么时间、场合，所有的礼仪形式都应体现尊重。尊重包括自尊和尊重他人。自尊和尊重他人是礼仪的感情基础。

1. 自尊

自尊不仅指要尊重自己，也指尊重自己所服务的单位，要对所从事的工作全力以赴。

作为商务人员，没有自尊就难自爱，不自爱，别人就不会拿你当一回事，没有自尊、自爱就没有尊严。自尊、自爱是通过言行举止、穿衣打扮、待人接物等方式表现出来的。要维护自尊，首先就要注意形象。例如，商务场合中，女性怎样佩戴首饰才能展现出自己良好的形象，表现出良好的修养？这有两个方面的基本要求。第一，以少为佳。商务交往中职业女性的首饰不能佩戴得太多。第二，符合身份要求。比如你作为主要负责人出席一个正式场合，你的穿戴就不能太随意。

我们只有尊重自己，才能做好其他事情。

2. 尊重他人

尊重他人是商务交往中更高层次的礼仪。每一个人都应尊重他人：尊重上司是一种天职；尊重同事是一种本分；尊重下级是一种美德；尊重客户是一种常识；尊重对手是一种风度；尊重所有人是一种教养。

尊重他人是一种素质、一种修养、一种智慧、一种胸怀，它体现出理解、信任、团结和平等。尊重他人，是心灵沟通的一把钥匙，是维系良好商务关系的纽带。在交往中要做到尊重他人，首先要了解交往对象的情况，然后才能有的放矢地做好其他事情。

> 上海某电影院曾发生过这样一件事。某年年末，电影院经理把所有员工（包括离退休人员）及其家属都请到电影院来参加一个茶话会。会前，该经理专门制作了这些离退休人员和在职员工的生活录像片，在会上放给大家看。每个员工都非常感动，因为他们一直干的工作就是给别人放电影，从未感受过自己出现在荧幕上是什么滋味。今天他们有机会在给别人放了无数次电影的电影院里，看到自己走上荧幕，感受到领导对大家的关怀。员工自然而然加深了对自己单位的感情，团队的凝聚力大增。

从这个小故事中我们可以知道，受到尊重是每个人的心理需要，尊重别人能够促进事业成功。人人都需要尊重。在商务活动中，需要与交往对象互谦互让、互尊互敬、友好相待。对待他人要牢记敬人之心长存，不可失敬于人，不可伤害他人的尊严，更不能侮辱对方的人格。掌握了这一点，就等于掌握了礼仪的灵魂。

尊重他人的习俗也是尊重他人的表现。

《礼记·曲礼》有云："入境而问禁，入国而问俗，入门而问讳。"由于国情、民族、文化背景的不同，礼仪也存在着差异。这种礼仪差异是不以人的意志为转移的，也是任何人都难以统一的，因此我们对这一客观现实要有正确的认识，不要自高自大、唯我独尊，简单地否定其他人不同于自己的做法。尊重对方特有的风俗习惯，易于增进双方的相互理解和沟通效果，有助于更好地表达亲善、友好之意。

在商务交往中，对客观现实要有正确的认识，要想真正做到尊重对方，就必须了解和尊重对方特有的风俗习惯，既不能少见多怪、妄加非议，也不能目中无人、自以为是。必须坚持入乡随俗的原则，使自己的做法与当地绝大多数人的习惯做法保持一致，切勿指手画脚，随意批评、否定当地的风俗习惯。例如，赠送礼品要考虑赠礼对象，不送对方忌讳的东西。

🎮 拓展游戏

要求： 五六人为一组，每组中指定一人为"房东"。房东有一间房子（教室）出租，其他人都是来看房租房的，出的租金是一样的，每个月 3 000 元。租房者在房子外等候，先后进入房子和房东交谈，最后请房东说出把房子租给谁，并说明为什么。

（二）平等原则

平等原则是现代礼仪的基础，是现代礼仪有别于以往礼仪的主要原则。平等原则，是指以礼待人，有来有往，既不能盛气凌人，也不能卑躬屈膝。古代传统社会等级森严，有形和无形的等级制度将人们划分为不同的等级，近代资本主义的兴起瓦解了旧的等级社会存在的基础。平等成了现代社会发展的内在要求，这可以说是现代礼仪的思想基础。

平等原则的适用范围非常广泛，从家庭到组织，从国内到国际，都存在着平等问题。不能因为和交往对象在年龄、性别、文化、身份、财富以及关系的亲疏、远近等方面有所不同而厚此薄彼，给予不同待遇。但我们可以针对不同的交往对象采取不同的交往方式，做到具体情况具体分析。同时要把握分寸，既不能做得过了头，也不能做得不到位。

案例赏析

有一次，英国著名戏剧家萧伯纳（诺贝尔文学奖获得者）在莫斯科街头散步时遇到了一位可爱的小姑娘，便与她攀谈、玩耍。分手时，萧伯纳对小姑娘说："回去告诉你妈妈，今天同你一起玩的是世界上有名的萧伯纳。"小姑娘望了望萧伯纳，学着大人的口气说："回去告诉你妈妈，今天同你一起玩的是苏联小姑娘安妮娜。"这使萧伯纳大吃一惊，他立刻意识到自己太傲慢了。他感慨万分地说："一个人不论有多大的成就，对任何人都应该平等相待，要永远谦虚。这就是苏联小姑娘带给我的教训，我一辈子都忘不了她！"

【案例简析】平等原则确实是礼仪的基础，我们不仅要有平等观念，与人相处时还要讲究技巧。

（三）宽容原则

宽容是一种较高的境界。中国有一些谚语，"海纳百川，有容乃大""待人要丰，自奉要约；责己要厚，责人要薄""处事让一步为高，待人宽一分是福"。法国也有类似的谚语，"了解一切，就会宽容一切"。这些谚语告诉我们，与人交往时，既要严于律己，更要宽以待人，要有宽广豁达的胸怀。人性中有恶的成分，但人又追求善，领悟了这一点，还有什么不能坦然面对呢？对他人的一些不同于己、不同于众的个性行为要宽容忍让，对非原则性问题不要斤斤计较，要做到推己及人、心胸开阔。这样才能受人欢迎与尊重，扩大自己的交际空间，有助于缓解乃至消除人与人之间的紧张与矛盾，营造出一种互敬互让的人际氛围。能设身处地为别人着想、能原谅别人的过失，这是一种美德，是作为现代人的一种礼仪素养。

某公司与其外国合作伙伴开展项目合作时，由于文化差异和沟通方式不同，初期项目进展缓慢，且被误解和中伤。面对这种情况，项目经理采取宽容的态度：在确保团队成员充分理解彼此文化背景的基础上，调整沟通方式，以便更好地理解对方的观点和需求。项目经理安排了多次跨文化培训和团队建设活动，以促进不同背景的员工互相尊重与理解。同时，鼓励开放式沟通，让团队成员敢于表达不同意见，并给予彼此充分的耐心和支持。这种包容的态度帮助双方克服了初期的障碍，最终达成了共识并成功推动了项目的进展。

（四）遵守约束原则

俗话说，"礼多人不怪"。在交际应酬中，每一位参与者都必须自觉、自愿地遵守礼仪规范，以礼仪规范来约束自己在交际活动中的一言一行、一举一动。

懂礼节、遵守礼节，会使别人尊重你、认同你、亲近你，无形之中拉近了同他人的心理距离，也为日后合作、共事创造了一个宽松的环境。相反，若不注重这些细节，就可能使他人反感，甚至会使双方关系恶化，导致事情朝着坏的方向发展。不论职位高低、财富多少，任何人都有自觉遵循礼仪规范的义务，否则就会受到公众的指责，并阻碍交往活动的正常进行。所以，在把握原则性问题的前提下，必须注重礼节并尽可能地遵守这些礼节。只有这样才能确保交往活动的正常进行。

从总体上看，礼仪规范由对自身的要求与对他人的做法两部分构成。对自身的要求是礼仪的基础和出发点。学习、应用礼仪，最重要的就是要自我要求、自我约束、自我控制、自我对照、自我反省、自我检讨，这就是所谓的自律。古人云："己所不欲，勿施于人。"若没有对自己严格要求，只求"律人"，遵守礼仪就无从谈起。开展礼仪教育和训练，能逐渐使人们树立起内心的道德信念和礼仪修养准则，这样就会使人们自觉按礼仪规范去做。如果大家都自觉依据礼仪规范来为人处世，就能和谐、愉快地与人相处。

只要我们用礼仪规范来约束自己的言行，礼仪就能在社会生活中发挥它应有的作用。

礼仪约束宛如一面镜子，参照它，你可以发现一个国家、一个人的品质是真诚、高尚，还是丑陋、粗俗。

遵守约束原则还包括遵时守信，"言必信，行必果"。在人际交往中运用礼仪时，要待人以诚、表里如一、言行一致、信守不渝以及"用人不疑，疑人不用"。只有如此，我们在与交往对象交往时，才能表现出对对方的尊重与友好，才能更好地被对方理解和接受。倘若对交往对象口是心非、言行不一、弄虚作假、投机取巧，注定是行不通的。在人际交往中，我们只有赢得他人的信任，才能获得成功。

 案例与思考

见微知著

两位总经理经中间人介绍，相聚谈一笔生意。双方的积极性都很高，A 首先展示出友好的姿态，恭恭敬敬地递上了自己的名片；B 单手把名片接过来，没看就放在了茶几上，然后拿起茶杯喝了几口水，随手又把茶杯压在名片上。A 看在眼里，随口谈了几句话，就起身告辞了。事后，A 郑重地告诉中间人，这笔生意他不做了。当中间人将这个消息告诉 B 时，他简直不敢相信自己的耳朵，一拍桌子说："不可能！哪有见钱不赚的人？" B 立即打通 A 的电话，一定要对方讲出个所以然来，A 道出了实情："从你接过我名片的一系列动作中，我看到了我们之间的差距，并且预见了未来的合作可能会有许多的不愉快，因此还是早点放弃为好。"听闻此言，B 放下电话痛惜失掉了生意，更为自己的失礼感到羞愧。

思考与讨论：B 违反了哪些礼仪规范？B 应该怎么做才会更好？

第二节　基本商务礼仪

商务礼仪大致包含仪容、服饰、体态、谈吐、待人接物等五大要素，它表现在商务活动中的方方面面，因此我们不可能一一讲完所有商务活动中的具体礼仪，本节将讲述一些基本的商务礼仪。

一、商务仪容规范

作为一名商务人员，在仪容方面应该注重以下问题。

1. 商务仪容的基本要求

（1）仪容的自然美。人类学家认为，美的标准属于社会学范畴，是人类文明进化的结果，没有统一的标准。但从商务礼仪的角度来说，美的一个基本要求就是自然、和谐。在商务交往过程中，人们的妆容、打扮都要符合自然的审美标准，如职场女性宜以淡雅的妆容给人留下深刻的印象。

（2）仪容的修饰美。仪容的修饰美是指通过专业的修饰技巧对仪容进行适当的修饰、美化，如化妆、配饰等。修饰要和身份、场合相符，这样才有利于塑造出美好的个人形象，在人际交往中也显得自信，给他人留下良好的印象，也是对他人的尊重。

（3）仪容的内在美。仪容的内在美是指通过努力学习，不断提高个人的文化素养、艺术修养和思想道德水准，培养自己高雅的气质与美好的心灵，让自己有品位、有内涵。

2. 商务场合的仪容标准

职场女性：发型应文雅、庄重，额前头发最好不要过长，头发最好不要染成杂色或披散着，勤于清洗，梳理整齐，修饰得当，不佩戴夸张饰物；双手保持清洁，不留过长指甲，不涂夸张颜色的指甲油；保持头发、口腔和体味清爽，不用过浓的香水；面容清洁干净，可以适当化淡妆，但最好遵循自然、生动的原则，避免过分的人工修饰，且不宜在公众场合化妆。

职场男性：头发要勤于清洗，保持清洁，梳理整齐，发型应前不遮眉、侧不掩耳、后不及肩，最好不染发或梳理怪异的发型；精神饱满，不留胡须，保持面部整洁；双手（包括指甲）保持清洁；注意保持口气清新、体味清爽。

二、商务着装礼仪

商务人员的着装是个人教养、审美品位的体现，也是企业规范、企业形象的直观写照。一般来说，商务人员的着装要考虑身份、场合等因素，还要注意让它符合自身的性格爱好等特点。

（一）商务人员着装的基本要求

对于商务人员而言，着装应符合以下几个基本要求。

（1）符合身份。在商务场合中应穿着符合自己身份的服装，如西装、中山装、夹克等。一般来说，身份主要考虑年龄、地位、性别、职业等因素，如地位高、年龄大的人宜选庄重典雅的服装，女性宜选套裙。

（2）避短不扬长。应根据自身特征选择服装，以掩饰自己的缺点，但没有必要张扬自己的优点，这样能够体现着装者谦虚的品质，容易获得他人的尊重。

（3）遵守惯例。着装应遵守惯例，如正式场合男士宜穿西装打领带或着中山装等正装，半正式或非正式场合可选择穿西装不打领带或穿夹克等商务便装。需要说明的是，随着时代的发展，当今商务场合正装的地位较以前下降很多，而且不同行业的着装习惯有了较大差别，如金融等行业的员工多穿西装、套裙等正装，IT、出版等行业的员工很少穿正装，相对随意。

（二）商务人员着装的 TPO 原则

商务着装的色彩、款式、质地有一定的规范，一般被称为 TPO（times，place，occasion）原则。

1. 时间原则

商务人员在着装时须考虑时间的适宜性，如夏季宜选浅色系（米白、浅灰、淡蓝等）或低饱和度色彩的透气轻盈面料服装，冬季宜选深色系（藏蓝、炭灰、酒红等）或大地色（驼色、焦糖色等）的保暖面料服装。

2. 地点原则

商务人员在特定的环境应配以与之相适应、相协调的服饰，以获得视觉与心理上的和谐感。例如，在办公室里穿着家常服，或是在运动场上穿皮鞋，或是在商务谈判的会议室中穿着休闲装，显然这些穿着和地点不"搭"，很别扭。

3. 场合原则

商务场合的穿着讲究庄重保守、端庄大方，签字仪式、商务谈判等正式场合应穿正装，半正式或非正式场合应穿商务便装，社交场合宜根据具体场合选择着装。

舞会、宴会、音乐会、聚会等社交场合，着装讲究时尚个性。以宴会为例，大部分宴会都会选择金碧辉煌的大酒店，在这样的环境中，着装也应突出高贵的气质，与环境相映生辉。女士出席正式的宴会以裙装为主，借助色彩手段提高服装档次，同时配以合适的披肩、丝巾、手袋、长袖手套等作点缀，往往能让自己显得卓尔不群。

商务拜访等事宜，如果穿着和被拜访对象习惯相近且不失商务身份，可能效果会更好一些。

如果是陪同上司或客户外出游玩或出现在其他休闲场合，宜着休闲装。休闲装以棉麻织物居多，运动衫、毛衣、夹克、T恤衫等可以搭配休闲裤。虽然时代在变化，很多人不再固守传统，对一些突破性搭配的容忍度也逐步提高，但我们依旧建议休闲装搭配保持统一和谐。

（三）男士穿着西装的注意事项

1. 男士在商务场合穿西装的注意事项

着西服套装，单排扣西服可敞开或只系第一粒纽扣，双排扣西服则要系上全部纽扣；西装上衣外面的口袋不能放东西；内装通常是白色或浅色衬衣配花色或深色领带；如需御寒，可外加大衣或风衣，入室后再脱去。

着西装时宜配皮鞋（西装革履），袜子最好是深色，一般不穿白色袜子及球袜等；宜遵守三色原则，身上服饰（包括公文包、袜子等）总体不超过三种颜色；需遵循"三一"定律，皮质服饰最好保持同一种颜色，即鞋子、腰带与公文包是一种颜色，并且以深色为宜。

2. 打领带的注意事项

领带被称为"西装的灵魂"。打领带时，对领带的结法、领带的长度、领带的配饰、颜色搭配等都有相应的要求。

（1）领带的结法。领带的结法有多种，选择的原则是：衬衣的领角越大，领带结扎得越大；领角越尖，领带结扎得越小。领带结要打得端正、挺括，外观呈倒三角形；在收紧领带结时，在其下压出一个窝或一条沟看起来会更美观、自然。注意，穿立领衬衫时不宜打领带，适合打蝴蝶结。

（2）领带的长度。领带打好后，外侧应略长于内侧，以下端正好触及腰带扣的上端为佳（这时西装上衣系好纽扣后领带的下端不会从衣襟下面露出，也不容易从衣襟上面"跳"出来）。如果穿三件套，要将领带放入背心内。

（3）领带的配饰。领带夹、领带针和领带棒都是将领带固定在衬衫上的配饰，最常见的是领带夹。领带夹通常置于衬衫的从上往下数第3粒至第5粒纽扣之间，西装上衣系上纽扣后应完全盖住或略微露出领带夹。

（4）领带与西服、衬衫的颜色相搭配。西服、领带、衬衫三者的色调应该是和谐的，领带应是三者中最醒目的。领带的主色调一定要与衬衫有所区别。当领带选择与外衣同色系时，一般颜色要比外衣更鲜明；当采用对比色搭配时，领带颜色的纯度宜比西服低一些。穿礼服时领带颜色要尽可能庄重，不适合大花图案。如果不是特殊场合，最好不要选鲜红色领带。

（四）女士着职业装的注意事项

女士穿职业装时应注意以下几点。

1. 穿着得体、到位

在商务场合穿套裙时，不可将上衣脱下并要系上全部纽扣，领子要完全翻好，衣袋有盖子的要拉出来盖住衣袋；颜色选白、黑、灰、淡蓝、驼色等中性色为佳，如果觉得色彩过于单调，可扎领巾或穿亮眼质轻的内搭；套裙的全部色彩不宜超过两种，不然就会显得杂乱无章。

通常认为袜子是内衣的一部分，因此不可露出袜边，宜选长筒袜或连裤袜。

2. 尺寸

套裙在整体造型上的变化主要表现在它的长短与宽窄两个方面，一般上衣不宜过长，下裙不宜过短。上衣最短可以齐腰，裙子最长可达到小腿的中部。

3. 配饰

配饰以少为佳，简约为上，不宜超过三件，质地、款式、色彩要尽量保持一致。套裙上不宜添加过多的点缀，一般而言，以贴布、绣花、花边、金线、彩条、扣链、亮片、珍珠、皮革等做点缀或装饰的套裙不适合商务场合。

佩戴首饰时应遵循以下基本原则：①首饰与服装相协调，与商务套裙搭配的首饰宜稳重；②首饰与环境相协调，如年轻女性夏季可戴色彩鲜艳的配饰，以体现夏日的氛围，商务场合不宜戴贵重饰品；③首饰与体貌相协调，饰品应与自己的年龄、体型、发式、脸型、职业等相配，可利用它们掩饰自身的不足，以衬托个体独特的气质。

三、商务体姿礼仪

站姿、坐姿、走姿等是最基本的举止礼仪。

（一）站姿礼仪

站姿是生活静态造型的动作，优美、典雅的站姿是人的动态美的起点和基础，能衬托一个人美好的气质和风度。

1. 标准站姿的动作要领

身体舒展直立，重心线穿过脊柱，落在两腿中间足弓稍偏前处，并尽量上提；精神饱满，面带微笑，双目平视，目光柔和有神，自然亲切；脖子伸直，头向上顶，下颚微收；挺胸收腹，略微收臀；双肩后张下沉，两臂于裤缝两侧自然下垂，手指自然弯曲，或双手轻松自然地在体前交叉相握。

站立时，两腿肌肉要收紧直立，膝部放松。女性站立时，脚跟相靠，脚尖分开约45°，呈"V"字形。男性站立时，双脚可略微分开，但不能超过肩宽；站累时，一侧脚可向后撤半步，身体重心移至后脚，但上体必须保持正直。

由于日常活动的不同需要，我们也可采用其他一些站立姿势。这些姿势与标准站姿的区别，主要通过手和腿脚的动作变化体现出来。例如，女性单独在公众面前或登台亮相时，两脚呈丁字步站立，显得更加苗条、优雅。需要注意的是，这些站立姿势必须以标准站姿为基础，与具体环境相配合，才会显得美观大方。

2. 常见的不良站姿

头不正，出现习惯性前伸、侧歪，显得身体松散下坠，没有精神；驼背，胸部不能自然挺起，造成身体不够舒展；肩不平，一高一低，身体左右倾斜；肩部紧张，形成耸肩缩脖；重心向后，挺腹；双手叉腰或抱于胸前，或身体依靠其他物体。

（二）坐姿礼仪

坐姿是一种可以维持较长时间的工作劳动姿势，也是一种主要的休息姿势，更是人们在社交、娱乐中的主要身体姿势。良好的坐姿不仅有利于健康，而且能塑造沉着、稳重、文雅、端庄的个人形象。

1. **标准坐姿要领**

轻轻入座，坐到椅子的 2/3 为宜，后背轻靠椅背，女士双膝自然并拢，男士双膝可略分开；对坐谈话时，身体稍向前，表示谦虚和尊重；如果长时间端坐，可双腿重叠，但要注意脚尖回收。若女士着裙装，裙摆应收拢，不允许裙摆随意摇晃，也不允许当面大动作整理服饰。

2. **座位的高低对坐姿的要求**

坐较低的座位时，臀部后面距座椅靠背约 5 厘米，背部靠椅背。如果女士穿的是高跟鞋，坐在低座位上，膝盖会高出腰部，这时应当并拢双腿，使双膝平行靠紧，然后将膝盖偏向谈话对方，偏的角度应根据座位高低来定，但以大腿与上半身构成直角为标准。

坐较高的座位时，上身宜保持正、直，女士可将左脚微向右倾，右大腿放在左大腿上，脚尖朝向地面，切忌脚尖朝天。

座位不高不低时，女士两脚宜尽量向左后方，让大腿和上身呈 90° 以上，双膝并拢，再把右脚从左脚外侧伸出，使两脚外侧相靠。这样不但雅致，而且显得文静、优美。

3. **入座要领**

如果椅子左右两侧都空着，应从左侧走到椅前。

不论从哪个方向入座，都应在椅前半步远的位置立定，右脚轻向后撤半步，用小腿靠椅，以确定位置。

女士着裙装入座时，应用双手将裙后片向前拢一下，以显得娴雅端庄；坐下时，身体重心徐徐垂直落下，臀部接触椅面要轻，避免发出声响；落座之后，双脚并齐，双腿并拢。

4. **离座要领**

先有表示：离开座位时，身边如有人在座，须以语言或动作向其示意，方可站起。

注意先后：职位低于对方者通常应稍后离开；双方身份近似时，可同时离座。

起身缓慢：起身离座时，最好动作轻缓，无声无息。

从左侧离席：离席时，从座位左侧离开。

（三）走姿礼仪

行走是人的基本动作之一，最能体现出一个人的精神面貌。行姿的好坏可以反映人的内心境界和文化素养的高下，能够展现出一个人的风度和风采。

走姿是站姿的延续动作，行走时，必须保持站姿中除手和脚以外的各种要领。

走路使用腰力，身体重心宜稍向前倾；跨步均匀，步幅约一只脚到一脚半；迈步时，两腿间距离要小。

女性穿裙子或旗袍时要走成一条直线，使裙子或旗袍的下摆与脚的动作协调，呈现优美的韵律感；穿裤装时，宜走成两条平行的直线。

出脚和落脚时，脚尖和脚跟应与前进方向近乎一条直线，避免"内八字"或"外八字"。

两手前后自然协调摆动，手臂与身体的夹角一般在 10°～15°，由大臂带动小臂摆动，肘关节可微屈。

上下楼梯，应保持上体正直，脚步轻盈平稳，尽量少用眼睛看楼梯，最好不要手扶栏杆。

（四）其他几种体姿礼仪的基本要求

（1）点头礼仪。在没有必要行鞠躬礼，但又想向对方示意时，可用点头表示。点头时，转折点在脖子上，双目应注视对方，可同时用微笑或话语向对方问好。

（2）回头礼仪。无论是谁，若突然被人由后面叫住，都会毫无防备。倘若不假思索，只将头部和视线转向对方，很容易让人误会你在瞪他。正确的姿势是，回头时让身体也稍向后侧，转向对方，以给人谦恭、友好的印象。

（3）递/接物礼仪。递东西给他人时，原则上来说应双手将物品拿在胸前递出。递书或文件时，为使对方能够看清楚，应把书名向着对方。若递的是刀剪之类的尖锐物，要把尖锐的头向着自己。除非是小物件，否则不宜一只手递出，更不能将物品丢给对方。对他人递来的物品应双手接过。

（4）招手礼仪。若碰到较亲近的朋友或同事，可用举手打招呼表示问候。招手时，手的高度以在肩部上下为宜，手指自然弯曲，大臂与上体的夹角在30°左右。

（5）请的礼仪。在标准站姿基础上，将手从体侧提至小腹前，优雅地划向指示方向，这时应五指并拢，掌心向上，大臂与上体的夹角在30°左右，大小手臂的夹角通常在90°～120°，以亲切柔和的目光注视客人，并说些适宜的话语。

（6）鼓掌礼仪。鼓掌一般表示欢迎、祝贺、赞同、致谢等意思。鼓掌时，一般将左手抬至胸前，掌心向上，四指并拢，虎口张开，用右手去拍打左手发出声响。

（7）鞠躬礼仪。遇到客人表示感谢及回礼时，应行15°鞠躬礼。接待尊贵客人时，应行30°鞠躬礼。行礼时面对客人，并拢双脚，视线由对方脸上落至自己脚前1.5米处（15°礼），或脚前1米外（30°礼）。男士双手放在双腿两侧；女士双手重叠放于腹前。

四、见面礼仪

见面礼仪分为称呼礼仪、介绍礼仪、握手礼仪、使用名片的礼仪和目光礼仪。称呼礼仪和目光礼仪分别在第二章与第四章中有介绍，因此，这里重点讲解介绍礼仪、握手礼仪和使用名片的礼仪。

（一）介绍礼仪

这里的介绍是指介绍他人。介绍是人们在日常生活和商务沟通中，特别是初次接触时，彼此了解、互相认识的一种必要的形式。我们需要了解介绍的种类、要求和应遵循的规则与礼节。

（1）介绍的时机。介绍时要挑选合适的介绍时间，如对方有空闲的时候、心情好的时候、独处的时候、有这种意愿的时候、主动提出邀请的时候等。而在对方正在交谈、开会、用餐以及不想和别人进行交谈或心情不好的时候，不宜自己主动上前介绍，否则容易吃闭门羹。

（2）介绍的内容。介绍的内容一定要长短适中，不能过长，否则对方会没有耐心听，只需言简意赅地介绍对方的姓名、所在单位、部门、职务即可。

（3）介绍时的态度。介绍的时候眼睛要注视对方，与对方进行目光交流，让对方体会到你的真诚，不能一边介绍一边与第三方、第四方打招呼或者眼神游离；这也是对被介绍者的要求。介绍的时候语速不能太快，要适中，考虑到对方需要反应的时间。介绍的时候要不卑不亢，不要因为自己的地位比别人低而显得过于谦卑或缺乏自信，同时也不必和被介绍者套近乎。

（4）介绍的顺序。如果一方人多，而另一方只有一个人或者人数少的时候，要先介绍人少的一方，人多的一方只介绍主要人物，其余的只要介绍其所属即可。如果另一方的地位比较高，则先介绍位卑者，位尊的人有优先知情权。在一般的社交场合，大致的规则是把晚辈先介绍给长辈，把男士先介绍给女士，把地位较低者先介绍给地位较高者，把未婚之人先介绍给已婚之人，把个人先介绍给众人，把聚会中后到的人介绍给先到的人。

需要提醒的是，介绍前需弄清楚双方是否都愿意结识对方。若彼此已有嫌隙或利益冲突，贸然引荐只会徒增尴尬。

（二）握手礼仪

大多数国家的人们都将握手礼视作一种习以为常的见面礼。同时，握手礼也是国内外商务及各类社交场合通行的见面礼节。

1. 握手的顺序

通常情况下，行握手礼时应注意：上下级之间，上级伸手后，下级才能伸手相握；长辈和晚辈之间，只有长辈伸出手后，晚辈才能伸手相握；男女之间，只有女士伸手之后，男士才能伸手相握。总之，在商务交往中，把是否握手和先伸手的主动权让给女士、长者、上级、身份高者等，以表示对他们的尊重。尊重对方的人格、情感和意愿，这是握手礼所包含的实质内容。

当然，在主动与人握手之前，首先应该考虑自己是否受对方的欢迎，如果你认为对方欢迎你，即使对方是你的上级，你先伸手与他握手也未尝不可。因此，你是否先伸手，主要取决于你们之间的关系如何。

如果交往双方为主人与宾客，作为一种礼节，在迎接客人时，主人应向客人先伸出手以表示欢迎；而在道别时应由客人先伸出手，以表示"留步"。

2. 握手的方式

握手时，两人相距约一步，上身稍向前倾，伸出右手，四指并拢，拇指张开，双方的手掌与地面垂直，相握3秒左右。男士之间握手时，可适当用力，以示热情。男女之间握手的力度不宜过大。握手时应注视对方，微笑致意或进行简单的问候、寒暄。

注意不要把目光移向他人或东张西望。人多时，不可交叉握手，应和有必要握手的人一一相握，顺序可按照由高到低、由近及远以及顺时针的方向进行。

其他注意事项：握手时，应该脱下手套。握手时，应该伸出右手，绝不能伸出左手，并且要在握手之前保持手掌干净。握手的时候不能戴帽子、墨镜，以示尊重。东亚地区的人们双手相握表示热情，南亚、中东等地区的人们忌讳用左手，握手时只宜用右手。

（三）使用名片的礼仪

在口头介绍以后，商务人员可以递上自己的名片，以便对方可以更详细地知道你的信息，同时也方便以后联系。虽然微信等即时通信工具的流行在一定程度上减少了名片的使用，但在商务场合名片的使用依然很普遍，有时甚至是不可或缺的。

1. 名片上的内容

名片要简单大方，颜色可以使用白色、淡黄色等浅色系，大小一般长9厘米、宽5.5厘米；商务名片的内容可以只包含自己的归属（即所在公司、所属部门等）、简单的自我介绍（如姓名、职务、职称等）、联系方式（如公司的电话号码、手机号码等），不能赘述，否则会给人卖弄和轻浮的感觉。如果有必要可以印制多种名片，和不同的人员交往的时候使用不同的名片。名片上还可印自己名片信息的二维码、公司官网的二维码等，接受名片者扫描二维码后即可将信息导入手机。

2. 交换名片

如果希望和别人进行长期的沟通，索要名片是很有必要的。你可以主动递上自己的名片，对方一般也会将自己的名片作为交换送给你。同时，你也可以用委婉的方式索要名片，如"以后怎么向您请教啊？"一般的商业人士出于礼貌，会将自己的名片给你。如果他人向你索要名片，而你不想给对方，也要注意委婉拒绝，如"对不起，我的名片发完了"，这样不会让索要名片的一方觉得没面子。

此外，在将自己的名片递给对方的时候应用两只手，眼神专注，不能四处张望，同时接收名片时一般也应用双承接，以示尊重。接到名片后，应适当地看上半分钟，然后放入自己的口袋或公文包中，不能随处乱放，否则会给人不被重视之感。

如果人很多，发放名片的时候要按照顺时针的顺序逐一发放，不能错漏。如果错漏，会给人一种不被重视的感觉，从而影响彼此之间的沟通。

五、接送、宴请基本礼仪

（一）接待礼仪

参观访问中，指定的接待人员不能过多，中途一般不得换人或不辞而别。

1. 引导礼仪

引导也叫引领。客人初次到来，接待人员应主动上前引领。不论是商务交往还是重要的礼仪场合，前后左右等方位都有着主次之分。方位的安排，体现了对客人的礼遇。引导客人，有个前后位置。领路人应在客人侧前方两三步。接待人员应该有正确的引导方法和引导姿势，带领客人到达目的地。引导往往伴随手势：五指并拢，手心向上与胸齐，以肘为轴向外转。引导时的方位、速度、周围光亮程度及体位等都需要注意。不同场所的引导礼仪也有所不同。

（1）行进中的引导礼仪。行进过程中，从礼仪的角度来说，陪同引导的基本规则是，内侧高于外侧，前方高于后方。请客人开始行走时，要面向对方，稍微欠身。行进过程中，可以与对方交谈或介绍，并把头部、上身转向对方。前进时让尊者在前，以示敬意。国内的交通规则是右行，应让客人走在内侧（右边），接待人员走在外侧（左边）。需要引路时，可侧身于尊者的左前方1米处引导，不要直接挡在尊者前面，不把背影留给对方。引导时，行走的速度应以客人的速度为准，保持与对方协调一致，不可走得过快或过慢。每当经过拐角、道路不平、照明欠佳的地方时，需要用手势或语言提醒客人注意。并排前进时，主人居左，客人居右；男士居左，女士居右；下级居左，上级居右。若三人同行，以中间为尊，尊者右边其次，左边最次。

（2）楼梯的引导礼仪。上下楼梯时，一般规则是前方高于后方。走在前面的人有优先选择权，地位高。一般应右侧单行行进，以前方为上。并排走会影响他人，引导客人上楼时，先说"在某层。"应让客人走在前面；若是下楼，客人应在后面（下楼容易失足，故陪同者应在前）。但也有例外，男女同行上下楼梯，宜女士居后；如果客人不认识路，接待人员也要在前面带路。上下楼梯时，应注意客人的安全。

（3）电梯的引导礼仪。引导客人出入有人控制的电梯，接待人员应后进后出，让客人先进先出。乘坐无人控制的电梯时，接待人员应先进后出。楼宇电梯程序设定为30秒或者45秒关门，有时客人较多，后面的客人来不及进电梯，所以接待人员应先进电梯，控制好开关按钮，让电梯门保持较长的开启时间，等客人进入后再关闭电梯门。如果个别客人动作缓慢，影响了其他客人，可以利用电梯的唤铃功能提醒。到达时，接待人员按"开"按钮，让客人先走出电梯。

（4）接待室的引导礼仪。客人走进接待室，接待人员用手作指示，请客人坐下。客人坐下后，行点头礼后离开。如客人错坐下座，应请客人改坐上座。

（5）走廊的引导礼仪。原则上，接待人员在客人左前方两三步引导，客人走在内侧。如客人认识路，应让客人居前，接待人员居后。

2. 引见的礼仪

到单位的客人与领导见面，通常由办公室工作人员引见、介绍。引导客人去领导办公室的途中，工作人员应走在客人左前方数步的位置，时不时回头或转身招呼客人，不应一直把背影留给客人。引导的这段时间内，工作人员可以讲一些得体的话或介绍一下本单位的大概情况，不宜只顾埋头走路。

进领导办公室之前，工作人员要先轻轻叩门，得到允许后方可进入，切不可贸然闯入。叩门时应用手指关节由弱到强轻叩，不可用力拍打。进入房间后，应先向领导点头致意，再把客人介绍给领导，介绍时要注意措辞，应用整个手示意，不可用手指指点。介绍的顺序见介绍礼仪。介绍完毕走出房间时应自然、大方，保持较好的行走姿势，出门后应回身轻轻把门带上。

3. 乘车礼仪

正式活动中，五座小汽车最常用，车中尊位确定主要依据司机的身份而定。

一般来说，商务接待有专职司机，轿车内的座位是后排为上，前排为下，后排的三个座位（通常只坐两人）又以右为上，左为下。与司机成对角线的位置是车内最尊贵的位置，其次是后排左座，最后是前排右座。前排右座称副驾驶座，也叫随员座，此处坐翻译、保镖、秘书或办公室主任。如果主人开车，则副驾驶座通常为第一尊位。

（二）送客礼仪

送客又被称为商务工作的"后续服务"。

在送客时应注意：当客人告辞时，送行人员应起身与客人握手道别。

对于本地客人，送行人员一般应陪同送行至本单位楼下或大门口，待客人远去后再回单位。如果是乘车离去的客人，送行人员一般应走至车前，帮客人拉开车门，待其上车后轻轻关门，挥手道别，目送车远去后再离开。对于外来的客人，送行人员应提前为之预订返程的火车票、船票或机票。对于外宾，一般情况下，送行人员可前往外宾住宿处，陪同外宾一同前往车站、码头或机场，必要时可在贵宾室与外宾稍叙友谊，或举行专门的欢送仪式。在外宾临上火车、轮船或飞机之前，送行人员应按一定顺序同外宾一一握手话别，祝愿客人旅途平安并欢迎再次光临。

（三）宴会礼仪

1. 主人应注意的礼节

宴会的组织者要安排好工作人员，尽可能周到地做好宴会的各项准备工作，为来宾提供完善的服务。

宴会开始前，主人一般在门口迎接客人。客人抵达后，宾主相互握手问好，随即由工作人员将客人引入休息室或直接引入宴会厅。

在休息厅内应有相应身份的人员照应客人，并以饮料待客。主宾到达后，由主人陪同进入休息室与其他客人见面。如其他客人尚未到齐，由迎宾线上其他人员代表主人在门口迎接。

主人陪同主宾进入宴会厅，全体客人就座，宴会开始。如休息厅较小，或宴会规模较大，也可以请主桌以外的客人先入座，主桌人员最后入座。

客人入座之后，主人应该首先起立，举杯向客人敬酒。碰杯先后以座次顺序为序，从主到次进行，只要轻轻一碰即可。碰杯、干杯之后，主人应持筷子示意，请客人正式用餐。如有正式讲话，各地安排的时间不尽一致。一般正式宴会可在热菜之后，水果之前，先由主人讲话，然后客人讲话。也有的客人一入席，双方即讲话。

从礼节上讲，主人的职责是使每一位来宾都感到主人对自己的欢迎之意。当客人到来时，主人应争取同所有来宾见面并握手致意。主人还要努力使客人之间有机会相互认识和交谈。主人要努力使席间的谈话活泼有趣、气氛融洽。如果有人谈及不恰当的话题，主人应立即设法巧妙地转移话题。用餐时，主人应适当掌握用餐速度，待客人吃完一道菜时，再换下一道菜。如有少数人没有吃完，主人可适当放慢速度，以免使客人感到不安。如客人的筷子等掉在地上，应立即让招待员另换一双，如有客人不慎打翻酒杯或打碎盘碗，应镇静地让招待员收拾干净，安慰客人，不可露出不悦之色。由于在宴会前做了大量准备工作，主人有时比较疲劳，但不可显示疲惫厌倦之态。主人不可频频看表，以免显示出希望客人早走之意。

吃完水果，主人与主宾起立，宴会即告结束。

宴会结束后，主宾告辞，主人应送至门口，热情话别。

2. 客人应注意的礼节

（1）应邀。接到宴会邀请，应尽早答复对方，以便对方做出安排。在接受邀请以后，不要随意改动。万一遇到不得已的特殊情况不能出席，尤其是主宾，应尽早向主人解释、道歉。

（2）出席。出席宴会前，最好稍作梳洗打扮，穿上一套合时令的干净衣服。最忌穿着工作服，带着倦容赴宴。这会使主人感到没有受到尊重。而按时出席宴会是一种礼貌，因为客人抵达时间的迟早、逗留时间的长短等在一定程度上反映了对主人的尊重。因此，参加宴会时，要准确地掌握时间。否则，太早到达常常会令人尴尬，难以应付；迟到太久，又会给人留下没礼貌或有意冷落的印象，并且给主人的安排带来麻烦。身份高的人可略晚到达，一般客人宜略早到达，或提前两三分钟或按主人的要求到达。

（3）交谈。进入宴会厅之前，应先了解自己的桌次和座位，如邻座是年长者或女性，应主动为其拉开椅子，协助其坐下。入座后应自由地与其他客人交谈，交谈面可宽些，不要只找熟人或一两人说话，应热情有礼地与同桌人交谈，如互相不认识，可先做自我介绍。

（4）进餐。应待主人招呼后，才开始进餐。吃东西要文雅，闭嘴咀嚼，不发出声响。食物太热时，等稍凉后再吃，切勿用嘴吹。鱼刺、骨头、菜渣不要直接外吐，可用餐巾掩嘴，用手或筷子取出，放在骨碟中。嘴内有食物时，切勿说话。剔牙时，要用手或餐巾遮口。

（5）致谢。一般是吃完水果后，主人起身，表示宴会即将结束，主宾离席。客人应在主人站起来之后才能站起，然后离席。客人应向主人致谢，称赞宴会组织得好，菜肴丰盛精美。

 思考与实践

一、思考与讨论

1. 商务礼仪的内涵是什么？
2. 商务礼仪有哪些作用？
3. 商务礼仪的基本原则是什么？
4. 你有没有因为礼仪而成功或失败的经历？说一说具体情况。
5. 请为班级制定一份"班级举止文明公约"。

二、活动与演练

测一测你的礼仪修养。自我测验，用"是"或"不是"回答下列问题，然后向你的老师询问答案。

1. 你对待售货员或饭店的服务员是不是像对待朋友那样很有礼貌？
2. 你是不是很容易生气？
3. 如果有人赞美你，你是不是会向他说"谢谢"？
4. 有人尴尬时，你是不是觉得很有趣？

5. 你是不是很容易展露笑容，甚至是在陌生人的面前？

6. 你是不是会关心别人是否幸福和舒适？

7. 在你的谈话和书信中，你是不是时常提到自己？

8. 你是不是认为礼仪对一个人无足轻重？

9. 和别人谈话时，你是不是一直很注意对方？

三、案例分析

一个商人在街上碰到一个卖笔人，只见他头发蓬乱、衣衫褴褛、眼神黯淡、步履沉重，看上去仿佛乞丐一般。商人顿生怜悯之心，他掏出一些钱塞到卖笔人手中就离开了。走了不远，商人忽然意识到了什么，他迅速转身追上卖笔人，从其笔筒中拿了几支笔，真诚地说："真对不起，刚才我忘了拿笔。你和我一样，也是商人，靠自己的劳动挣钱，你会获得成功的，祝你好运。"几年后，这位商人出席一个朋友的宴会，会上一个衣冠楚楚、容光焕发的年轻人走到他身边说："您好，先生，也许您已经忘了我，我就是几年前那个落魄困顿的卖笔人。是您使我意识到了做人的尊严和价值，唤起了我对生活的信心和勇气。我的生意现在已有很大的起色，为此，我对您深表感谢。"年轻人向这个商人深深地鞠了一个躬。

问题与分析：这个案例反映了商务礼仪的哪些特点、作用和原则？请一一进行分析。

 知识巩固

第七章　跨文化沟通

 **学习目标**

了解跨文化沟通的含义；认识跨文化沟通能力的重要性；了解影响跨文化沟通的主要因素；掌握跨文化沟通的原则和策略。

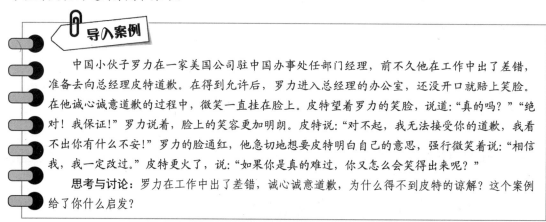

导入案例

中国小伙子罗力在一家美国公司驻中国办事处任部门经理，前不久他在工作中出了差错，准备去向总经理皮特道歉。在得到允许后，罗力进入总经理的办公室，还没开口就赔上笑脸。在他诚心诚意道歉的过程中，微笑一直挂在脸上。皮特望着罗力的笑脸，说道："真的吗？""绝对！我保证！"罗力说着，脸上的笑容更加明朗。皮特说："对不起，我无法接受你的道歉，我看不出你有什么不安！"罗力的脸通红，他急切地想要皮特明白自己的意思，强行微笑着说："相信我，我一定改过。"皮特更火了，说："如果你是真的难过，你又怎么会笑得出来呢？"

思考与讨论：罗力在工作中出了差错，诚心诚意道歉，为什么得不到皮特的谅解？这个案例给了你什么启发？

第一节　跨文化沟通概述

随着经济全球化的不断加强，很多组织的经营范围已经跨越地区、国界。一方面组织与外部的跨地区、跨国、跨文化交往活动日益频繁，与不同地区、不同国家、不同文化背景的人员的交往与日俱增；另一方面组织自身范围跨地区、跨国、跨文化的趋势也日益明显，跨文化沟通成为组织内部沟通的有效组成部分。

微视频

跨文化沟通概述

一、跨文化沟通的含义

跨文化沟通通常是指不同文化背景的人之间发生的沟通行为。因为地域不同、种族不同等因素常会导致文化差异，因此，跨文化沟通既可能发生在不同的国家之间，也可能发生在同一国家不同的文化群体之间。

跨文化沟通中的核心是"文化"。关于文化，不同学者从不同角度提出了不同的见解和定义。赫斯科维茨认为广义的文化是指一切人工创造的环境，也就是说，除了自然原生态之外，所有由人添加的东西都可称为文化。这个概念并没有被大多数学者采用。但赫斯科维茨对"主观文化"部分的解释，即将文化定义为"被一个群体的人共享的价值观念系统"已被广泛接受。霍夫斯泰德指出，文化会影响人们关注什么、如何行动以及如何判断人和事物，他将文化比喻为人的"心理程序"。荷兰管理学者强皮斯纳在《文化踏浪》一书中提出，文化应被看成某一群体解决问题和缓解困境所采用的途径和方法，而不仅仅是一套价值观念系统。在这个定义里，文化包括了主观和客观两个层面。此文化定义隐含了一个基本假设，即人类面临一些共同的问题和困境，如时间、空间、外界自然环境等。一个群体的人对时间的共同理解和感知，对外界自然环境的态度和行动，就形成了这个群体的独特文化。我国学者陈晓萍在《跨文化管理》一书中指出，文化可以被定义为"人类创造的，经过历史检验沉淀下来的物质和精神财富"。

综合众多学者对文化的理解以及跨文化沟通的特点，本书认为，文化是人为创造的、被他人认可的观念，它给人们提供聚合、思考自身和面对外部世界的有意义的环境，由上一代传递给下一代。

通常，我们所说的"跨文化沟通"中的"文化"并不是有关人类社会的广泛意义上的文化概念，而是指由某一群体发展、共享并代代相传的行为方式，即某一组织特有的行为特征。文化由一个群体共享，既可以是显性的，也可以是隐性的。但无论以哪种形式存在，文化都会对生活在该群体中的人产生各方面的影响。文化虽然会随时代而变化，但其变化速度极其缓慢，代代相传是其另一个重要的特点。文化对人的影响是深刻的、久远的、潜移默化的；文化不仅涵盖了认知体系、规范体系、社会关系，也包括社会组织、物质产品、语言和非语言符号。因而，跨文化沟通成为人际沟通中较为复杂的形式，所面临的困难和障碍也较多。

萨莫瓦尔和波特在《文化间的沟通》一书中指出，跨文化沟通是指"文化认知能力和符号系统截然不同的人之间的沟通，这种不同可能会大到足以改变沟通活动"。跨文化沟通能力就是与来自不同文化背景的人进行有效交流的能力。跨文化沟通能力较强的人能在不同文化背景中工作，具有超越本民族文化的沟通和交流能力。沟通能力包括了解自己和理解对方的能力、激励他人的能力、说服对方的能力以及具有号召力和团队精神。在国际商务交流中，仅仅懂得外语是不够的，还要了解不同文化的区别，接受与自己文化不同的价值观和行为规范。

二、跨文化沟通的类型

我们可以从政治学与文化人类学的角度来划分跨文化沟通的类型。

1. 国内的跨文化沟通与国际的跨文化沟通

国内的跨文化沟通与国际的跨文化沟通是从政治学角度来划分的。所谓国内的跨文化沟通是指沟通的双方均属于同一个国家。如武汉人与北京人的交往，再如大学里，不同地区、不同民族的学生间的交往，均属于国内的跨文化沟通。

所谓国际的跨文化沟通，是指沟通的双方来自不同的国家和地区，如中国人和美国人，由于文化习俗的巨大差异就可能会产生一些误会。

2. 种族间的沟通、民族间的沟通与跨国沟通

种族间的沟通、民族间的沟通与跨国沟通是从文化人类学角度来划分的。所谓种族间的沟通，是指沟通的双方分属于不同人种的沟通。不同人种进行跨文化沟通时，有时会产生种族偏见，这种偏见往往会导致成见与猜疑，最终阻碍有效的沟通。

2009 年 7 月，哈佛大学黑人教授亨利·盖茨旅行归来，他发现用钥匙没法打开自家的前门。送他回家的出租车司机也是黑人，便过来帮忙，两人开始动手撬门。行人发现两个黑人在撬门，立即报警。等警察（白人）到来时，盖茨已经在屋里了。警察让盖茨出来，盖茨不从。警察遂进屋检查盖茨的证件，盖茨则反问警察的名字和警号，警察说盖茨气势凶悍、大声喧闹、威胁警察。结果盖茨被戴上手铐，带回警察局问话。于是，发生了教授在自己家里被捕的怪事。此事引起了人们对种族偏见问题的讨论和反思。

盖茨与出租车司机都是黑人，他们之间的交流属于相同人种间的沟通；但盖茨与白人警察的

交流属于不同人种间的沟通。

所谓民族间的沟通是指不同民族之间的沟通。这种沟通形式多半发生在多民族的国家内，不同的民族可能会因为语言、风俗、习惯、文化的不同而在沟通过程中产生误解。

所谓跨国沟通是指发生在不同国家人们之间的沟通，也常常是跨种族、跨民族的沟通。这种沟通还往往会受到国家政策、国家之间的关系等条件的影响。

三、跨文化沟通能力的重要性

经济全球化的发展使得全球很多组织得以打破地域限制进行跨国经营，组织中可能有来自不同文化背景的员工共同工作，因此商务人员的跨文化交往活动日益频繁，这使得经济生活中的跨文化沟通成为必然。对商务人员来说，如果跨文化沟通不当，轻则会造成沟通无效，重则会造成误解和关系恶化，使组织的目标无法实现。因此，在现代商务活动中，商务人员的跨文化沟通能力显得越来越重要。

（1）越来越多的商务人员拥有直接到国外开展商务活动的机会。随着经济全球化进程的加速，国际经济合作逐步增多。不仅大企业，就连中小企业也越来越多地参与到国际经济活动中。跨文化沟通已经成为商务人员必备的一种技能和手段。在国际市场营销中，文化因素具有高度敏感性，而忽视文化差异往往成为企业失败的主要原因。

美国营销学家科特勒教授曾惋惜地指出，在国外，莽撞犯大错的都是那些在国内获得巨大成功而又忽视文化因素的企业。通用汽车公司一度颇受欢迎的雪佛兰 NOVA 汽车在墨西哥销售时遇到了麻烦，因为"NOVA"这个词在当地使用的西班牙语中听起来是"不能移动"之意。与此类似的是，百事可乐公司曾经红极一时的"与百事共同生存"的主题广告并未像预期的那样在泰国获得成功，原因是这句话用泰语翻译过来有"与百事一起从坟墓中出来"的意思。

（2）人们在国内为跨国企业工作的机会大大增加。越来越多的跨国企业直接在我国从事生产经营活动，例如，微软、IBM 和三星等跨国企业都在我国设立了机构。在这些企业中工作，跨文化沟通能力往往是一种必要的能力。

（3）即使在国内企业工作，也越来越有可能需要与具有不同文化背景的人一起工作和沟通。许多新员工在第一天上班时会发现，尽管是本土企业，但他们所在的企业、部门，甚至同一个办公室中就有来自不同文化背景的同事或合作伙伴。跨文化沟通能力对这些人来说也是必不可少的。

但实际情况是，许多商务人员在与具有不同文化背景的人进行沟通时表现得并不太好，原因是他们没有意识到跨文化沟通的特点和要求，也没有掌握跨文化沟通的原则和策略，即跨文化沟通能力较弱。

第二节　影响跨文化沟通的主要因素

影响跨文化沟通的因素主要包括语言差异、非语言差异、情境文化差异等，每个因素又包括若干子因素。

一、语言差异

语言是文化的重要载体之一。语言差异是不同文化最重要的区别之一，同时也是跨文化沟通中最大的障碍之一。

语言作为一个整体与文化产生关系，无论是文化对语言的影响，还是语言对文化的承载，二者之间的相互作用发生在语音、语义、词汇、语法、语用等几个方面。在组织中，不同语言的使用主体在进行沟通时最容易在语义和语用方面引起误会，产生跨文化沟通障碍，其根源就在于忽略了语言的迁移。文化不同，语言的使用规则就不同。一种文化的标准规范只能在其自身环境中按特定条件加以解释，而不能以此为规范来描述另一种文化，否则必然会导致跨文化沟通失败。其深层原因就在于人们缺乏对语言差异的敏感性，会无意识地进行语言迁移，而这种后果往往会引起文化冲突，影响组织内部和谐人际关系的建立，甚至会破坏组织同合作者的良好关系，使组织蒙受巨大损失。

在一次商务谈判中，马上就要签合同时，一位细心的中方工作人员发现合同上的报价与谈判时约定的不符，中方气愤地找到美方，美方也觉得不可思议。经过长时间的争辩，大家才弄清楚了症结所在：中方提出报价时，翻译直接用了"ton"这个单位。中方当然用的是公制质量单位，而英美质量单位中还有长吨和短吨，美方按照有利于自己的长吨来计算，所以误解在所难免。

再比如，比较常见的表示颜色和数字的词在不同的语言中传递的象征意义或微妙情感也有很大的不同，很容易引起沟通中的误解。

红色：在许多文化中，红色常常与爱情、热情、能量和危险相关联。然而，在某些文化中，例如在中国，红色也与好运、繁荣和庆祝相关联。

蓝色：在许多文化中，蓝色通常与平静、忧郁或沉思有关。然而，在某些文化中，例如在英国，蓝色也可以表示忠诚或可靠性。

数字13：在欧美，数字13经常被认为是不吉利的，因为它与一系列不幸的事件相关联。在东亚，数字13并没有这种负面含义。

数字7：在阿拉伯语中，数字7通常与完美、完整或幸运有关。然而，在其他语言中，例如在英语中，数字7并没有这种特殊的含义。

二、非语言差异

在跨文化沟通中，非语言交际最容易产生误解，因为非语言交际的发生，使编码和译码充满了不确定性和情境性。非语言交际是指除语言以外的所有交际行为，体态语、副语言、客体语和环境语等都是非语言交际的有效方式，是人们在历史和文化长期发展中积淀而成的共同习惯。

1. 非语言沟通差异

在跨文化环境中，非语言沟通非常重要，必须关注语言以外的其他沟通方式，包括身体动作、目光接触、空间位置、声音、身体接触等方面的差异。

人们的经验和常识会增加对跨文化非语言信息的误解，因为人们更相信自己的经验中对非语言信号所表示信息的理解。由此可见，非语言信息更多地与我们内隐的情绪、内在的感受、潜意识相联系。

在身体语言方面，东西方有很大的不同。

在礼仪方面，中国人常用握手和微笑表示友好和礼貌；欧美人习惯拥抱的礼仪形式；印度、泰国则以双手合十表示问候；阿拉伯人见到别人朝自己微笑时，会感到莫名其妙。

拉丁美洲人和阿拉伯人习惯和对方靠近交谈，频繁地触碰对方的身体；搀扶老人，被中国人视为美德，欧美的老人则忌讳别人搀扶，认为有失体面；见到长辈和上级来时，中国人认为起立表示尊敬，而汤加人却认为坐下表示尊重。

中国人和英美人习惯点头表示赞许、肯定，而在印度、希腊等国家点头的意思刚好相反。填写表格和选票时，中国人以打"√"表示肯定，打"×"表示否定，而英语国家以打"×"表示肯定。竖起拇指，中国人表示"不错"，英美人表示"没问题"，日本人用它指代父亲、丈夫等男性角色；而在中东某些国家，竖拇指表示不友好的意思。中国人用鼓掌表示欢迎或赞赏，而俄罗斯人有时会用指头敲桌子表示欢迎或赞赏，德国人用脚踏地板来表示欢迎或赞赏。

> 华为进军海外市场的早期，中方员工一个不经意的动作曾引起一场轩然大波。那是在北非地区的一个国家，一名中方员工与本地员工开着玩笑，随手拍了一下对方身体，不料本地员工勃然大怒，声称这名中方员工有性骚扰之嫌，随即和几名本地员工一起向地区人力资源部投诉，要求立即开除该名中方员工，否则他们全部辞职。这让中方员工和管理团队一时愕然。（李英羽，2023）[345]

> 游江涛曾被华为外派到坦桑尼亚，第一次去见客户，被客户（男士）拉着他的手去参观机房，"就这么一直走，一直走，竟然走了一个多小时都没松开我的手"。这让他心里发毛，"这哥们咋回事儿啊？"后来询问本地人才知道，在坦桑尼亚，两个男人牵手表明他们的关系友好。（李英羽，2023）[346]

2. 信仰和习俗的差异

在跨文化非语言交际中，信仰和习俗的差异是多方面的。只有通过同中有异、异中有同的对比，才能克服自身文化的干扰。

> 如日本人比较忌讳荷花、狐狸和獾的图案，而喜欢樱花、鸭子、松、竹、梅等图案；英国人不怎么喜欢大象，而喜欢猫和狗；意大利人和西班牙人更喜欢玫瑰花，而不喜欢菊花；俄罗斯人认为黄色的蔷薇花意味着绝交和不吉利；法国人和比利时人认为核桃、孔雀是不祥之物。

我们通常认为西方文化有着浓厚的个人主义色彩，个人是独立于其他个人环境的，人与人之间的沟通是一种外在的互动，人与人之间的关系是直接的；而东方文化却有集体主义色彩，认为个人是存在于社会中的。东方社会既强调修身养性，也强调说话技巧，人与人的关系更靠人与人实际产生的交往来决定。人与人之间不只是纯粹的商业关系，还有千丝万缕的人情关系。

3. 思维方式的差异

世界上不同的民族存在不同的心理模式，不同的心理模式会产生语言运用方面的差异。民族感知差异、归因差异及社会规范差异对跨文化沟通心理产生的影响的研究表明，在跨文化交际中需要了解交际对方的民族心理特点，充分考虑到交际双方的心理差异，这样才能促进跨文化交际的理解与沟通。

> 1955 年，迪士尼世界在美国加利福尼亚州开放；1972 年，迪士尼世界在佛罗里达州建成；1983 年，迪士尼公司又在日本东京取得了经营上的成功。接二连三的成功，使迪士尼公司管理者的头脑发热了，他们企图将这些成功的套路搬到法国。占地 5 000 英亩（约 20 平方千米）、投资 44 亿美元的迪士尼主题公园，于 1992 年在法国巴黎正式开放。结果开业第一年就损失了 9.6 亿美元，机灵的米老鼠最终在欧洲人面前栽了个跟斗，其主要原因便是文化上的冲突。
>
> （1）选址时，没有慎重考虑法国人的民族情结。法国是一个历史悠久的国家，很多法国人都有强烈的民族文化自豪感，对外来文化持抵触态度。美国人声称要将欢乐送到欧洲人的家门口，法国人却认为"这是对欧洲文化的污染"。
>
> （2）在决策上，错把巴黎当作加利福尼亚州，没有考虑欧洲人的休闲喜好——欧洲人喜欢在宁静的乡村消磨假期，这与热闹的迪士尼主题公园格格不入。
>
> （3）在管理上，美国人未入乡随俗，伤害了法国人的感情。

下面这位中国经理的经历可以让我们很好地感受到不同国家的人的思维方式。

> 西班牙一家公司的高管来广州参加中西论坛。论坛召开之日，我和司机早早到酒店等候，可是他们却迟迟都没出现。当我提醒他们论坛要求在上午 8 点半前签到时，西班牙人却说，他们那边的人平常习惯在 9:30—10:00 才开始办公，中国人将时间安排得这么早，与会的西班牙人很难

准时到场。结果，预计9点开始的第一场西班牙港口推介会延迟到10:15才开始。因为上午开始时间的推迟，原定下午1点开始的午餐被推迟到了下午2点。午餐一开始，西班牙人就迅速地按照行业、兴趣、商贸联系等凑在一起，开始讨论起彼此感兴趣的话题。

日本人严谨、守时的工作方式和西班牙人相反。之前来访的日本某会社社长很严谨、守时。他的行程安排在到来前一周就发给了我，并且行程安排得非常紧凑。到达广州的当天，这位社长就开始拜访广州的日本企业，并且还算好了往返和会谈的时间。拜访时，即使对方是已经非常熟悉的拜访对象，他也会带上笔记本，记录下会谈中所涉及的问题，并会给予回答时间的保证。不过，他不会也不愿意主动做出任何保证，他的所有答案似乎都是：了解了，会和同事商讨后再答复。而在正式会谈时，我几乎没见过他们讨论预定议题之外的内容，似乎日本人都很不喜欢应对突发情况。

理查德·刘易斯（Richard Lewis）在《文化的冲突与共融》一书中，按思维方式的差异将世界文化大致分为单线活动型文化、多线活动型文化和反应型文化。

单线活动型文化是指那些用直线方式制订计划、安排日程、组织工作，在一段时间只做一件事情的文化。德国文化和瑞士文化都属于这种文化。

多线活动型文化是指那些往往根据自己的情绪和事情的重要性来安排时间的文化。意大利和拉丁美洲国家的文化都属于这种文化。

反应型文化是指那些优先考虑礼貌和礼节，静静地倾听对方的发言，并对不同的建议审慎地做出反应的文化。东亚文化属于这种文化。

 拓展游戏

要求： 每位学生表演一个典型的其他国家的非语言沟通情境，并告诉大家它发生在哪个国家，然后让大家猜猜它表达了什么含义。（事先应有所准备）

三、情境文化差异

美国著名人类学家爱德华·霍尔提出文化与社会情境有关，并将各国文化分为高情境文化与低情境文化。冈边（Okabe）提到日本人和美国人的沟通方式时举了一个例子：同样是想要别人关门这件事，美国人会直接说"门开着呢！请关上"；而日本人会间接地说"外面有点冷"，暗示离开的人顺手关上门。

爱德华·霍尔根据人们在沟通过程中信息传递与接收的准确性和清晰性，提出了高情境文化与低情境文化分析构架。专家们对不同的民族文化情境进行了总结，对一些主要国家和地区的人按情境文化从高到低排序如下：日本人、阿拉伯人、希腊人、墨西哥人、西班牙人、意大利人、法国人、英国人、美国人、北欧人、德国人。

高情境文化的大部分信息是由环境语言、非语言信息传递的，集体主义文化倾向于高情境文化沟通风格，委婉而间接。低情境文化则相反，大部分信息是由明确的语言传递的。个人主义文化倾向于低情境文化沟通风格，明确而直接。

高情境文化和低情境文化只是沟通风格的倾向不同，并不存在哪一种情境文化沟通效果好、哪一种情境文化沟通效果差的说法，因为沟通效果是根据有效性和适宜性两个指标来衡量的。表7.1对高情境文化和低情境文化之间的主要差异进行了总结。

表 7.1　高情境文化和低情境文化之间的主要差异

高情境文化	低情境文化
依赖含蓄的沟通	依赖直接、明确的沟通
强调非语言沟通	强调明确的语言沟通
任务从属于人情关系	把人情和工作分割开来
强调集体主义和集体决策	强调个人的主动性和个人决策
以人情关系来看待雇主和员工的关系	以合约来看待雇主和员工的关系
依赖于直觉，而不是事实和统计数据	依赖于事实和统计数据
在书写和言谈中，倾向于采取间接的风格	在书写和言谈中，倾向于采取直接的风格
喜欢迂回或间接的推理方式	喜欢直线式的推理方式

案例赏析

倍立达实业有限公司中方经理曾描述过这样一件事：在等候与合作方总经理威廉（美国人）开会时，由于当时现场都是隔音不好的房间，大家在外面听到威廉在大声责怪设计师本（中国人），说本未按自己的要求设计水泥构件，本据理力争，说出自己的理由……到最后本说辞职不干了。

【案例简析】此案例中，威廉是美国人，其文化背景属于低情境文化，倾向于用直接的方式表达自己的想法；而本是中国人，拥有高情境文化，不容易接受直接责骂的方式，而更乐于接受婉转的表达方式。

第三节　跨文化沟通的原则与策略

一、跨文化沟通的原则

我们进行跨文化沟通时要注意遵循以下原则，以更好地理解和接受沟通对象的文化，消除双方文化差异对沟通带来的负面影响。

（1）尊重原则。尊重是跨文化沟通的基础。来自不同文化背景的人有不同的风俗习惯、思维方式和宗教信仰。作为领导者，如果想与不同文化背景的人进行有效沟通，就必须树立尊重对方文化的意识，即尊重对方的人格和尊严、尊重对方的思想感情和言语形式、尊重对方的风俗习惯等。只有尊重别人，才会被别人尊重。

2004 年，20 岁出头的辛文出任华为驻沙特阿拉伯的客户经理。那时，不仅他，整个华为的国际化经验都不足，但他知道"嘴上无毛，办事不牢"的俗语。为了让自己看起来老成一些，他蓄起了一脸大胡子。后来，他发现这胡子不仅帮他解决了"让客户认识你"的客户关系建设的首要问题，还向客户传递了自己对本土文化和宗教的理解和尊重，拉近了双方的距离。（李英羽，2023）[342-343]

微视频
跨文化沟通的原则和文化自信

（2）平等原则。跨文化沟通应该在平等的基础上进行。所谓平等原则，就是在跨文化沟通的过程中，要克服文化优越感或自卑感。领导者应当树立这样的信念：文化是没有优劣之分的，不要因为对方来自发达地区就产生文化自卑感或因为对方来自不发达地区就产生文化优越感，不能将与自己不同的文化视为异端。

（3）属地原则。属地原则就是"入乡随俗"，即迎合沟通对象所在地的文化习惯。在进行跨文化沟通时，应从有利于沟通的角度出发，有选择地考虑在饮食、着装、礼仪等方面迎合属地文化。

W 集团是美国的一家制造企业，于 2005 年在中国广东收购了一家民营企业，进入中国市场。由于 2006 年该集团在中国的业务增长不是很理想，从土耳其来的总经理决定取消作为企业额外福利的"开门利是"。"开门利是"是中国广东的一种习俗，每年春节休假后第一天上班企业都会给员工发"开门利是"，以祝福接下来的一年里顺利和平安。

2007 年 2 月 28 日，春节休假后第一天上班，早上 8 点前工人们陆陆续续来到工厂。一开始工人都开开心心地工作，但后来迟迟不见发放"开门利是"，相互之间便议论纷纷，觉得企业不重视员工的利益。各班长似乎也无视这种行为，不加以干涉。早上 10:30，全体工人放下手头的工作，开始聚集在一起，宣称"不管利润是多少，不发利是就不开工"。工人们由等待变成了胁迫，罢工事件发生了。

（4）适度原则。适度原则是跨文化沟通中一项极其重要的原则，是指在跨文化沟通的过程中要做到既不完全固守，又不完全放弃本土文化，力求在本土文化和对方文化之间找到平衡点。跨文化沟通要掌握"度"，"过度"或"不及"都会给沟通造成障碍。

 拓展游戏

请列举我国文化的十大特点。

二、跨文化沟通的策略

跨文化沟通策略，总体上讲就是提高对文化差异的敏感度，尊重当地的文化和沟通习惯，具体来说包括以下两个方面。

（一）克服民族文化优越感和避免习惯性思维

如果认为自己的民族文化高人一等，就意味着构筑了一道妨碍与其他文化沟通交流的高墙。而习惯性思维则是简单地忽视个体之间的差异，给具有不同文化的独立个体贴上具有某种文化属性的标签。成功的跨文化沟通必须做到以下几点。

（1）不做无根据的猜测。在跨文化沟通中，不能认为别人有与你相同的价值观、信仰和习惯，或有与你相同的行为方式、态度和偏好。猜测对方具有什么样的文化习俗很可能会给沟通带来麻烦。除非经过调研或学习，真正了解了其文化和习俗，否则就不应妄加猜测对方文化属性的特点。

（2）不做评价。在跨文化沟通中，评价对方文化好坏与对错的行为本身就是错误的。因此，即使对方的行为方式与你不同，也不应当认为他们的行为就是错误的。

（3）承认差别。每种文化都有其特殊性，在跨文化沟通中，我们时刻都应当牢记文化差异是普遍存在的。

（二）深刻认识不同文化在沟通方式上的差异

不同文化，比如我国南北不同的文化间，沟通方式差异很大。世界上，东西方文化差异更大，沟通方式上的差异可称巨大。

1．东方重礼仪，西方重独立

东方文化中，人们的身份意识和等级观念比较强，沟通中人们的行为会受到各自角色和地位的制约。陌生人之间在谈及主题前，通常首先会交换各自的背景资料，如工作单位、家庭情况和年龄等，以此确定双方的地位和相互关系，并依据这种关系来确定交谈的方式和内容。如果对方为长辈或上级，那么多由对方主导谈话的进行；同时，在出入先后及起居方面都会有一定的礼仪。

如果交谈双方在地位及身份上平等，那么，交谈就会轻松得多。

西方文化，特别是美国文化中，地位观念和身份意识比较淡薄。人际交流中，在称呼和交谈的态度上较少受到地位观念和身份的限制，较少拘泥于礼仪。西方文化强调平等、个人主义和个体价值观，因此，人际沟通崇尚独立性。

2. 东方多委婉，西方多坦率

在表达方式上，东方人喜欢委婉的表达方式，结果就比较模糊、暧昧。有专家认为这可能与东方人长期共居、生活空间比较狭窄有关。一方面，人们对周围的人和事都很了解，没有必要把事情说得一清二楚。采取委婉的表达方式，让对方自己去领会和判断更显得尊重对方。另一方面，模糊、委婉的说法也为发生问题时逃避责任提供了可能。西方人则非常看重真诚和坦率。他们认为真诚是一个人最可贵的品质。他们习惯于坦率地表达自己的观点，把坦率看作真诚的表现。相反，他们认为委婉与真诚有很大的距离，反而与假意有某些相似之处。

3. 东方重意会，西方重言传

东西方文化对人际沟通手段的作用和效果有不同的看法。在大多数东方国家，人们在沟通观念上并不提倡能说会道，而强调重在意会。日本人是一个比较沉默的民族，强调个人的洞察能力。所以，日本人十分注重观察身边的环境、状况以及周围其他人的意向动态，并会据此随时调整自己的行为，做出适当的反应。

与东方文化形成鲜明对比的是，西方人很强调和鼓励口语的表达技巧。在西方文化中，人与人之间的关系和友谊是要靠交谈来建立和维持的。这从他们常把"我爱你"挂在嘴边也可以略见一斑。而东方人，比如中国人，虽然内心很有爱，却很少把"爱"说出来。

4. 东方重和谐，西方重说服

东方文化注重集体主义，强调组织的团结与和谐。因此，在沟通目的上注意摆正沟通双方的关系，强调和谐胜于说服。以日本为例，尽管人们平时较沉默，在交谈时却都习惯于随声附和，点头称是，在随声附和的同时，还会伴随着点头等非语言行为。在交谈中，如果听话的人保持沉默，不随声附和，说话的人就会以为对方没有认真听自己讲话或者没有听懂自己所说的话，会感到不安。因此，听话的人也要及时反馈，以表明自己在听。这种共同参与和积极配合的态度和行为，体现了日本人追求和谐的人际关系、注重营造和谐气氛的心理和行为方式。

西方人在人际沟通和交流上，强调信息发送者用信息影响和说服对方，也就是对对方施加影响。西方传播学理论所强调的沟通目的就是施加影响，即影响对方行为和改变对方行为。

5. 东方多婉转，西方常直接

在陌生人之间的沟通中，东方人，如中国人，在进入正题前习惯于先聊其他事情，再缓缓地进入主题；而西方人，特别是英美人，则喜欢单刀直入，他们会把过长的开场白看作啰唆之词或者有意不谈正题的表现。

为了达到缓缓进入主题的目的，东方人习惯于在进入主题前的开场白中表现出谦虚的态度，或者用"拉家常"的方式开始交谈，认为这样开始交谈非常自然。但在英美等西方国家，人们认为这种开场白会牵涉他们的隐私，使他们感到不快。当然，他们也不完全避免简短的暖场式的话语，比如英国人习惯于从谈天气开始，而美国人则习惯于从本周的橄榄球赛或棒球赛开始谈话。

6. 东方重关系，西方重问题

东方人注重关系，常常认为只要双方建立了关系，问题就会更好地解决，所以在沟通和谈判中喜欢强调那些积极的、正面的东西。东方人更认为尚未解决的问题有助于双方建立一种良好的关系，彼此之间的良好关系有助于达成双方一致认定的总体目标。东方人还认为，彼此之间一旦有了关系，双方就都会为对方考虑，问题更易解决。

西方人在沟通和谈判中会更注重尚未解决的问题和细节，他们会把精力全部集中在尚未解决的问题上，然后加以解决。这种思维方式有时可能会导致他们与东方人产生沟通上的冲突，因为东方人不喜欢被问到那些尖锐的、敏感的问题。西方人如果为了尽快解决问题，直接把矛头指向尚未达成共识的问题，就很可能会导致双方当面发生争执、对峙或冲突。此外，与西方人习惯于一件一件地相继处理问题不同，东方人习惯于在同一时间并行地处理几个问题。

 思考与实践

一、思考与讨论

1. 请说说跨文化沟通的含义。
2. 为什么跨文化沟通能力越来越重要？
3. 影响跨文化沟通的主要因素有哪些？
4. 跨文化沟通的有效策略有哪些？
5. 跨文化沟通的原则有哪些？
6. 请结合自己的实际体会，谈一谈如何提升跨文化沟通能力。
7. 从跨文化沟通的角度分析你是如何体会"入乡随俗"的。

二、活动与演练

评估自我文化意识，具体内容如表 7.2 所示。在"你的答案"一列中填上最能代表自己情绪的选项（5 为很符合，4 为比较符合，3 为基本符合，2 为偶尔符合，1 为基本不符合）。

表 7.2　评估自我文化意识

序号	问　题	你的答案
1	当来自其他文化的人告诉我，我所在的文化怎样影响他们时，我会倾听他们的诉说	
2	我意识到来自其他文化的人有能够带入我的生活和工作场所的新观点和看法	
3	我会向来自其他文化的人提供关于如何在我所在的文化中获得成功的建议	
4	即使我所在的文化中有其他人反对，我也会向人们提供支持	
5	我意识到我所在的文化之外的人可能会被我的行为冒犯，我问过人们我所做的或所说的事是否冒犯了他们，并是否需要在任何必要的时候进行道歉	
6	我意识到我有这种倾向：当有压力时，我可能认为自己和自己的文化是正确的，而其他文化是错误的	
7	我尊重上级，不管其来自哪里，我不会为了达到自己的目的而越过来自不同文化的上级，去找与自己所在文化相同或类似的上级交流	
8	当我处于一个跨国公司之中时，我会与每个人交往，而不仅仅是与来自相同文化的人在一起，或只与来自主流文化的人在一起	
9	我很愿意与主流文化之外的人共同工作，我也愿意在工作中帮助他们	
10	当我所在的文化中的人开其他文化群体的玩笑，或以否定的口气谈论他们时，我会让他们知道我并不喜欢那样	

自评答案及评分标准：所选数字即分数。对选择的答案的分数进行统计，分数在 10～30 分表示自我文化意识较弱，分数在 31～40 分表示自我文化意识一般，分数在 40 分以上表示自我文化意识很强。

三、案例分析

1998 年 11 月，德国戴姆勒股份公司的梅赛德斯-奔驰公司并购了美国三大汽车公司之一的克莱斯勒公司，被全球舆论界誉为"天造地设的婚姻"。戴姆勒股份公司是德国实力最强的公司之一，是扬名世界的"梅赛德斯"品牌的所有者，克莱斯勒则是美国三大汽车制造商中赢利能力最强、效率最高的公司之一。人们认为，这一跨越大西洋的强强联合一定会造就一个驰骋世界汽车市场和所向无敌的"巨无霸"。然而，这桩"婚姻"似乎并不美满，并购后并没有实现公司预期的目标。到 2001 年，公司的亏损额达到 20 亿美元，股价也一路下滑，并且公司裁减了员工，公司的发展一直都很艰难。

大西洋两岸不同文化的差异导致的冲突是这场"婚姻危机"的根本原因。戴姆勒股份公司的首席执行官施伦普一开始没有意识到这两家公司无论是在组织结构、薪酬制度，还是在公司文化上都相差非常大，他采取德国的完全控制方式把克莱斯勒当成一个部门来看待，在公司管理制度上，董事会成员都以德国为主。但是，他却在媒体上说："这是一次平等的合并。"这使克莱斯勒的美国员工无所适从。加之施伦普在公司合并不久就解雇了作为并购整合经理的克莱斯勒总裁，导致克莱斯勒员工产生敌对情绪，许多优秀的美国设计师、高级管理人员纷纷离职投奔了福特、通用等竞争对手。这样，也就不难理解为什么这次一开始被称为"天造地设的婚姻"的合并最后竟如此失败。

问题与分析：

1. 试分析造成这次"婚姻危机"的根本原因是什么。
2. 根据案例，你认为文化差异对沟通的影响是什么？
3. 如果你是施伦普，你会如何做好跨文化沟通？

 知识巩固

第八章　基本商务沟通

掌握不同场景中与同事沟通的不同技巧；了解与上下级沟通时的原则；了解成功的演讲的特点；掌握演讲前应做的准备工作；掌握提升演讲效果的技巧；了解影响会议沟通的主要因素；掌握会议沟通的技巧。

> **导入案例**
>
> 电视剧《杜拉拉升职记》中的杜拉拉初入职场便进入了一家拥有严格"丛林法则"的外企中，她小心翼翼地摸索着自己的生存之道。她的职场准则就是：找一家好公司，选一个好方向，有一个好老板，锻炼自己的职场沟通能力。至于职场沟通能力如何获得，就得看自己的努力了。
>
> 电影《穿普拉达的女王》同样是一部职场电影，影片中安迪的职场经历更为经典：想当记者的安迪阴差阳错地进了时尚圈，虽然如愿得到了工作岗位，但是日子过得苦不堪言，安迪的上司对她有偏见，处处为难安迪……
>
> **思考与讨论**：你认为职场沟通很难吗？你觉得自己要好好学习这方面的知识吗？如果你在工作中遇到安迪上司那样的上司，你该如何应对呢？如何与上级、同级进行沟通呢？

第一节　职场沟通

职场沟通是一门学问，也是一门艺术。要想做个职场达人，我们必须掌握职场沟通技巧，多看、多学、多做、多说。现实职场题材的影视剧虽然有一些夸张，但或多或少都体现了一些职场生存法则。

一、同事间日常沟通技巧

（一）热情地与同事打招呼

人际关系行为模式中有一条规律：一方的积极行为，会引起另一方相应的积极行为。在职场中，当一方热情地与另一方打招呼时，能使对方感受到其乐于沟通的意愿，从而做出热情的回应，拉近彼此之间的关系。

与同事打招呼时，要表现得热情、真诚、大方；矫揉造作、神态夸张或扭扭捏捏，反而会给人留下虚情假意的印象。此外，打招呼时一定要专注，不要目光游离、东张西望，而要面含笑意，做到眼到、口到、心意到。

（二）得体地称呼同事

在职场中得体地称呼对方，是与同事开展言语交际活动的第一步。得体的

微视频
平行沟通

称呼能体现自身的素养和对同事的尊重，有助于沟通的顺利进行。

实际上，称呼并没有统一的模式。不同地区和民族的人，其称呼习惯存在一定差异，不同职业、性别、年龄的人对称呼的需要和期望也不尽相同，这就造成了同事之间称呼的复杂性和多元性。但是，无论如何称呼对方，都要做到以下几点：①记住对方的姓名；②称呼要符合对方的年龄、身份；③有礼、有节、有序。

 **案例与思考**

令人印象深刻的刘文

刘文大学毕业后进入一家公司的市场部工作，当时市场部没有负责人，但是大家都认为同事老李迟早会成为负责人，于是私下里经常称呼老李为李总，刘文和其他同事一样，平时也习惯称呼老李为李总。一天，公司召开大会，各部门介绍自己的工作情况，轮到刘文时，他提到老李还是一口一个李总，让老李的脸红一阵白一阵的。老李多次向刘文使眼色，但刘文浑然不知，这让大家印象深刻。

思考与讨论：老李的脸为什么红一阵白一阵的？大家对刘文印象深刻是因为什么？

（三）灵活而不失礼节地沟通

人际沟通具有高度的灵活性。职场人士在与同事沟通的过程中，会遇到各种各样的问题。因此，学会从具体的实际情况出发，选择恰当的表达形式，才能保证沟通的顺利进行。

1. 学会拒绝

在职场中，办事要讲原则，如果有同事提出违背原则的要求或请求，应懂得拒绝。当然，拒绝要讲究方法，尽量用良好的口才化解彼此的尴尬，在解决问题的同时不伤害同事之间的感情。比如采用幽默的方式拒绝、含蓄委婉地拒绝等。

2. 适时道歉

人非圣贤，孰能无过。在职场中，如果无意间冒犯了同事，或工作中出了纰漏，一定要及时、坦诚地向同事道歉。道歉并不代表软弱和退缩，从有效沟通的角度来看，道歉的意义在于修补关系。此外，道歉还能体现个人的良好修养。

道歉的具体要求有：①道歉要及时，即使不能马上道歉，也要日后寻找机会表示歉意；②必须真心实意，不必找客观原因做过多的辩解，以免加深彼此的隔阂；③道歉时应语气温和，坦率坦诚，不要躲躲闪闪，也不要一味地往自己脸上抹黑。

3. 常表谢意

对帮助自己的人表达谢意，既是尊重他人的表现，又是维系人际关系的一个重要方法。

感谢他人不一定要送礼，更不需要没完没了地说恭维话。通过简短的语言充分表达出自己已经知晓对方的善意，接受对方的好意即可。例如，在得到同事帮助后说一句"真的太感谢了，我正忙不过来，你可真是帮了我的大忙"或"麻烦你了，谢谢"，就可以简单明了地表达谢意。

如果对方提供了支持与帮助，但最终没有达到理想的效果，也应该及时对对方表示感谢。例如，在竞聘失败后，可对支持自己的同事说一句"我知道是自己的能力不足，而你的信任让我对未来有了信心"，以表达自己的感激之情。

4. 真诚赞美

每个人都渴望被承认、被尊重，赞美的本质，便是对他人的承认和尊重。在适当的时间、适当的场合，真诚地向对方表达赞美之情，可在一定程度上满足对方自我实现的高层次需求，使对方心情愉悦，从而营造良好的沟通氛围。值得注意的是，赞美一定要发自内心，没有诚意的赞美是无效的，甚至还会适得其反。

（四）表现出关心

要想和同事更好地沟通，还要有"情"。无论是在工作中还是在生活中，都要学会和同事沟通感情。例如，当同事在工作中遇到了难题时，要热心地询问"你怎么了？"并提供帮助；当同事在生活中遇到了困难时，也应体贴地在精神上或者物质上及时给予帮助，使其感受到温暖。

（五）避免谈论不适宜的话题

交谈是同事之间进行沟通的有效途径，但不是所有话题都可当成谈资，在与同事沟通的过程中，应避免谈论不适宜的话题。例如，不宜与同事谈论收入，不要对其他同事评头论足，不要揭人短处或打探他人隐私，等等。

 案例与思考

今天穿新衣……

公司前台接待员小徐比较时髦，爱打扮。一天，她穿着新买的衣服走进公司，同事 A 看到她由衷地赞美道："你今天好漂亮哦，穿了件新衣服，这衣服的颜色很适合你，你穿在身上显得很清爽！"小徐很开心，道了声"谢谢"。

此时，同事 B 看到小徐也上前搭讪："今天穿新衣服哦！"小徐正要开心地回应，却听见同事 B 紧接着问："又是在步行街购买的吧？"小徐灿烂的笑容立刻僵住了。

同事 C 看到她的新衣服后直截了当地说："这衣服的款式不适合你，你胖了点，穿这种款式绷得太紧，不好看。"说得小徐脸涨得通红……

思考与讨论：请分别评价本案例中同事 A、B、C 与小徐的沟通。

二、与上级沟通的原则

1. 尊重而不逢迎

在与上级沟通时，要充分尊重上级，维护上级的权威，支持上级的工作，为上级排忧解难。例如，在上级安排工作时认真倾听；在工作中遇到问题时及时、虚心地向上级请教；等等。但是，尊重上级并不意味着对上级阿谀奉承、曲意逢迎，更不是卑躬屈膝地讨好上级。

2. 服从而不盲从

（1）从大局出发。上级的指示和决议，通常不是某一位上级的个人决定，而是经过集体研究后做出的，是领导班子集体智慧的结晶。不同的人对同一事物的看法不同是正常的，但下级应从大局出发，个人必须服从组织的决定。

（2）大事讲原则，小事讲风格。对于上级的指示，应辩证地进行思考，不能盲目地服从。上级的指示存在原则性错误时，必须毫不犹豫地提出反对意见；上级的指示不存在原则性问题时，应尊重、服从。

3. 请示而不依赖

请示是指下级向上级请求指示。在工作中，如果遇到不懂的问题，无法自行处理时，一般需要向上级请示。在向上级请示时，应注意以下三点。

（1）不要所有事情都向上级请示。一些无关紧要的琐事、小事等，不应向上级请示。

（2）不要就同一问题向多位上级请示。在工作中遇到问题时，向多人寻求帮助，可能有助于尽快解决问题。但是，如果就同一问题向多位上级请示，而上级之间的意见不统一，则不仅会耽误工作进程，而且还会影响上级对自己的看法。

（3）不能一遇到问题就向上级请示。在工作中遇到问题时，要先自己思考解决办法，确实无法解决的，再向上级请示，并在请示时说出自己的想法。积极、主动的工作态度，能给上级留下良好的印象，从而获得加薪与晋升的机会。

4. 自尊而不自傲

与上级沟通时，应做到自尊、自爱、自信，不卑不亢，既不唯唯诺诺，也不骄傲自大。如果在上级面前卑躬屈膝、点头哈腰，而在其他同事面前盛气凌人、不可一世，将会严重损害自己或公司的形象。下级应学会欣赏上级的闪光点，尊重上级，坦诚地与上级沟通。

5. 到位而不越位

与上级沟通时，应明确自己的角色定位，避免出现越权或越位行为。

（1）决策越位。不同职位员工的决策权限有所不同。有的决策下级可以直接做出，有的则必须由上级做出。下级做了本应由上级做的决策，这种行为就是决策越位。

（2）表态越位。表态即表明对某件事的基本态度。不顾身份胡乱表态，是不负责任的表现。在工作中，哪些事项该由上级表态，哪些事项该由自己表态，下级要心里有数，做到该表态时就积极表态，不该表态时则不超越权限去表态。

（3）社交越位。在社交场合，下级要遵循社交礼仪，尊重上级，不喧宾夺主；反之，则属于社交越位。社交越位不仅是不尊重上级的表现，而且是一种扰乱职场秩序的行为，最终必然导致上下级关系紧张。

视野拓展

向上级提建议的技巧

（1）换位思考。人们在组织中的岗位、职责及权限存在差异，思考问题的角度和深度也存在差异。下级如果能站在上级的立场观察、思考和分析问题，容易在情感上与上级形成共鸣，提出来的建议也更容易被上级采纳。

（2）准备充分。下级应对自己所提建议的合理性和可行性具有清楚的认识，所提的建议要准确、有根据，不把道听途说的信息当成建议。此外还可设想上级可能会提的问题，并准备好答案，保证论据合理、充分。例如，下级就新产品开发事项向上级提建议时，设想上级会提出关于同类产品市场销售情况的问题，此时，下级就可提前做好同类产品市场销售情况的调查工作，并撰写调查报告，用数据说话。

（3）选择时机。下级要选择适当的时机向上级提建议，最好是上级也在思考这个问题但未得出结论的时候，或是上级的时间充足且心情好的时候。如果上级的情绪不佳，即便是再好的建议，他可能也难以静下心来倾听，自然不会采纳。

此外，应注意时刻维护上级的尊严，避免在大庭广众之下提出不合时宜或使上级感到为难的建议。

三、与下级沟通的原则

1. 善用职权

上级在组织中具有一定的职权，如进行决策、下达指令等。在与下级沟通

时要合理运用自己的职权，既要让下级服从安排、督促下级高效地完成工作，又要让下级感受到自己的关怀，避免下级在职权的重压之下工作。

需要注意的是，上级应慎用职权，在与下级沟通的过程中不能以权压人。

2. 平等相待

（1）尊重下级的人格尊严。在与下级沟通的过程中，不应带入个人情绪或情感，只就事论事，始终坚持人格平等，充分尊重下级的人格尊严。

（2）一视同仁。上级应理智地看待问题，不主观臆断，不轻易被他人的意见左右，不假公济私，要公平、公正地对待每一位下级。

3. 理解信任

上级的理解与信任是下级努力工作的动力。当下级的工作出现问题时，若问题不大或损失能挽回，上级应及时了解情况，并充分理解下级，帮助下级总结经验教训，鼓励下级继续努力工作；当下级提出建议时，不宜轻易质疑下级，而应认真思考下级所提建议是否合理。

> 小王因为工作能力出众而升任部门副经理，他在对新员工进行培训时发现，一名员工工作服的第二粒扣子没有系上，就提醒该员工："你工作服的第二粒扣子没有系上。"该员工说："我的嗓子上火，所以刚把扣子打开，我马上系好。"另一名副经理看到后把小王叫到一边："他咽喉部有捏过的黑紫印，并且嗓子沙哑，肯定是嗓子发炎引起的……"小王随即嘱咐员工要多喝水，记得吃药，可以适当休息等。该员工很感动，在后来的培训中一直表现得很积极。

可见，在与下属交谈的过程中，不同的方式、不同的关注点会产生截然不同的效果。让员工感受到关怀，能激励员工做得更好。

4. 把握分寸

（1）不信口开河。在与下级沟通的过程中，上级应做到实事求是。例如，某部门业绩明明非常好，而部门领导为了激励员工努力工作，总是向员工表示部门业绩不佳，希望员工继续努力。这容易导致员工承受较大压力，降低工作积极性，从而使业绩下滑。

（2）不随意承诺。如果上级不考虑实际情况，随意向下级做出承诺，一旦承诺无法兑现，其威信就会被削弱。例如，某公司长期亏损，一位新领导上任时，没有仔细研究公司存在的问题就当众表态要在半年内使公司扭亏为盈。然而，由于问题过于严重，尽管该领导使出浑身解数，一年后，该公司仍然亏损。该领导的承诺变成了空话，其威信也一落千丈。

（3）不泄露公司机密。上级在工作中常常会接触到一些机密，如公司高层内部决议、公司财务状况、竞争方案、客户名单等，其中有些机密属于商业机密。在与下级沟通时，上级应把握好分寸，不能为了激励下级而向下级透露这些机密。

5. 推己及人

金无足赤，人无完人。任何人都不可避免地存在缺点。在与下级沟通时，上级应考虑下级的实际情况，做到推己及人，具体应做到以下几点。

（1）向下级分派任务时，考虑下级能否理解该任务的性质与内容。

（2）在分享工作经验时，考虑下级现有的知识水平和理解能力，从而采用合适的分享方式。

（3）当下级工作出现问题时，设身处地地考虑下级的具体情况。如果是下级工作态度不好造成工作出现问题，应对下级进行适当批评；如果是客观原因（如自然灾害、政策变化等）造成下级工作出现问题，应理解下级，并对其进行适当安慰和鼓励。

6. 共同探讨，提出对策

上级是指令的传达者，也是指令执行过程中的监督者和协调者，还是指令执行效果的检查者和反馈者。下级在执行指令的过程中，不可避免地会遇到一些困难，如果下级无法解决，上级应及时为下级提供指导和帮助。如果遇到的问题比较复杂，上级可组织下级共同探讨，从而提出解决问题的对策。

拓展游戏

要求： 两人一组。一方把下面的话分别说给对方听，另一方需做出回应；双方再调换角色。

小组成员交流针对下列表达的感受，分别思考下列表扬语能否取得良好的激励效果；如不能，请对其进行修改。

（1）小刘，你今天怎么又迟到了！

（2）小孙，你工作效率可真低！

（3）小李，你怎么又出现这么低级的错误，没见过像你这么笨的！

（4）小张，这次损失，我相信你也不是故意的。我再给你一次机会，你要多努力，用行动证明自己。

（5）对于这项工作，除了你，其他人都处理不好。

（6）你这次在电话里和客户谈得不错。

（7）你的思路挺好，顺着这个思路做，效果肯定会很好。

第二节　商务演讲

一、演讲概述

演讲又称演说或讲演。关于演讲的定义有很多。演讲者、听众、现实背景构成演讲的三个前提条件。既强调有声语言又强调体态语言是演讲区别于其他口语表达方式的关键，劝说和鼓动听众是演讲的主要目的（在古希腊，演讲曾被称作"诱动术"）。鉴于此，我们可以将演讲的定义表述为：演讲者在特定的现实背景下，运用有声语言和体态语言，对听众发表意见、抒发情感，以达到感召听众的目的的一种带有艺术性、技巧性的活动。

一般情况下，成功的演讲应具备以下三个特点。

（1）简洁性。受时间因素的限制，演讲者如果在发言时注意控制时间，就可以言简意赅地讲清问题，并能较快见到效果。如林肯一生中最著名的演讲——葛底斯堡演讲，虽然字数不多，但语言清晰、有力，对美国的社会发展影响深远。

（2）鼓动性。演讲是一种面对面的宣传鼓动形式，这种形式一方面使得演讲者的演讲内容更具鼓动性，且灵活可变、易于调整，另一方面又要求演讲者本人诚恳和有耐心。

（3）艺术性。演讲者是运用语言与非语言手段来影响听众的，因此演讲内容的哲理化、语言的文学化、姿态的戏剧化都要不同程度地渗透于演讲中。

一场成功的演讲必然是做了充分准备的演讲，包括明确目的、评估自己、了解听众、提前了解并适应环境、明确主题与准备材料。

我们把演讲中讲什么叫作"选题"，把演讲中所要表达的中心思想叫作"主题"，而把演讲的选题或主题的概括叫作"论题"。在收集和整理资料前明确主题极为重要。演讲的主题不仅是演讲者所重视的，也是听众所关心的。题目是演讲者与听众最初的联结媒介，是一篇演讲稿不可或缺的部分。题目的确定与演讲的内容、风格、格调等息息相关。一个新颖而富有影响力的题目，不仅能在演讲前激发听众的听讲欲望，而且在演讲之后仍给听众留下深刻的印象。正如明末清初的王夫之所说："意犹帅也，无帅之兵，谓之乌合。"

有研究表明，以时长 45 分钟的演讲为例，在演讲刚开始时，听众的注意力很集中；注意力在 10 分钟之后达到顶峰；到了 30～35 分钟时，注意力开始减退；当演讲快结束时，注意力又会增强。

由此可见，在整个演讲过程中，听众只能吸收大约 1/3 的演讲内容。因此，演讲者在阐述观点时，要简明扼要地突出主题。

二、提升演讲效果的技巧

（一）克服演讲焦虑

大多数人在大众面前都会产生紧张情绪。其表现是面红耳赤，说话时声音颤抖变调，心里发慌。商务人员发表演讲往往是在一些较大的场合，出现演讲焦虑是很正常的。一般在以下情况中会出现演讲焦虑：①认为自己处于注意力的中心；②认为自己与众不同；③以前有过演讲失败的经历；④缺乏演讲经验。这些也被看成引起焦虑的原因。

1. 演讲焦虑的类型

麦可罗斯基认为演讲焦虑有以下四种类型。

（1）本身特有的焦虑。这是一种贯穿整个过程的口头交流恐惧。如果一个人本身就是焦虑水平很高的人，在发表演讲的时候，就更会感到焦虑。

（2）场合引起的焦虑。有些人对一些场合会感到焦虑，而对另外的场合则能够应对自如。例如，有些人在小群体演讲中可能非常轻松，但在面对更多的人时则会表现出焦虑。

（3）听众引起的焦虑。是否会焦虑有时取决于听众的类型。例如，人们在面对与自己的社会地位相当或比自己的社会地位低的听众时，一般不容易紧张；如果是面对自己的上级，则往往会出现焦虑。

（4）特殊事件引起的焦虑。例如，在一群人面前演讲，他们会在你演讲的基础上决定你是否能够保住目前的工作，这往往令你感到紧张。

2. 克服演讲焦虑的方法

克服演讲焦虑的方法有很多，归纳起来，大致有以下几种。

（1）选择熟悉的题目进行演讲。选择一个你已经演讲过的题目或从事过相关研究且十分感兴趣的题目，往往会有助于演讲顺利进行。例如，知名企业家对于经营企业方面的演讲，往往是得心应手的。

（2）选择一个能够打动自己的题目进行演讲。当一个题目令演讲者非常感兴趣，或者令演讲者感到非常重要时，他就会沉醉其中，或者非常急切地想把自己的观点告诉听众，这种情绪会感染整个会场。

（3）要充满自信。既然被请去演讲，就说明演讲者在这方面是值得信赖的，演讲者在这个问题上是有发言权的，因此要充满自信。

（4）不要把听众看作来取笑自己的捣蛋鬼，而要把他们看作自己的朋友。从一开始就要寻找那些对你微笑、点头，仔细倾听你讲话的听众，首先面对他们讲话，这样就能克服紧张情绪。待紧张情绪消除后，再转向其他听众。

（5）预演。预演就是上台前的试讲，这是正式演讲前最后的准备工作。预演可以缓解紧张的情绪，可以帮助演讲者发现紧张的根源，促使其做进一步的准备。

（6）允许紧张的存在。要告诫自己，任何人演讲都会有紧张感，适度紧张是正常的。这样你就会忽视紧张的存在，而专注于演讲的内容。

在长期的教学与演讲中，演说家戴尔·卡耐基总结出克服恐惧的最好方式就是要在公众面前做一次又一次的演讲，克服一个又一个的恐惧，直到让自己形成一种乐于演讲的习惯。

 **视野拓展**

心理暗示对消除怯场的作用

心理学家巴甫洛夫认为：暗示是人类最简单、最典型的条件反射。从心理机制上讲，它是一种被主观意愿肯定的假设，不一定有根据，但由于主观上已肯定了它的存在，心理上便竭力趋向于这些信息。我们在生活中无时无刻不在接受着外界的暗示。演讲者可以应用积极的心理暗示来消除怯场的心理，在演讲前不妨对自己说："只要我勇敢地走上讲台就没事了。""我一定行。""我已经做了充分的准备。""演讲其实没有什么可紧张的。"演讲者还可以闭上双眼，想象一下自己站在演讲台上成功完成演讲时的场景。相信这些方法都可以有效地帮助演讲者克服演讲时的怯场问题。

（二）掌握表达技巧

1. 有声语言表达技巧

（1）发声的技巧。古希腊的亚里士多德在《修辞学》一书中指出"什么时候说得洪亮，什么时候说得柔和，或者介于二者之间；什么时候声音高，什么时候声音低，或者不高不低……都是关系到演讲成败的关键问题"。演讲时，明朗、浑厚的中低音比较受人欢迎。演讲者的语速以每分钟200字左右为宜。同时，演讲者还应注意加强声音的共鸣，这样能使声音变得洪亮、圆润、传得远，蕴含感情。

（2）使用重音的技巧。在演讲中，根据表情达意的需要，可有意突出某个词或词组，从而和其他词或词组形成对比，这种技巧便是巧用重音。有的时候，读得比其他词轻也能起到突出的作用。演讲者主要根据自己的目的、理解、心境、感情等综合因素使用重音。

（3）停顿的技巧。停顿有语法停顿、逻辑停顿和心理停顿。前两种是根据语法和逻辑结构来处理语言的手段，其目的是保证语义清楚明确、重点突出。而心理停顿则是演讲停顿技巧中最常用的一种。心理停顿清楚明确、重点突出。心理停顿是有意安排的，停顿的时间比语法停顿、逻辑停顿长，听众可以明显感受到它的效果。具体来说，它有以下作用：第一，给演讲者和听众整理思路、体会情感的时间，从而达到沟通同步；第二，有利于内容的进一步展开，推动主题；第三，体现设问和暗示的作用；第四，用于引起听众的好奇、注意，令演讲产生悬念。

（4）把握节奏的技巧。节奏，即说话时由于不断发音与停顿而形成的强弱有序和周期性的变化。演讲节奏是指在感情表达需要的前提下，该快则快，该慢则慢，做到"快有章法，慢有条理"。演讲者要表达急切、愤怒、兴奋、激昂的感情时，快速地讲话，能使听众产生一种亢奋感和紧迫感，能使听众振奋或产生共鸣；要表达悲哀、痛苦等感情时，则要放慢节奏，使听者产生一种深邃感。

演讲节奏可分为以下几种类型：①轻快型，适用于致欢迎词、宴会祝词等较为随意的场合；②持重型，适用于做理论报告、纪念会发言、严肃会议致开幕词、做工作报告等较严肃的场合；③舒缓型，适用于做科学性演讲和课堂授课等场合；④紧促型，适用于做紧急动员报告或声讨发言等场合；⑤低抑型，适用于追悼会等具有哀伤气氛的场合；⑥高扬型，适用于誓师会、动员会、批判会等场合；⑦单纯型，适用于做简短演讲的场合；⑧复杂型，适用于内容复杂、费时较长的演讲场合。

（5）运用语气和语调的技巧。语气和语调在演讲中也具有重要的作用。实践证明，即使是没有实际内容的声音形式也能沟通感情。在演讲中"气徐声柔"可以表达爱；"气促声硬"可以表达憎；"气沉声缓"可以表达悲；"气满声高"可以表达喜；"气提声凝"可以表达惧；"气短声促"

可以表达急；"气粗声重"可以表达怒；"气细声黏"可以表达疑。除了语气以外，语调的运用也可表达不同的情感。一般来说，平调表示严肃、平淡、压抑、悲痛等；升调表示疑问、反问、愤慨、呼唤等；曲折调表示讽刺、暗示、欢欣等；降调常有肯定、完整、结束等含义。

2. 体态语言表达技巧

（1）善用表情和眼神。面部表情是表现人的思想感情的最复杂、最准确、最微妙的"晴雨表"。演讲者的表情贵在自然，切忌拘谨木然、神情慌张或故作姿态。演讲者的面部表情应随演讲内容和情感的变化而变化，一颦一笑、一展一蹙都要与演讲的内容合拍。"眼睛是心灵的窗户"，演讲表情中最重要的是眼神，所以演讲者在演讲中要尽量看着听众说话，多和听众进行目光接触。

（2）善用姿态和手势。不少演讲家都提倡在演讲中使用站姿。站立的姿态，一般提倡双腿略微分开，身体的重心放在一只脚上，另一只脚则起平衡作用。这样既便于站立，又便于移动，身体也可以自由转动。长时间的演讲可以采取坐姿与站姿相结合的方式。一般来说，运用坐姿可以使演讲显得随和，适用于不那么正式的演讲。手势是演讲中重要的表达手段。在演讲中，自然的手势，可以帮助演讲者平静地陈述和说明；急剧而有力的手势，可以帮助演讲者升华情绪；和缓、平静的手势，可以帮助演讲者抒发内心炽热的情感。在演讲中，手势的运用要有变化，要服从内容的需要，符合听众的习惯，简单明了。

（三）掌握控场技巧

虽然演讲活动大都在充分准备的基础上进行，但出乎意料的情况总是难以避免。在突发情况下，控场就显得十分重要与必要。

1. 控场的原则

（1）观察敏锐。要善于捕捉听众各种细微的情绪变化和反应，做出准确的判断和迅速的反应。

（2）处变不惊。当会场上出现不安和骚动时，演讲者应冷静、沉稳，要有一种震慑全场的气概，始终保持充分的自信，以毅力和韧性控制一时的骚动。

（3）有理有节。在一般情况下，大多数听众都是通情达理的；对于个别听众的问题，演讲者要分清问题的性质、原因和责任，采取适当措施，把意料之外的突发问题消灭在萌芽状态。有时演讲者也可以采取视而不见的办法，见怪不怪，其怪自败。

2. 演讲中意外情况的处理

（1）演讲内容多而时间少。拖延时间是演讲大忌，在这种情况下，演讲者应果断压缩内容，省略某些事例，妥善使用概括语，注意保持整个演讲体系的完整性，切忌虎头蛇尾，草草收兵。

（2）发生失误。演讲者发生失误以后，最重要的是处变不惊，其次是果断采取应急措施，及时调整自己的演讲。

（3）听众当场提出口头质疑。遇到这种情况，不管是善意质询还是恶意诘难，演讲者都要头脑冷静、保持清醒，切忌感情用事，要灵活处置，保证演讲顺利进行。演讲者有时也可以抓住这一时机，深入地阐述自己的观点。

（4）听众反应冷漠，缺乏合作。演讲者应迅速冷静地分析可能的原因，根据实际情况调整演讲内容，切不可敷衍了事。

（5）听众持对立观点。在这种情况下，演讲者应在一开始就努力缓和对立情绪，营造宽松、和谐的气氛，便于逐步阐述自己的观点，最终说服听众。

自我测评

测试在演讲中你怎样使用身体语言

（四）采用视觉辅助手段

除了非正式的商务演讲，视觉辅助手段对其他所有演讲都是必需的。有效的视觉辅助手段能够起到吸引听众、使听众集中注意力的作用。常见的视觉辅助手段包括书面材料、书写板、活动夹纸板、投影仪、多媒体设备等。利用视觉效果作为辅助手段会给听众留下专业性强的印象，通常会被认为是"准备充分，更专业化，更具说服力，更可信和更有趣的"。一项调查结果显示，在演讲中被听众记住的概率上，运用多媒体（计算机制作的图片和动画）比仅用语言描述要高16%。

好的视觉辅助手段有四个标准：①可视性；②清晰性；③简练性；④相关性。

运用视觉效果要遵循 KISS（Keep it short and simple，简单明了）原则和 KILL（Keep it large and logic，字号大、内容逻辑性强）原则。

遵循 KISS 原则，要注意以下几点：①不要过多地使用图标；②不要连篇累牍地出现大段的文字；③尽量利用图表，这样有利于清楚地传递信息；④在运用饼图、直方图、折线图时，每张 PPT 上不要出现两个以上的图形。

遵循 KILL 原则，要注意以下几点：①PPT 上的字号要足够大，一般在 28 号以上，32 号比较合适；②PPT 上的图表要足够大，能让听众清晰看到；③前后图片的内容要连贯；④图片之间的衔接要有逻辑性；⑤要多运用逻辑性图片、总结性图片。

除了重视运用视觉效果以外，演讲者还应注意检查关系到视觉效果的其他视觉辅助设备，如演讲场所的灯光效果、电源插头、麦克风、讲台位置等情况以及演讲场所的物理布局等。

第三节　商务会议

一、会议概述

会议是指有领导、有组织地使人们聚集在一起，对某些议题进行商议或讨论的活动。会议是商务活动的有机组成部分，商务人员在日常工作交往中必不可少的一项活动就是参加会议或者组织会议。

影响会议沟通的主要因素有会议成员的数量，与会者在个性、态度、信仰、价值观等各方面的因素，任务因素，领导风格，会议成员的相互影响和扮演的角色以及环境因素。

有效的会议组织策略包含以下三个方面的工作。

1. 会议的准备

要使会议有效，在召开会议之前就应该做好充分的准备。会议组织者可以根据 5W 原则——为什么开会（Why）、开什么会（What）、在哪里开会（Where）、什么时间开会（When）、谁来参会（Who）——来做好会议准备工作。

2. 会议的过程

会议组织者应当安排好会议程序，并抓好过程管理。严格按会议程序组织，掌握好会议进度，才能高效率地召开会议并取得好的效果。一般而言，会议的过程可分为以下四个阶段。

（1）开始阶段。主持人宣布会议开始，说明召开会议的目标及要求，介绍与会的重要人物，提醒与会者注意相关的会议事项。

（2）讨论或报告阶段。与会者在主持人的引导下分别针对会议目标提交报告、发表意见或交流讨论。所有的交流都应当指向会议目标，一定要避免经常性跑题或者陷于情绪性争辩。这个阶段特别考验主持人的引导交流技巧以及场面控制能力。

（3）总结阶段。在与会者充分讨论后，主持人应对各种意见加以归纳、总结和评价，以便达成共识、做出决策，切忌议而不决，浪费时间。

（4）结束阶段。在宣布散会前，主持人或会议秘书应再次确认会议结论，以取得与会者认同；散会时，主持人应向与会者致谢。

3. 会后的工作

会议结束之后，会议组织者还应注意以下事项的落实。

（1）处理好会后的后勤事务。及时办理，注意细节，避免给他人和自己带来麻烦。

（2）根据工作需要，整理会议记录或者编写会议纪要和会议简报。对于任何形成了决策的会议，都应当清楚记录决策的形成过程、最终决策内容、决策执行细节等重要问题。会议记录既能明确、监督和督促责任人的工作落实情况，还能有效地保存历史信息，以备核查。

（3）及时评估会议效果。检查会议目标与任务的完成情况，形成促进工作的跟踪反馈机制。

二、有效的会议沟通技巧

会议需要管理，会议沟通需要技巧。要提高会议效率，掌握会议沟通的技巧具有非常现实的意义。会议管理者主要有主持人、与会者和会议工作人员等三类。明确与会者的角色安排，掌握各自的职责和沟通技巧，做好彼此的配合协同，是改进、组织、管理会议绩效的必要条件。

1. 主持人的职责及沟通技巧

会议能取得良好效果，达到会议目标，主持人的作用十分关键。主持人的职责主要是主持会议、维持会议秩序并确保与会者积极参与，具体表现为以下五个方面。

（1）会议控制。为了实现会议目标，主持人必须从行为标准和结果导向两方面来控制会议的过程。主持人应在会议中遵循以下五个基本原则：①决定讨论主题；②明确讨论范围；③确保与会者围绕主题依次发言；④尽可能做到公正，避免与会者的争论；⑤确保与会者了解会议进展。

（2）过程引导。会议中，主持人要对与会者的行为进行引导，确保与会者在良好的会议秩序下进行交流和讨论。主持人需要清楚地了解会议的主题、核心问题、重点与难点，在会议中引导与会者结合主题展开讨论，始终聚焦实质性问题，确保每个与会者都知道自己的责任。

（3）促进讨论。在沟通过程中，主持人要及时根据会议的进程和讨论的话题，围绕主题恰当地提出问题以激励与会者。需要注意的是，主持人不但要控制滔滔不绝的发言人，也要鼓励沉默不语的倾听者，还要适当控制那些不假思索讲话的人。

（4）处理分歧或者不同意见。会议进行过程中，与会者出现意见不同及观点分歧的情况是正常现象，主持人应努力保持讨论的话题集中，避免会议演变成与会者之间的个人冲突。主持人必须妥善处理与会者的竞争和偏激的发言，否则，人际关系和情绪问题将会转移与会者的注意力，影响会议任务的完成。为了促使与会者关注事实和建议，可以要求他们列出概括性观点，这是一个有效的方法。

（5）做出决定。在会议的总结阶段，可以采用多种方式，如采用正式投票或者举手表决的方式，或采取由成员一致同意或者多数同意的其他方法得出结论，或恰如其分地引出解决问题的最佳答案。

主持人要想使会议按照预期目标进行，获得有价值的体现主题的结论，需要掌握以下沟通技巧。

（1）思路清晰，逻辑清楚。主持人应保持头脑清醒，始终不忘会议的主题和组织的利益诉求，在引导会议的全过程中具有大局观和逻辑性，确保会议有序、有效地进行。

（2）营造和谐气氛。主持人应当鼓励所有与会者积极参与，必要时还应点名让那些保持沉默的与会者发言，鼓励那些消极的与会者发表意见。要是主持人富有一定的幽默感，并在恰当的时候巧妙运用，就会使会议更加活跃、更富有成效。

（3）保持中立态度。热烈而理智的辩论是必要的，但要减少与议题无关的争辩和讨论。主持人应该引导积极、有益的辩论，维持会议的秩序，避免造成负面的影响。

（4）控制会议进程。主持人应准时开会，不要因个别迟到者而扰乱会场的气氛。主持人还要结合会议议程，确保以良好的秩序进行与主题相关的讨论，稳步推进会议。

（5）通过提问引导会议节奏。提问可以引导与会者做出积极的行为，引导发言者解释令人困惑的发言，也可使话题逐步深入。提问还可以体现主持人对与会者的尊重，有利于控制会场内出现的一些无意义的争执，避免会议中出现意见一边倒的情况。

（6）善于总结归纳。主持人既要通过适时总结，帮助与会者厘清思路和逻辑，将大家的意见分类整理和归纳，还要通过做简短的总结，得出结论，也便于记录员记录，方便会后整理。

2. 与会者的职责及沟通技巧

对于所有与会者来讲，明确会议目标、议程以及自己与其他与会者在会议中的角色，对于提高会议效率是很重要的。与会者应做到以下五点。

（1）树立积极的态度。与会者应该思想开放、认真听取别人的意见，积极对待会议。这样不仅会大幅提高会议的质量和效果，也能帮助与会者自身拓宽视野，实现自我提升。如果与会者都能够认真参与会议，会议对每个人都会产生价值。

（2）事先有所准备。与会者应保证了解会议主题和做好会议准备。与会者拥有的信息的质量决定着会议的质量。

（3）理性对待他人。与会者不应带着偏见和情绪看待他人，应认真倾听并尽力理解他人的发言，不要打断他人的发言，应共同营造一种开放、积极的氛围。

（4）协助完成会议。如果主持人无法控制会议的局面，与会者应机智地维持正常的会议进程；如果主持人彻底失去对会议的控制，应该有一名与会者站出来主持会议，使会议秩序得以恢复。

（5）执行会议决定。与会者应全力贯彻会议精神，按时完成会议明确的工作任务。

基于与会者的职责，与会者应该掌握以下沟通技巧。

（1）做好准备，准时参会。为了提高会议效率，与会者要带着问题参加会议，要有时间意识，不要因为自己而影响他人和会议节奏。会议准备的内容主要包括自己如何发言。

（2）发言有重点，讲话有条理。会议发言一定要清晰，井井有条，切中要点；在关键之处可稍微加大音量。较有效的方法是一次只讨论一个重点，不要用一些与自己观点无关的细节来干扰大家。

（3）适时发言，口吻自信。没必要说话时，不必急于表现自己。如果对于某些观点或问题不明确，要发言询问、寻求解释，不能逃避。讲话时要注意口齿清楚，陈述有力，音量适当。发言时不要模棱两可、含糊不清。

（4）认真倾听，尊重他人。与会者应与发言者保持适当的目光接触，认真理解其发言背后的隐含意义，杜绝对发言者不敬的言语和行为。

（5）肯定为先，反对有据。如果有必要反对或质疑他人的意见，要先肯定后否定，自己发表的言论要有理有据，态度要平和。

 **视野拓展**

从与会者的角度看，他们会问自己："我在会议中要扮演什么角色？要发挥什么作用？"迈克尔·哈特斯利在《管理沟通：原理与实践》一书中对这一问题做出了详细的阐述，如表8.1所示。

表8.1　角色扮演策略

扮演的角色	发挥的作用
开玩笑者	通过恰当的幽默打破会议僵局，缓解紧张气氛和冲突
看门人	遵守会议议程，确保会议顺利进行
"魔鬼"代言人	明确指出即将达成的会议共识的不足，有助于形成更好的可替代方案
评论家	从别人的意见中看出问题，但又提供不出更好的解决办法
确定议程者	定期把新的意见和事项放到会议上讨论
建立共识者	发现即将达成的共识，并且集思广益提出行动方案
摇旗呐喊者	善于指出对立双方的实际共同点，对好的观点进行鼓励和赞美
模仿者	应声虫，简单附和他人言论
偏执狂	在会议上重复讨论同一话题或意见
局外人	与会议进程相脱离
领导者	以经验和权威主持会议，拥有最终发言权

3. 会议工作人员的职责及沟通技巧

会议工作人员主要是指会议秘书、记录员和相关的后勤保障人员等。会议秘书很重要，他直接对主持人负责；记录员的工作很关键，会议记录是落实会议成果的关键；后勤保障人员的工作相对而言较为固定，按正常程序工作即可。会议工作人员需要对以下几项工作特别留意。

（1）筹备会议。会议工作人员应根据会议目标，准备会议的议程、文件和相关资料，及时通知与会者，安排和布置会议场所等。

（2）做好会议记录。会议记录主要包括会议时间、参加人员、会议内容等，记录时应做到：第一，对重要的会议进行录音；第二，记录员的笔记应流畅不失真；第三，记录内容全面而正确；第四，及时厘清重点和含混不清的观点；第五，与与会者共同修正错误部分；第六，将会议记录发送给与会者。

（3）维持既定议程，协助督办会议决定的主要事项。会议工作人员应协助主持人对各项议程计时并及时提醒，总结和归纳会议讨论结果，协助督办会议决定的主要事项。

 思考与实践

一、思考与讨论

1．简述与同事相处的技巧。

2．简述与上级沟通的原则。

3．分析你曾经的一次演讲经历，探讨其成功或者失败的原因。

4．演讲过程中应如何有效使用视觉辅助手段？

5．如何做到有效的会议沟通？

二、活动与演练

1．演讲实训方法和步骤

五六人一组。由指定小组长主持，每位学生依次在以下选题中选择一个主题，分别在小组内进行约 3 分钟的即兴演讲。①如何才能使每门课的评分更公平、更合理；②对大学生创业的认识；③我的职业生涯设计；④怎样使大学生活更充实；⑤如何正确对待就业和择业。

一位学生在组内演讲后，小组内其他人员按照以下的评价标准对其评分。等全组所有人演讲完后，推选出得分最高的人作为代表在班级演讲，由全体学生对其做出评价。然后，根据得分高低推选出班级演讲第一名。

2．演讲评价标准

所有听众都要从下列几个方面对演讲者的表现进行评价：①演讲主题和目标是否明确；②演讲内容是否充实，条理是否清晰；③演讲者的语言表达技巧如何，是否富有激情；④演讲者是否充分利用了非语言沟通手段；⑤演讲者是否与听众保持了互动沟通；⑥演讲者能否有效避免怯场。

对每方面的评价都分为五个等级："很不满意""不满意""一般""良好""优秀"。相应的分值为：1 分，2 分，3 分，4 分，5 分。把六个方面的得分相加，就得到演讲者的综合得分（假定六个方面的权重相等）。把所有听众的评分相加，就可得到每位演讲者的总分。

3．反馈和总结

分小组和班级两个层次，把每位学生的演讲评价结果反馈给他，肯定演讲者的优点，提出提升演讲总体效果的对策。

三、案例分析

1. 小聂的上级对待工作认真、严格，非常关心工作的完成情况。一次，上级安排小聂出差，小聂非常高兴，并询问上级自己是否可以在出差的过程中去周边游玩，还热情地询问上级是否需要自己帮忙带一些当地特产。

问题与分析：请分析小聂的言行是否合适，如有不妥之处，请指正。

2. 下面是某员工写给上级的感谢信：

王总，加入团队这两年，对我的意义非同小可。您看，咱们这个项目既跨文化又跨地域，还跨学科，我每天都能实实在在地感觉到自己在成长。两天前的××事情，让我学会了怎样将不同角度的观点结合在一起，怎样和他人对话，而不是搞对抗。我一直找不到机会正式感谢您。非常感谢您给我的指导和机会！

问题与分析：你认为该员工可以怎样简略地表达感谢之情，请帮其设计感谢的形式和内容。

 知识巩固

下　篇

商务谈判篇

本篇主要内容

第九章　商务谈判基础

 学习目标

能描述商务谈判的内涵与作用；能分析商务谈判的评价标准；能举例说明商务谈判的基本原则。

导入案例

马云曾说起他和孙正义的 6 分钟的谈判：6 分钟内，他不可能讲很多东西，比如以后要上市什么的，他只是很自然地向孙正义讲述自己要做一个世界级的公司，因为他坚信自己的团队会做到。孙正义提出给 4 000 万美元投资，马云的 CFO 蔡崇信在旁边说："不。"孙正义愣住了。最后以 3 000 万美元敲定下来。

马云回去之后辗转反侧，左思右想，要那么多钱干吗？当时还没有签订合约，还是可以反悔的，马云越想越不对劲，于是就给孙正义发了一个邮件，内容是：2 000 万美元，行就干，不行就不干。孙正义回复：Go ahead（去做吧）。

就这样，一次简短的谈判，完成了 2 000 万美元的融资。

思考与讨论：此案例让我们看到了谈判的力量，以及谈判的多元变化。请结合此案例说说如何尽量使谈判朝向自己的目标发展。

第一节　商务谈判概述

谈判是一个过程，在这个过程中，利益各方就共同关心或感兴趣的问题进行磋商，协调各自的经济、政治或其他利益，谋求妥协，从而使各方都感到是在对自己有利的条件下达成协议。谈判的目的是协调利害冲突，实现共同利益。

谈判，包含"谈"和"判"两个紧密联系的环节。谈，即说话或讨论，就是当事人明确阐述自己的意愿和所要追求的目标，充分发表关于各方应当承担或享有的责、权、利等的看法；判，即分辨和评定，是当事各方努力寻求关于各项权利和义务的一致意见，以期通过相应的协议正式予以确认。因此，谈是判的前提和基础，判是谈的结果和目的。可以将谈判定义为：谈判是有关组织或个人为协调关系或化解冲突，满足各自的利益需求，通过沟通协商以争取达成一致的行为过程。谈判作为协调各方关系的重要手段，广泛应用于政治、经济、军事、外交等各个领域。

微视频
商务谈判概述

商务谈判是谈判的类型之一。在商务谈判中，共同性的利益和可以互补的分歧性利益都能成为产生一项明智协议的诱因。正确看待商务谈判的态度是：商务谈判不是瓜分剩余利益，更不是为了打倒对方，它是一种合作；谈判各方必须追求共同利益，才能使各方都得利。

一、商务谈判的作用

商务谈判的具体作用主要体现在以下几个方面。

（1）互通有无与相互合作。谈判不是你死我活的棋盘角逐，而是寻求合作。商务谈判更是如此，它的合作体现为经济上互通有无，满足各方需求，或共同合作、追求更多的经济利益。双方或多方当事人可通过谈判增加对各自需求及内部情况和外部环境的了解，而后相互做出适当让步，最后取得一致，达成协议。谈判协议一经形成，便起到了企业间互通有无、商务上相互合作的作用。

（2）稳定客户关系。商务活动具有重复性。一般情况下，交易双方不太可能在发生一次贸易活动后就不再打交道，特别是那些正规的或较稳定的企业或商业团体。它们尽量避免做一锤子买卖，而是从长远利益出发，在初次谈判成交后，仍关注以后的来往，并注重在以后的谈判中逐渐增加对对方的谈判特点和贸易习惯的了解，不断巩固相互间的贸易关系，以促进对方在以后的商务活动中与己方达成更多协议。

（3）促进生产经营的发展。在市场竞争的大环境下，企业的生产和经营经常受到各种经济因素的影响，如商品资源、购买力、价格水平、经济政策、市场体系、市场组织等，这些因素均处于不断变化之中。商务谈判者既要根据国内外市场变化的形势随机应变地进行谈判，也要通过谈判更多地了解市场的变化趋势。如有时通过谈判可能会了解到某种原材料紧缺、某种商品供过于求、某项新产品畅销等，这对企业购进原材料，保证生产，尽早清空过剩商品，尽快调整产品数量、型号或开发新产品，促进企业的生产经营发展都会起到很大的作用。有时，即使谈判不成功，但谈判带来的经验也是非常珍贵的。

 拓展游戏

谈恋爱与谈判

"我既不会做饭，又不会洗衣服，你会替我做吗？""我不会离开这个城市，你会过来吗？""咱俩都是学会计的，将来谁管钱？""如果前女友来找你，你会怎么办？"……以上问题常常是电视相亲节目的"必答题"。一般来说，一个男生如果事先没有想好这些问题的答案，就会在节目上面临尴尬的局面。

"你是否介意和公婆同住？""你对奢侈品和珠宝怎么看？"……同样，一个女生如果事先没有准备好怎么回答这些提问，那么即使留灯到最后，也可能被灭灯。

有人说谈恋爱越来越像商务谈判，相亲节目中的男女双方手中握有的筹码决定了自己的谈判地位。对很多思想传统的人来说，相亲节目的模式使他们很不舒服，他们对此发出疑问：这是在找对象吗？这是要谈恋爱吗？

要求：四五位学生一组，既有男生又有女生。男生与女生分别模仿说出上面情境的语句，然后讨论以下两个问题。

（1）把谈恋爱当成一种谈判或者商务谈判，你同意吗？为什么？

（2）生活中可以看成谈判的事情还有哪些？请举例说明。

二、商务谈判的三个层次

商务谈判一般分为三个层次（或类型），即竞争型谈判、合作型谈判和双赢型谈判。

1. 竞争型谈判

竞争型谈判是指谈判双方把谈判视为一种竞争活动并竭尽全力寻求己方的最大利益，希望达到你输我赢的效果。在现代社会，竞争越来越激烈，企业之间的竞争、同类产品之间的竞争、人才之间的竞争等已经白热化，如果没有竞争能力或者竞争能力不强，就会被淘汰，这种非此即彼的谈判就是竞争型谈判。竞争型谈判旨在削弱对方谈判的信心，因此谈判者对对方的最初方案做出明显的反应是极为重要的，即使谈判者对对方提出的方案非常满意，也必须找出这一方案的短板，使对方降低心理预期，以使己方得到最优的结果。

2. 合作型谈判

尽管谈判中存在各种各样的矛盾和冲突，但谈判双方还是存在合作与交流需求的。谈判双方不是你死我活、你争我抢，而是为着一个共同的目标探讨相应的解决方案，就是合作型谈判。如果对方的报价有利于己方，己方又希望同对方保持良好的业务关系或迅速结束谈判，做出合作型反应则是恰当的。合作型反应一般是承认和欣赏对方实事求是的态度，但必须强调进一步谈判的必要性。这种肯定和有必要进一步谈判的事先表示，不仅表明维护自身的利益和需要是进一步合作的基础，也表明交锋是有限度的，以不影响双方的合作关系为底线。

3. 双赢型谈判

双赢型谈判是指谈判双方通过挖掘潜在的共同利益，打破谈判僵局，最终达成双方利益都得到满足的协议。在双赢型谈判中，双方把谈判当作一个寻求合作的过程，能和对方像伙伴一样，共同找到满足各自需要的方案，使费用更合理、风险更小。双赢型谈判强调的是：通过谈判，不仅要找到最好的方法去满足双方的需要，而且要进行责任和任务的分配，如成本、风险和利润的分配。双赢型谈判的结果是：你赢了，但我也没输。在拥有长期合作关系的情况下，双赢型谈判无疑具有巨大的发展空间。

三、商务谈判的三个评价标准

确定谈判所处的层次可以让谈判者把握谈判的要点、目标和结果，从而确定评价标准。评价标准可以帮助谈判者对谈判过程和结果进行评估，提升谈判能力，促使谈判成功，提高商务活动效率。

商务谈判是否成功可用目标实现、付出成本、关系改善等三个标准来衡量。

1. 目标实现的程度

谈判是一种具有很强目的性的活动。例如，商品买卖谈判中，卖方的主要目的是以理想的价格和支付条件销售一定数量的产品，或是与特定买方之间建立长期、稳定的合作关系；而买方的主要目的则是以较为优惠的价格和支付条件购买一定数量的产品，或是与特定卖方之间建立较为稳定的供货关系。评价谈判的成败，首先就要看是否实现了这些基本的目的。

2. 付出成本的大小

谈判过程是一个"给"与"取"兼而有之的过程。为了达到自身的目的，获取企业所希望获取的利益，通常需要向对方提供一定的利益，付出一定的成本代价，这个代价就是为获取所得而向对方提供的直接利益或因此承担的风险。例如，一个拥有较高知名度的品牌企业的目标是进入某一国家或地区市场，与当地的某一企业合作，其所获得的利益是当地企业将协助其建立销售网络，其所付出的成本则是允许这家当地企业在一定期限内使用它的品牌。如果该企业在与当地企业订立协议时，没有明确当地企业使用该企业品牌的限制措施（如对商品质量、销售数量乃至地区的控制），则该企业为获得对方在建立渠道方面的合作所付出的成本就可能太高，可能会承担很大的风险。

谈判成本不仅包括为获得对方所提供的一定利益而提供给对方的利益和承担的风险，而且包括进行谈判所需要支付的时间成本和直接的货币成本，包括人力成本、物力成本等。这里尤其需要注意时间成本，企业经营活动通常对谈判时间有一定的要求。例如，工厂要保持生产的连续性或要在限定的时间内完成一定的生产任务，就需要加大原材料的库存量，或缩短原材料采购谈判的时间并精简程序，在库存材料不够的情况下，对谈判的时间则有极其严格的要求。时间的重要性不仅在于企业的生产经营活动具有一定的时间要求，而且在于时间本身就具有重要的经济价值，还在于商业机会的价值会随着时间的变化而发生重大的变化。有些经营活动只有在特定的时间内进行才可能取得较为理想的效果。随着时间的流逝，一个原本极有价值的商业机会很可能会变得毫无价值。

机会成本是在评价谈判成败时应当考虑的另一项成本。企业与特定对手谈判合作，就可能失去与另一些企业合作的机会，而与那些企业合作也许能为企业带来更为理想的合作效果；在决定与某一企业在某一领域合作后，企业同样也就可能失去利用其有限的资源在其他投资领域谋取较好的经济利益的机会……所有这些机会损失都构成企业通过与某一对象谈判合作谋取一定利益的机会成本，因而必须在做出谈判决策时予以考虑。一项成功的谈判应当能为企业把握住最好的商业机会创造条件。

3. 关系改善的程度

成功的谈判应当有助于维持或改善企业与谈判对手之间利益谈判的关系。谈判之后与谈判对手之间的关系是否良好，将影响以后能否长期合作。除非以后与谈判对手再无进行任何生意往来的可能，否则就不应忽视与谈判对手之间的长期友好关系。事实上，未来的事情谁都无法确定。总之，谈判过程并非一场棋赛，现实的谈判永远没有"终局"。所以，千万不要因一次谈判而断送未来一系列的谈判机会。

简而言之，所谓成功的谈判，指在与对手维持良好关系的前提下，高效率地达成谈判目标。不可否认，目标、效率和人际关系这三者是相互矛盾、相互冲突的，有时很难完美地同时达到这三个目的。在这种情况下，杰出的谈判者必须在三者之间做出一定程度的取舍，使三者关系处于某种合适的均衡状态。

 **案例与思考**

1 万元的戒指

小李想为女朋友买一枚戒指。一天，他来到唯一珠宝店，一下子被一枚标价 1 万元的戒指吸引了，但他买不起。小李很沮丧。后来他偶然走进金玉珠宝店，那里有与唯一珠宝店里相似的戒指，每枚标价在 9 000 元左右。他想买，但还惦记着唯一珠宝店里的那枚 1 万元的戒指，希望数星期后那枚戒指还没有卖出去。

很幸运，几个星期后，唯一珠宝店里的戒指不但没有卖出去，价格还降了 10%，现价为 9 000 元。小李很高兴，但钱还是不够。他把情况向老板说了。老板非常乐意帮助他，并向他提供折扣，降为 8 600 元。小李承诺月底付清所有款项。这样，小李少花了 1 400 元，就让他的女朋友得到了价值 1 万元的戒指，两人都满心欢喜。

当然，唯一珠宝店老板也很满意，因为和金玉珠宝店一样，该店也是以每枚 5 000 元的价格从批发商那里购进的，但唯一珠宝店获得了 3 600 元的利润，而金玉珠宝店的标价虽然一直比唯一珠宝店的低，但未能吸引住小李。

思考与讨论： 请你从谈判视角分析这一次交易成功的原因。

第二节 商务谈判的基本原则

微视频
商务谈判的基本原则

人类的每项社会活动，都有其行为和心理准则，我们习惯上将这些行为和心理准则称为原则。商务谈判这一人类所特有的社会实践活动也有其自身所遵循的行为和心理准则，即谈判原则。谈判原则是谈判各方都应共同遵守以达成合作协议的行为准则。

商务谈判是相当灵活的，要求双方能随机应变，有可供选择的多种方案，有变通地处理各种问题的能力，有权在一定范围内决定和更改，有权做出让步以换取对方的让步等；但它同时还是一种原则性很强的活动，即双方在谈判中无论怎样灵活地处理问题，都必须恪守一些基本原则。

需要指出的是：在各种具体的谈判中某个原则可能会显得尤为重要，而有些谈判者也尤为坚持某个原则；但一般来说，以下几条是大多数谈判者公认的基本原则。

一、平等自愿

商务谈判的实质是利益的交换，也就是各方通过合作获得利益。交换、合作是出于内在的需要而进行的行为过程，是以平等自愿为前提和基础的。

人类满足需要、获得利益的途径大致有强迫、欺骗、乞讨、自给和交换等五种。强迫是不可靠的，强中自有强中手，任何人都不能保证自己永远是最强的。欺骗是不可持续的，俗话说得好：骗得了一时，骗不了一世。尊重需要是人类的基本需要之一。乞讨在满足某方面需要的同时却无法满足尊重的需要，因而乞讨也是不可行的。自给自足在小农经济时代是生存的基本方式，需求完全依赖自我满足，其效率是非常低下的，在现代它甚至是不可行的。到了如今商品经济发达的时代，几乎所有的需求都是通过交换来满足的。交换有助于降低成本，实现需求满足最大化，且通过交换获得的满足是稳定的、可持续的。交换的前提是平等自愿。商务谈判的实质是合作和交换，因此，平等自愿也是商务谈判的基本原则之一。

案例赏析

不被尊重的谈判

某国曾经与墨西哥就天然气的买卖进行谈判。但该国谈判代表以强国、大国自居，无视墨西哥谈判代表团的感受，单方面拟定合同，并在合同文本中，将墨西哥的需求置之度外。结果，墨西哥代表团因感到不被尊重而中断了谈判。

【案例简析】不公平的谈判可能导致双方利益的损失。

二、求同合作

由于社会分工的不同、资源占有量的差异、时间和空间的交错，个人和组织要想获得利益，仅凭自身的力量是不够的，必须与他人合作，尤其是在当今商品经济发达的社会中。由于资源有限而人的欲望无限，人与人之间必然有矛盾，合作中必然会有对立，合作既是对立的基础，又是对立的归宿。因此，谈判中不能过于计较局部得失而失去谈判的整体利益，要善于权衡得失，顾全大局，在对立中寻求合作，追求稳定的、可持续的发展。社会性是人类的本质属性，这也决定了求同合作的必然性。

案例赏析

图书馆的窗户

一位学生在图书馆久坐之后起身打开了窗户，另一位学生走上前把窗户关上了。第一位学生很不高兴，又走过去打开……这时，图书管理员上前轻声询问二人原因，得到的答案是第一位学生希望呼吸新鲜空气，而那位不愿开窗的学生则是怕文件被风吹乱。图书管理员听完两人的回答后，将旁边的窗户打开了，这样既能通风又不会把文件吹乱。

【案例简析】在日常生活和商务交往中，我们要多沟通，而且沟通时要友好协商，通过合作谋求共赢。

三、诚信守法

诚信是一种道德规范。道德的本质是对群体有用、有利、有益，任何道德规范都是符合这"三有"原则的。诚信也是如此，它是个体与社会联系的一种纽带。如果为了追求一时一事的利益而丧失诚信，那么就会丧失未来长远的利益，就不能很好地生存发展。

谈判的结果以双方达成的协议为准，协议一般要形成文本文件。协议受到法律的保护，具有约束力，当然其前提条件是必须合法。不合法的协议，即使内容再有利也不能得到法律的保护，也不具有约束力。不合法的谈判不仅不能使自己得到应得的利益，而且还会使自身形象和未来发展受到不利影响。

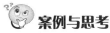 **案例与思考**

信守承诺赢口碑

米可儿公司是广州一家护肤品公司。2017年6月，该公司通过国内某知名网络旅行平台与一家旅行社签订泰国旅游项目合同，组织三百多位代理商前往泰国游玩。旅行社承诺旅行过程中没有任何强制消费项目。就在代理商们抵达泰国游玩的第三天，米可儿公司首席执行官（CEO）李涛却收到公司代理商们在泰国遭遇当地导游强制每人消费800元人民币的消息。随即，米可儿公司与该网络旅行平台相关负责人交涉，但其负责人采取否认事实、拒不处理的态度。在商议无果后，李涛与其公司法律顾问根据合同条款找到该网络旅行平台相关负责人，共同飞往泰国核实、解决问题。据理力争后，米可儿公司暂时中止了导游的强制消费行为，并代为退还代理商们被强制消费的金额。回国后，米可儿公司通过网络媒体和法律途径主动出击维权，将被强制消费的钱如数追回。米可儿公司诚信守约、积极维权的处理方式，赢得了代理商们的高度评价，并在业界赢得了诚信守约的好口碑。

思考与讨论：如果你是该网络旅行平台相关负责人或米可儿公司首席执行官，你会怎么做？为什么？

四、客观标准

坚持客观标准原则是指在谈判中，双方因采用不同的标准而产生分歧时，坚持运用独立于双方意志之外的合乎情理和切实可行的标准来达成协议。这些客观标准既可能是一些惯例、通则等，也可能是职业标准、道德标准、科学标准等。

"没有分歧就没有谈判"，这句话说明谈判双方利益的冲突和分歧是客观存在、无法避免的。租客希望房租低一点，而房东却希望房租高一点；客户希望货物明天到，而供应商却想在下周将货物送到；己方希望得到对自己有利的结果，而对方也期望得到对自己有利的结果。这些分歧都是客观存在的。

谈判的任务就是消除或调和彼此的分歧，达成协议。达成协议的方法有很多，一般是通过双方的让步或妥协来实现的。坚持客观标准能够克服主观让步可能产生的弊病，有助于双方和睦相处，冷静客观地分析问题，有利于双方达成明智、公正的协议。由于协议的达成依据客观标准，双方都感到自己的利益没有受到损害，因而会积极有效地履行协议。

如果双方无法确定哪个标准是最合适的，那么比较好的做法是找一个双方均认可的公正、权威的第三方，请其确立一个解决争端的标准。这样，问题容易得到比较圆满的解决。

 思考与实践

一、思考与讨论

自我测评
谈判能力测试

1. 请举例说明你的身边有哪些谈判。
2. 商务谈判的作用是什么？
3. 商务谈判成败的评价标准是什么？
4. 简述商务谈判的基本原则。

二、活动与演练

扫描二维码进行谈判能力测试。

三、案例分析

善解人意的应聘者

某公司招聘营销人员，众多研究生前去应聘，但公司都觉得不满意，迟迟没有确定录取名单。这一天，本科毕业生龚毅很早就来到该公司办公室门前，他想直接和负责人面谈，以增加被聘用的机会。见到负责人，龚毅简短地说明来意后恭敬地递上自己的简历。负责人接过简历说："简历就留在这里，我现在没有时间看，你回去等候我们的通知吧。"负责人说完就转过身，进了办公室。龚毅想：又要杳无音信了。此时，负责人手中拿着纸篓从办公室走出来，准备出去倒垃圾。龚毅微笑着走上前去说："经理，您时间宝贵，这个垃圾我去倒，您省下的三分钟时间可以看看我的简历，不录用没关系，认识您并接受您的考核，我很高兴。您看如何？"负责人很意外，但是同意了。龚毅倒完垃圾回来，负责人问道："你认为一个营销人员需要具备哪些重要的能力和素质？"龚毅略作思考后，很流畅地答道："就是善解人意、善于表达、善于与人合作。"负责人听后，满意地点头并说："说得很好，目前我们公司的团队正需要补充像你这样的人……"

问题与分析：

1. 龚毅的应聘经历是一个谈判过程吗？你是如何理解的？
2. 联系自己的实际生活，寻找一个亲身经历的谈判案例并进行分析。

 知识巩固

第十章　商务谈判理论基础

 学习目标

能描述马斯洛的需求层次理论并分析、设计需求层次理论在商务谈判中的运用；能描述博弈论并分析、设计博弈论在商务谈判中的运用；能描述公平理论并分析、设计公平理论在商务谈判中的运用；能描述双赢理论并分析、设计双赢理论在商务谈判中的运用；能描述其他谈判理论并分析、设计其在商务谈判中的运用。

导入案例

相传，战国时期的大富商范蠡，刚开始做生意时本小利薄，无法做大。后来范蠡发现了一个巨大的市场需求：吴越一带需要大量战马，而齐国多牧场，马匹既便宜又剽悍，如果能将北方的马匹低成本、高效率地运到吴越，一定能够大获其利。买马不难，卖马也不难，可问题是：运马难。且不说千里迢迢，人马住宿费用高昂，更难的是当时兵荒马乱，沿途强盗很多。怎么办？他通过市场了解到北方有一个很有势力、经常贩运麻布到吴越的商人姜子盾。姜子盾因常贩运麻布早已用金银买通了沿途强盗。于是，范蠡把主意打到了姜子盾的身上。

思考与讨论： 如果你是范蠡，应该提出什么方案和姜子盾谈判呢？

第一节　需求理论与谈判

心理学的一些基本理论和观点常常被谈判学家引入谈判理论的研究领域，作为某些谈判理论的基础。心理学的研究对谈判理论研究产生了长期的影响，尽管近年来理论界的研究（特别是实证性研究）有了新的发展，但需求层次理论、谈判主体需求理论仍是对谈判理论具有较大影响力的基础理论。

一、需求层次理论在商务谈判中的运用

马斯洛的需求层次理论是关于需求结构的理论，五级的旧版传播较广。这个理论把人的各种需求划分成五个层次，按照需求满足的先后顺序进行排列，描绘出需求层次结构图（见图10.1）。

马斯洛所提出的五个层次的需求，是按照从低到高的顺序来排列的。也就是说，只有在低层次的需求得到满足以后才会产生高层次的需求，但绝不等于产生了高层次的需求，低层次的需求

图10.1　马斯洛的需求层次结构图

就不存在了。一般情况下，高层次需求是与低层次需求并存的，只不过在并存的状况下，低层次需求所产生的动力和强度以及影响力会有所下降。在需求层次理论的基础上，马斯洛又提出了相互性原则理论：如果对方对我们表示出尊重、喜欢与亲密，那么对方也会得到我们的尊重、喜欢与亲密；反之，对方也会受到我们的敌视。在相互尊重、喜欢与亲密的心理基础上，双方常常不会那么固执己见，而是容易改变立场和态度。

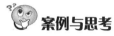 **案例与思考**

希尔顿酒店的微笑服务

美国希尔顿酒店是一家闻名全球的世界连锁企业，并且以微笑服务著称。董事长康纳·希尔顿确信微笑有助于酒店的发展。他时刻要求下属："无论酒店本身境遇如何，希尔顿酒店的服务员脸上都要带着微笑。"他对下属常说的一句话是"你今天对顾客微笑了吗？" 20 世纪 30 年代，在空前的经济大萧条时期，全美国的酒店倒闭了 80%，而希尔顿酒店却凭着服务员脸上的微笑，度过了萧条时期，跨入了经营的黄金时代。

思考与讨论：希尔顿酒店的微笑服务满足了人们的什么需求？

需求层次理论不仅揭示了商务谈判对人类生存发展的必然性和必要性，同时也为人们在商务谈判中获胜提供了理论依据。

1. 为满足谈判者高层次的需求提供条件

谈判者较好地掌握和运用需求层次理论，可以为满足高层次的需求提供条件。

（1）必须较好地满足谈判者的生理需求。谈判者的生理需求虽然并不是进行谈判的直接动力和原因，却直接关系着谈判成功与否。对谈判者而言，如果最基本的生理需求都得不到很好的满足，不仅要一边谈判还要一边考虑如何解决午饭问题、住宿问题，那么，谈判结果是可想而知的。

（2）尽可能地为商务谈判营造一个安全的氛围。在这里，安全不仅包括谈判者的人身、财产安全，更重要的是谈判内容的安全。谈判者人身、财产方面的安全，是使谈判者全身心投入谈判活动并积极促成谈判的必要保证。凡是局势动荡或战乱等不能较好保证人身、财产安全的地区，商务谈判往往无法顺利进行，这主要是因为在安全需求无法被满足的情况下，谈判者对商务谈判的需求就没有那么强烈了。对一般的商务谈判而言，除了要满足谈判者对人身、财产安全的需求，更重要的是在谈判的具体经济项目上满足谈判者对安全、稳定、可靠的需求。这一点对安全需求比较敏感的谈判者而言十分重要。

（3）在进行谈判的过程中，要营造一种信任、融洽的谈判气氛。就谈判活动本身而言，它是满足人们社会需求的一种典型的活动，是为了满足人与人之间的交往、友情、归属需求。谈判双方建立相互信任、依赖的关系，可以使他们联合起来，共同处理分歧，为把冲突和对立转化为满意的结果打下良好的基础。

（4）在谈判时要使用谦和的语言和态度，注意满足谈判对手对尊重的需求，促使谈判圆满成功。

（5）对于谈判者的高层次需求，在不影响满足自己需求的同时，也应尽可能地使之得到满足。

总之，谈判的整个过程都要注意谈判者各个层次的需求，并尽可能地从低层次到高层次满足这些需求。当然，这是要在满足自己需求的前提之下进行的。只有这样，才会使谈判不至于陷入僵局并顺利进行，为最终的胜利创造良好的环境和条件。

2. 补偿谈判中无法满足的条件

较好地运用需求层次理论，可以通过满足其他层次的需求，来弥补谈判中无法满足的条件。

案例赏析

补偿法达成协议

某广告公司急需一名设计人员,招聘广告登出数日后,一个各方面条件都符合要求的人前来面试,并提出年薪 20 万元的要求。但按照公司的工资级别和其他员工的工资情况,只能给他 16 万元,而这位应聘者反复强调 20 万元是最低要求。如果就此谈判,显然无法达成协议,谈判不会成功。那么这个分歧就无法解决了吗? 不是的。人事部门主管在说明年薪无法增加的前提下,又许诺可以满足一些其他条件。经过坦率的协商,他们达成了协议,让这位应聘者担任广告总策划的职务,公司付给他 16 万元的年薪,同时公司把闲置的一套住房免费提供给他住两年,并帮他解决孩子到重点学校入学的问题。

【案例简析】虽然这名应聘者对年薪的要求没有被满足,但公司额外满足了他的其他潜在需求,这在一定程度上弥补了他对年薪的要求,使谈判走向成功。可见,满足其他层次的需求对谈判的最后结果也有着决定性意义。

人类的需求是复杂多样的,每个人的需求更是千变万化的。需求层次理论只是对一般意义上的需求的一种理论,它无法反映一些特殊情况下的需求。例如,在某种特定条件下,尊重或自我实现的需求会比其他需求更为强烈、重要,这是需求层次理论无法解释的。因此,特定条件下要具体问题具体分析,不能生搬硬套、一概而论。

一个谈判人员的各种需求在谈判中都会得到体现。例如,生理需求体现在谈判人员为了确保情绪处于最佳状态,需要饮食营养可口、住得舒服、得到睡眠保障,以便集中精力应对谈判;安全需求则体现在谈判人员在谈判中的人身安全、信息安全等;归属需求体现在谈判人员希望团队内部成员之间团结合作,并与谈判对方建立良好融洽的关系,能够在友好合作的气氛中进行协商;尊重需求不仅体现在来自谈判代表团内部成员的尊重,还体现在希望得到谈判对手的尊重;自我实现需求表现为人们希望谈判取得圆满成功,谈判人员在谈判中所取得的利益越大,其自我实现需求的满足程度越高。

二、谈判主体需求理论在商务谈判中的运用

美国谈判学家尼尔伦伯格将马斯洛的需求层次理论及相互性原则理论进行总结并应用到谈判领域,提出了谈判主体需求理论。

谈判主体需求理论认为,谈判各方都希望从谈判中得到某些东西;否则,各方会对对方的要求充耳不闻、熟视无睹,当然不会再有必要进行谈判了。所以,谈判者在谈判前、谈判中,甚至谈判后都必须关注、发现与谈判各方相联系的需要;谈判者对对方的各种需要必须加以重视并充分利用,时刻关注使用不同的方法去顺势改变或对抗对方的动机。

根据马斯洛的需求层次理论,结合谈判的特殊性,尼尔伦伯格将谈判划分为个人之间的谈判、大的组织之间的谈判和国家之间的谈判等三个层次。在任何一种非个人的谈判中,都有两种需求同时起作用:一种是组织(或国家)的需求,另一种是谈判者个人的需求。由于自居作用,在某些情况下,个人将会在一定程度上失去作为自然人的特征,而在精神上成为某一组织或群体的一部分。这时,组织或群体的需求在表面上将会显得高于个人的需求。

视野拓展

自居作用,又称为认同作用、求同作用、表同作用或同一化,是心理学术语。自居作用指出一种动机有选择地模仿别人的某些特质,以掩饰自己的缺点或不足的心理防御机制。精神分析学将自居作用分为四种:①自恋性自居作用,即以与自己具有相似或相同特点的为认同对象,把对方纳入自我,以增强自我

价值感；②目标定向自居作用，即通过仿效那些已经达到自己所向往的目标的人，从而使自己也获得成功；③对象丧失性自居作用，当因为丧失或不能得到所需要的对象时，便将该对象所希望的特点纳入自己的人格；④强制性自居作用，即人们为避免受到惩罚，而将有权威力量的人提出的清规戒律融合于自己的人格之中。

　　谈判主体需求理论强调，当自居作用出现时，并不意味着个人的需求不再起作用，而是应该努力地通过一定的方式和方法，去发现、诱导个人的需求，进而影响其立场、观点和看法，使谈判朝有利于实现己方目的的方向发展。

　　尼尔伦伯格强调，依照人的需求层次的高低，谈判者能抓住的需求层次越低，在谈判中获得成功的可能性就越大。他还认为，就大多数人类的行为而言，这个规律是成立的。但是，这种需求层次规律绝非一成不变。尼尔伦伯格提醒人们注意的是：在不同的物质生活条件下，人们的抱负水准可能存在差距。

　　　　例如，一位学者愿意以牺牲身体健康为代价换取事业成功所带来的精神上的满足。然而，在物质生活条件较差的情况下，一个人也可能因其价值观和抱负的原因，视安全为其最高需求而安居乐业、知足常乐。

谈判主体需求理论得出了以下三个结论。

　　（1）依照人的需求层次高低，谈判者抓住的需求层次越低，在谈判中获得成功的可能性就越大。

　　（2）针对每一个谈判主体而言，满足基本需求并非一定要以生理需求、安全需求等为起点，否则，就等于否认了受教育程度、价值观念、抱负水准等对人的需求层次在调节上的能动作用。

　　（3）谈判中，要关注对方自我实现的需求——人们渴望使自己成为一个与自己能力或愿望相称（而不是与社会要求相称）的人。所以，一定要将谈判的组织和谈判的个人区分开来。

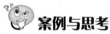 **案例与思考**

矿主的需求

　　李先生曾代表一家大公司去购买一座煤矿。该煤矿的主人开价 1 800 万元，李先生还价 1 200 万元，但矿主始终坚持 1 800 万元的原始报价不变。谈判在几个月的讨价还价中艰难地进行，李先生已将还价抬到 1 500 万元，但矿主始终坚持 1 800 万元，拒绝退让。因此，谈判陷入了僵局。李先生意识到这背后肯定有其他的原因，并且只有挖出这一信息，谈判才能进行下去。

　　李先生多次非常诚恳地与矿主交流。终于，矿主被李先生的耐心和诚意所打动，向李先生说出了他的意图。他说："我的兄弟卖了 1 500 万元，外带一些附加条件……"李先生恍然大悟，矿主坚持原始报价的真正原因是想与他兄弟攀比，他要超过他的兄弟他才会有成就感，在兄弟面前才有自信和尊严。这是矿主的特殊需求。

　　找到矿主的特殊需求后，李先生就去了解了矿主兄弟的卖价及附加条件，然后采取了新的谈判方案，而矿主也做出了让步，双方终于达成了协议。最后的买价并没有超出预算，但付款方式及附加条件使矿主感到自己的成就远远超出了他的兄弟。

　　思考与讨论：在此案例中，买价没超出预算的关键是什么？

　　尼尔伦伯格把谈判主体需求理论应用于谈判实践，归纳出了谈判的策略和方法。按照谈判成功的控制力量的强弱排列，谈判策略主要有以下六种基本类型。

　　（1）谈判者顺从对方的需求。谈判者在谈判中站在对方的立场上，设身处地为对方着想，从而最终达成一致协议。这种方法最容易促使谈判成功。

　　（2）谈判者使对方服从自身的需求。这种类型的谈判，双方都得到利益，都是获胜者。

　　（3）谈判者同时服从对方和自己的需求。这是指谈判双方从彼此的共同利益出发，为双方每一方面的共同需求进行谈判洽商，进而采取符合双方需求与共同利益的策略。

（4）谈判者违背自己的需求。这是谈判者为了争取长远利益的需求，抛弃或搁置无关紧要的利益和需求而采取的一种谈判策略。

（5）谈判者不顾对方的需求。这种类型的谈判是指谈判者只顾自己的利益，不顾他人的利益、动机，是一种"你死我活"的谈判策略。采用这一策略的一方往往处于强势地位，但更多的情况则是导致谈判破裂。

（6）谈判者不顾对方利益和自己的需求。这是谈判者为了达到某种特定的预期目的，完全不顾双方的需求与利益而实施的一种"自伤"型的谈判方式。例如，在共享单车出现之初，为抢占市场，某共享单车商家与单车生产厂家谈判，压低采购成本并以免费方式将单车推向市场，以挤垮竞争对手。

上述六种不同类型的谈判策略都显示了谈判者如何满足自己的需求。从第一种到第六种，谈判者对谈判的控制力量逐渐减弱，而谈判桌上的危机逐渐加重。

第二节　博弈论与谈判

一、博弈论与囚徒困境

博弈理论简称博弈论，简单地说，就是双方在平等的对局中各自利用对方的策略变换自己的对策以达到取胜的目的。博弈，根据不同的基准有不同的分类，其中主要的一种分类法就是按当事人之间是否有一个约束的协议分为合作博弈和非合作博弈。合作博弈是指参与者从自己的利益出发与其他参与者谈判达成协议或形成联盟，其结果对联盟双方均有利；非合作博弈是指参与者在选择行动时无法达成约束性的协议。囚徒困境就是典型的非合作博弈的例子。

商务谈判是一个动态博弈的过程，博弈论的兴起促进了现代商务谈判理论的进一步完善。要了解博弈论在商务谈判中的应用，首先要了解博弈论的基本模型——囚徒困境。

囚徒困境有着广泛而深刻的意义。在囚徒困境模型里，每个犯罪嫌疑人都有坦白和抵赖两种策略。如果他们两人在坦白与抵赖策略上都是首先想到自己，他们必然要服更长的刑期。只有当他们都首先替对方着想时，或者相互合谋（串供）时，才可以得到最短刑期的结果（见表 10.1）。在这个模型中，最终两人选择的策略都是坦白。

表 10.1　囚徒困境模型

策　略	嫌疑人乙抵赖	嫌疑人乙坦白
嫌疑人甲抵赖	甲 2 年，乙 2 年	甲 10 年，乙 1 年
嫌疑人甲坦白	甲 1 年，乙 10 年	甲 5 年，乙 5 年

个人理性与集体理性存在冲突时，个人追求利己行为而导致的最终结果是"纳什均衡"（这一结果以其研究者数学家纳什命名），也是对所有人都不利的结果。这一结果首先对亚当·斯密的"看不见的手"的原理提出了挑战。按照亚当·斯密的理论，在市场经济中，每一个人都从利己的目的出发，最终全社会达到利他的效果。亚当·斯密在《国富论》中的一个结论是："通过追求（个人的）自身利益，他常常会比其实际上想做的那样更有效地促进社会利益。"

从"纳什均衡"中可以引出"看不见的手"的原理的一个悖论：从利己目的出发，结果损人不利己，既不利己也不利他。两个囚徒的命运就是如此。从这个意义上说，"纳什均衡"提出的悖论实际上动摇了西方经济学的基石。因此，从"纳什均衡"中我们还可以悟出一个道理：合作是有利的利己策略，但它必须符合以下黄金律——按照你愿意别人对待你的方式来对待别人，但只有别人也按同样方式行事才行。这也就是"己所不欲，勿施于人"，但前提是"人所不欲，勿施于我"。"纳什均衡"是一种非合作博弈均衡，在现实中商务伙伴之间非合作博弈的情况要比合作博弈的情况普遍，因此对非合作博弈的研究更具有现实意义。

二、囚徒困境模型对商务谈判的启示

在商务谈判中，采取何种谈判策略有时类似于囚徒困境模型中囚徒的选择。谈判双方都有欺骗和合作两种策略。一方欺骗一方不欺骗时，能够给欺骗方带来利益。

表 10.2 中的数字代表两家公司的交易结果：获得收益或者是遭受损失。第一个数字是甲的结果，第二个数字是乙的结果。例如，当甲公司选择诚信而乙公司采取欺诈手段时，甲公司将遭受 3 个单位的损失，而乙公司则获得 9 个单位的收益。

表 10.2　诚信困境

情　形	乙公司诚信	乙公司欺诈
甲公司诚信	3，3	−3，9
甲公司欺诈	9，−3	−1，−1

依据我们前面对囚徒困境模型的分析，我们很容易得出，这个模型的"纳什均衡"是双方都欺诈，结果是双方都遭受损失。但是这显然不是最有利于双方的结果，也没有体现我们所提倡的在商务交往中应该遵循诚信原则。事实上，商务交往与囚徒困境模型最根本的区别在于：囚徒困境模型对双方来说都是一次性的，而现实中的商务交往大多不是一次性的。

纳什之后的美国数学家阿克塞尔罗德对多次博弈进行了研究，根据他的研究成果，我们可以将谈判双方的交易分为以下四种不同类型。

（1）双方的合作是一次性的。在这种情况下，由于不考虑长期的商务关系的维系，理性的谈判者都是从私利的角度出发为自己谋取最大利益的，合作的可能性几乎为零。因此，类似于囚徒困境模型中双方都坦白地选择，谈判双方所采取的最佳策略可能是相互欺骗。这时每一方都会认为自己在这种策略下的损失不会比对方大，甚至可以获得额外的利益。这种情况会出现在谈判双方还没有建立起相互信任，社会还没有建立起强烈的商业信用观念的时候。一次性的商务谈判中为谋取自己的最大私利，欺骗可能成为谈判双方最佳的选择。但是这一类的商务往来达成交易的可能性非常低。

（2）双方进行有限次的商务往来。一般情况下，在谈判的最初阶段，由于考虑到以后的商务往来，双方都会尽量避免欺骗而寻求合作；但是随着双方的往来加深，欺骗的可能性就逐渐增大。

（3）双方有长期无限次的商务往来。由于谈判双方的商务往来是长期的，所以双方都清楚如果自己欺骗了对方，那么将来必然会遭到对方同样的欺骗。同样是从自己的私利出发，双方就有可能避免欺骗，而采取合作的态度以争取最大的谈判利益，此时就类似于囚徒困境模型中双方串谋的情况。双方商务往来的时间越长，合作的可能性就越大。

（4）双方的商务往来期限不明确。这种情况比较常见。由于不知道合作的期限，因此双方也都知道如果欺骗一次，未来就会为此付出代价，所以双方采取合作的态度更符合双方的利益需求。

由此可见，商务往来的期限和谈判的轮次决定了双方在谈判中所采取的态度。而由于多数商务往来的期限是不明确的，因此，诚信是最符合企业自身利益需求的策略。

第三节　公平理论与谈判

公平理论也被称为社会比较理论。它认为人们工作的积极性不仅受到绝对报酬的影响，更受其所得到的相对报酬的影响。公平理论提出的基本观点是客观存在的，但公平本身却是相当复杂的，这主要是受到以下因素的影响：①个人的主观判断；②个人所持的公平标准；③绩效的评定方法；④绩效的评定人。

很多情况下，人们对公平的看法取决于心理因素，正因为人们感到不公平才有了谈判。因此，在公平理论视角下，谈判就是一个基于利益双方逐步妥协达到一个相对公平的平衡点，就利益的分配标准达成相对公正的共识，最终达成协议的过程。

一、公平分配的方案

在实际生活中，人们往往会采取各种措施来消除不公平感。那么，关于公平有没有一个评判标准呢？或者说，人们根据什么来确定分配是否公平呢？其实，公平有多重评判标准。下面以一个富人和一个穷人如何公正地分配 20 000 元为例进行说明。

方案一： 以心理承受的公平为标准，即富人和穷人按 3：1 的比例分配。因为人们在心理上通常会认为，5 000 元对穷人来说是个大数目，穷人失去 5 000 元相当于富人失去 15 000 元。这种以心理承受的公平作为标准有一定的道理。例如，一些社会团体的赈灾救助活动通常是按人们收入的多少来进行募捐的。

方案二： 以实际需要的补偿原则为标准，即富人和穷人按 1：3 的比例分配。这种分配对于双方的实际需要来说是合理的，因为穷人需要的多，即对弱者实行补偿原则。例如，联合国及一些国际组织对世界不发达国家和地区的援助、投资等均属此种分配方案。

方案三： 以平均分配为标准，即按 1：1 的比例分配，穷人与富人各得 20 000 元的一半。这种分配表面看很公平，但由于富人的税率比穷人高，富人拿到 10 000 元后，税后的剩余要比穷人少，所以，有人也指责这种分配不公平。

方案四： 以实际所得平等为标准，即富人在分到钱、纳税后的实际所得，与穷人不需纳税或少纳税后的收入正好相等。比如在这个案例里，假设富人分到 12 000 元之后要纳税 4 000 元，最后实际所得是 8 000 元，与穷人不需纳税的 8 000 元正好相等，那么穷人与富人的公平分配方案就应按照 3：2 的比例分配。

从以上四种分配方案可以看出，根据不同的标准进行分配，会导致不同的分配比例和结果，而且这些结果均被人们认为是相对公平的。显然，公平是有多重标准的。同样的分配，还可以以年龄大小、地位高低、饥饿程度、次序先后、资历深浅等为标准进行。分配的关键在于参与分配的双方要对公平的标准事先达成共识。只有这样，分配的结果才会被认为是公平的。

二、公平理论在商务谈判中的运用

公平理论对于理解并处理商务谈判活动有着重要的指导意义和启示。

第一，在商务谈判中，必须找到一个双方都能接受的公平的标准。只有按此标准进行谈判，谈判结果对双方来讲才是可接受的、公平的。人们进行谈判就是要对合理的公平分配标准达成共识。谈判成功后，人们之所以会认为所获得的利益是公平的，关键是因为参与分配的双方事先找到了一个共同认可的利益分配标准。

第二，公平不是绝对的，在很大程度上受人们主观感受的影响。所以，我们在谈判中不应盲目地追求所谓的绝对公平，而是应该去寻找对双方都有利的相对公平。有时谈判一方做出了很小的让步，却觉得不公平；而有时一方做出了很大的牺牲，仍觉得很公平。这主要是相对公平感造成的。

除了具体的利益，由于公平是主观的意识，是心理感受，因此在谈判时应当从心理方面着手，提升谈判对手的公平感，促成合作。例如，谈判会场的布置、时间的安排尽量贴近对方的喜好，在谈判过程中，要使用礼貌策略，获得对方的好感。公平贯穿谈判过程始终，只有坚持公平原则，双方才有可能达成共识，最终达成一致的谈判结果。

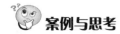 **案例与思考**

地基问题

在地基问题上，业主与承包商各执己见。承包商认为地基 4 米深就足够了，而业主认为地基至少需要 6 米深。承包商讲："我用钢筋结构来做房顶，地基没有必要做那么深。"业主却不肯让步。

如何才能保证房屋坚固？业主可以用一些有关的安全标准来进行论述。业主可以这样讲："也许 4 米深的地基就可以了，但我所坚持的是地基要坚实牢固，深度要足以使房子安全。政府对此类土地的地基有没有安全标准？这一地区的其他建筑物的地基深度如何？这一地区的地震风险有多大？"遵循这些客观的标准来解决地基深度问题，很可能就是谈判的出路。

思考与讨论： 你认为上述建议行得通吗？为什么？

第四节 双赢理论与合作原则谈判法

一、双赢理论

谈判是伴随着人类文明的发展而发展的。尽管谈判活动源远流长，但是直到 20 世纪五六十年代，人们才将谈判作为社会科学的一个分支来进行系统的研究。经过理论与实践工作者在这个领域进行的大量理论和实践的研究，人们通过纷繁复杂的谈判活动的表象，不断地揭示谈判活动的内在规律，取得了令人瞩目的成就。从谈判研究中产生的具有影响力的谈判理论和原则已成为指导人们谈判实践的重要理论依据。

1. 传统的输-赢理论

谈判是化解冲突的一种和平方式。对于各方来说，谈判通常有两种结果：一种是谈判以各方达成协议而告终，这样就避免了冲突的进一步发展；另一种则是谈判以失败而告终，可能导致冲突加剧。

正是由于谈判的成功与失败所带来的后果如此严重，有时谈判各方都将谈判视为绝对的成功或者绝对的失败。因此，为了取得谈判的成功，谈判各方都尽一切努力，甚至使用阴谋诡计和欺骗的伎俩来实现自己一方的利益。

因此，有人也将商场视为战场，将同行视为冤家，于是就有了各种不正当的竞争手段。一些公司在与外商谈判中竞相压价，互相拆台，进行恶性竞争，以将同行置于死地而后快。传统的输-赢模式谈判遵循以下步骤：①确定己方的利益和立场；②捍卫己方的利益和立场；③各方讨论做出让步的可能性；④达成妥协方案或宣布谈判失败。

受输-赢理论的影响，谈判各方往往会在谈判中习惯性地尽力维护自己的利益而保持坚定的立场，因此妥协就成为获取更大利益的筹码。各方都不会轻易让步，此时，妥协是各方达成协议的关键，如果没有各方或一方的妥协，谈判就不可避免地会以失败告终。这种非赢即输的理念是造成众多谈判失败的原因。

事实上，当一场谈判以某一方的胜利和另一方的失败而结束时，失败者往往会在以后寻找机会改变这个失败的结果，这又会为以后埋下冲突的种子。因此，人们需要新的理念和原则来指导冲突的化解。

2. 双赢理论的产生

20 世纪后半叶，随着经济全球化的不断发展和深化，世界各国和各地区之间的经济交往和经济合作不断加深，经济上相互联系和依存、相互渗透和扩张、相互竞争和制约的程度不断加深，形成了世界经济从资源配置、生产到流通和消费的多层次、多形式的交织和融合，全球经济形成了一个不可分割的有机整体。这种你中有我、我中有你，一荣俱荣、一损俱损的局面使人们认识到：在经济相互依赖的世界里，不能简单地以输赢论英雄，而必须寻求通过合作来取得双赢的结果。

微视频

双赢理论与谈判

这种认识使人们越来越多地通过和平的方式，在平等互利的基础上解决冲突，特别是经济领域内的冲突。一些学者和社会工作者开始宣传和倡导解决冲突的全新理念，即双赢理论。其中比较著名的有美国学者罗杰·费希尔和威廉·尤里、英国谈判家比尔·斯科特等。他们的核心思想是强调共同的胜利和利益的一致性。所谓共同的胜利，是指谈判一方在尽可能取得己方利益的前提下，或者至少在不损害己方利益的前提下，使对方的利益得到一定的满足。寻求各方利益的一致性是指在谈判中应努力挖掘各方利益相同的部分，再通过共同的努力将利益的蛋糕做大，如此各方都可获得更多的利益。

 视野拓展

美国律师格拉德·聂仁伯格于 20 世纪 60 年代在纽约创办了一所非营利性的谈判学院。他在学院里极力推销自己的谈判哲学——所有人都是赢家。由于格拉德办学的成功和他的谈判哲学的推广，他被《福布斯》杂志誉为"谈判培训之父"——以双赢理论为指导，一种全新的谈判模式形成了。大量的谈判实践证实了这一新的谈判模式在解决冲突的谈判中十分有效。在新的理念的指导下，许多长期无法解决的冲突得到了有效化解，许多可能升级的对抗得到了缓和。双赢理论极大地促进了合作，减少了对抗，提高了整个社会的共同福利。因此，以双赢理论为基础的谈判指导思想已被全世界广泛接受。

双赢模式的谈判遵循的步骤如下：①确定己方的利益和需求；②寻找对方的利益和需求；③提出建设性的提议和解决方法；④宣布谈判成功、失败或陷入僵局。

比较双赢模式与输-赢模式可以看出，两种模式最大的区别在于第二步和第三步。输-赢模式中捍卫己方的利益和立场被双赢模式中寻找对方的利益和需求所替代。这不是一个简单的文字游戏，而是一个思想观念的重大变化，是通过谈判取得双赢结果的第一步。在发现对方的利益和需求的过程中，谈判者可以更好地理解自己的谈判对手，并能够从对方的角度考虑一些问题，促使各方朝着相互理解与和解的方向发展。当各方建立了相互理解的关系后便可在此基础上提出各方都可能接受的建设性解决方案。由于这样的方案不是一方利益和意志的反映，而是各方的观点，特别是各方共同的利益的反映，因此，谈判以各方满意的结果而告终的机会大大增加。

双赢理论在解决许多难题时被证明是有效和成功的，其中的主要原因是该理念强调从彼此的角度考虑问题，这大大地促进了各方的相互理解，因而就能产生事半功倍的效果。同时，我们也必须意识到双赢理念尽管有效，但并非所有的人在所有的场合都能自觉地运用这一理念。这是由于传统的非赢即输的观念还根深蒂固，再加上各方利益本质上的冲突性，要使新理念成为人们的自觉行为还需长期的努力。

 案例与思考

荒岛上的谈判

故事一：有两个人流落到荒岛上，他们获得了神仙的赏赐——一根鱼竿和一篓子鲜活的鱼。面对这份大礼，两个人开始了谈判。最后，一个人要了一篓子鲜活的鱼，另一个人得到了一根鱼竿。得到鱼竿的那个人忍住饥饿，一步步走向海边，准备钓鱼。可是，由于太饿了，他的最后一点力气也用完了，最后他看到了蔚蓝的大海，只能遗憾地离开人世。而另外一个得到一篓子鱼的人，立马点火煮鱼吃，他很久没有吃过饭了，便狼吞虎咽地吃起来。几天后，他的鱼就吃完了，他再也得不到任何食物，最后饿死在空的鱼篓子旁边。

故事二：同样是两个饥饿的人在荒岛上得到神仙的赏赐——一根鱼竿和一篓子鲜活的鱼。这两个人得到鱼竿和鲜活的鱼之后并没有分开，他们商量着一起去有鱼的海边。途中，他们饿了就煮一条鱼吃。皇天不负有心人，他们两个人经过艰苦的跋涉，最后来到了有鱼的海边。他们一起钓鱼，维持生计，然后等待着船只经过。就这样，终于有一天，他们得救了。

思考与讨论：两个故事的主要差异在哪里？

二、合作原则谈判法

合作原则谈判法具有广泛的适用性，学习应用合作原则谈判法对于各方取得双赢的结果具有十分积极的意义。它是对双赢理论的发展和理论化，由以下四个部分组成：①对待谈判对手——对事不对人；②对待各方利益——着眼于利益而非立场；③对待利益获取——制订双赢方案；④对待评判标准——引入客观评判标准。合作原则谈判法的四个部分，互为依存，环环相扣，在谈判中贯穿始终，共同影响谈判的进程。

（一）对事不对人

谈判气氛是决定谈判各方关系的一个重要因素。众所周知，在诚挚友好的气氛中，谈判各方的心态比较平和，因而谈判中的难题也比较容易解决。但是遗憾的是，友好的谈判气氛常常由于各方互有偏见，或者在谈判过程中对对方形成的不良印象等而被破坏。当有以上情况发生时，谈判就无法围绕谈判议题展开，而成为个人之间的攻击和对抗，相互之间的信任和感情被破坏，导致谈判无法正常进行。

谈判一方如果认为对方的行为举止傲慢无礼，说的某句话让自己感到没面子，就可能会抛出一两句话压制对方的傲气，这又会进一步激怒对方，迫使其采取进一步的措施。

例如，在各方相互争执的情况下，人们喜欢抛出这样一句话："跟你这种人没法谈。"此话一出，谈判的焦点便容易从讨论各方的利益和问题转移到个人的脸面和尊严上来。可想而知，这样的谈判往往不欢而散，什么问题都得不到解决。

在另外一些情况下，谈判一方对另一方提出的理由和表述事件的目的存有疑虑，认为对方可能想利用谈判达到其险恶的目的时，一方常常会表现出情绪激动，出言不逊，使双方火气骤然上升而无法达到通过谈判解决问题的目的。针对以上这些情况，合作原则谈判法提出从以下三个方面着手来解决问题。

第一是发展移情法，包括：①从对方的立场看待问题；②避免因自己的问题而责备对方；③协助对方参与解决问题。

第二是正确看待情绪，包括：①允许对方发火；②恰当看待情绪的爆发。

第三是加强沟通：①注意倾听并总结听到的情况；②避免给对方打分并将对方当作辩论的对手；③不严厉指责对方的错误。

总的来说，要做到对事不对人的关键是各方尽量相互理解，在气氛紧张时控制自己的情绪，并通过加强沟通和对话来了解各方，从而达到解决问题的目的。

（二）着眼于利益而非立场

利益的冲突将人们带到谈判桌前。谈判各方为了实现各自的利益，或是维护自己的利益，或是通过谈判获取更多的利益，常常在谈判中坚持自己的立场。然而，由于各方的利益在大多数情况下是矛盾的，所以各方的谈判立场也常常是对立的。如果谈判各方都各自坚持自己的立场，则很容易出现僵持的局面，因为立场常常是难以调和的。此时，调和各方的利益则比较容易实现。

着眼于利益而非立场就是为了克服因各方一味坚持自己的立场而使谈判陷入僵局的方法。着眼于利益不仅是指协调各方的不同利益，更为重要的是寻求各方的共同利益。谈判各方如果能够做到着眼于利益，他们就不会只坚持一种解决问题的方案。事实上，使各方利益得到满足的方法不止一个，当人们认识到这一点时就会变得富有灵活性和创造性。此外，谈判各方总是可以找到共同的利益，因为没有共同利益，各方也没必要进行谈判。而找到各方的共同利益是取得双赢结果的一个关键点。为做到着眼于利益而非立场，谈判各方可以从以下两个方面着手。

其一是明确利益，包括：①探寻妨碍己方的对方利益；②从不同的角度审视对方的不同利益；③透过对方的立场看到对方的人性需求。

其二是讨论利益，包括：①总结并接受对方的利益；②在提出解决方案前表达自己的见解或提出问题；③在解决问题时尽量不追究过去的矛盾，应该向前看。

在谈判中要想做到以各方的利益为重而不是在立场上争执，往往不是一件轻而易举的事情。原因是谈判立场往往表现得具体而明确，但是隐藏在立场背后的利益却可能不明朗、不具体。有时人们出于策略的需要掩盖其真实的利益，这也增加了问题的复杂性。不过，即便如此，谈判各方只要努力就可以做到以利益为重，而避免在立场上讨价还价。下面的例子有力地说明了着眼于利益在谈判中的作用。

> 曾有发达国家对从发展中国家进口的服装和纺织品有配额限制，为此，发达国家和发展中国家之间不断有贸易摩擦发生。发达国家担心大量廉价的服装纺织品进入本国会对本国的同类产业构成威胁，损害本国同类就业人员的利益。这种摩擦看似不易调和，但事实上，从发展中国家进口服装和纺织品既可以满足各个层次的消费者，特别是中低收入人群的穿衣需求，又可以将本国有限的资源配置到获利更高的行业。事实上，发达国家的纺织业早已成为夕阳产业，被边缘化了。这也就是世界贸易组织不但要求成员逐步取消配额，而且特别对发达国家在服装和纺织品进口配额上提出了明确取消的原因。1986—1994 年，"乌拉圭回合"谈判中达成的服装和纺织品贸易协议要求在该行业已经失去竞争力的发达国家在十年内彻底取消对发展中国家进口服装和纺织品的配额制度。取消发达国家对服装和纺织品配额的要求从根本上说是一个对发达国家和发展中国家都有利的双赢措施。

事实上，很多时候尽管冲突和利益是并存的，但是如果处理得当就可以使利益不断放大、冲突不断缩小。

（三）制订双赢方案

合作原则谈判法的前两个部分主要针对谈判中对事不对人、着眼于利益而非立场进行论述，从而使谈判各方正确对待彼此间的利益，找准谈判的重点和立足点；而第三个部分——制订双赢方案，则为各方实现自己的利益提供了一个可行的路径和方法。

在谈判中，人们为何极易对自己的立场讨价还价？其原因有两个。一是谈判的内容属于非输即赢类型，如汽车的价格、佣金的高低、房屋租期的长短等；或者人们遇到的问题是非此即彼的选择，如离婚谈判中对财产的分割、孩子的归属等。这种两分法类型的谈判限制了人们的思维，制约了人们的创造力，使谈判者的目光盯在谈判的结果是输还是赢这个问题上。二是人们往往把问题的解决方法限制在很窄的范围内，比较典型的做法是认为解决问题的办法只有一个，如果这个方案不能化解冲突，谈判只好停止。总的来说，阻止人们寻求建设性替代方案的原因有以下三个。

（1）认为分配方案保持一成不变。各方都认为利益的蛋糕是固定不变的，因而"你的胜利就是我的失败，或者我的胜利就是你的失败"。这种僵化的分配观念制约了人们解决问题的创造力和谈判的灵活性，从而常常导致谈判失败。解决这一问题的方法是转变观念，将固定不变转为灵活可变，即各方在利益分配之前共同将利益的蛋糕做大，这样各方都可以获得更大的利益。

（2）只寻求一种答案。谈判者往往容易满足于取得的成就和进展，并且希望谈判能照此方式继续下去，不再出现其他麻烦，顺利达成最终协议。但是如果谈判中途出现其他问题使现有方案无法实施时，他们又不愿意放弃在现有方案上已取得的进展，那么就会导致谈判失败。谈判各方应当认识到总有其他更好的办法来解决目前的困难，因此当一种方案行不通时，应及时提出替代方案，避免谈判陷入僵局。

（3）在提出方案时只考虑满足自己利益和需要的解决办法。谈判者应当意识到谈判过程是给予与获取并行的过程。成功的谈判协议是权利与义务的结合体，因此谈判方案应充分体现各方共同的利益和要求。只有同时考虑自己的利益和对方的利益时，才能激发人们的创造力，提出富有建设性意义的方案。

针对以上问题，谈判各方可以按以下步骤来制订双赢方案。

（1）诊断，包括以下几个步骤：①放弃"对方利益的满足一定是以我方的付出为代价"的观念；②鼓励各方共同解决问题；③在对方未做好充分准备之前不锁定在一种方案上。

（2）提出建设性方案，具体包括：①与对方进行充分沟通；②明确双方利益；③寻求双方的共同利益和互补利益，分析双方可以让步的利益；④提出多个可供选择的方案。

这一部分的要点是构思多种可供选择的方案并且在此基础上选择可行的方案。在谈判处于困难的关键阶段时，最重要的就是能够拿出多种方案来。例如，请有关方面的专家和专业人员共同讨论，集思广益。

在提出各种可供选择的方案后，下一步就是选择一个切实可行的为各方所接受的方案。然而在选择方案时存在一个以什么标准来评价所选方案的问题，也就是确定此方案优于彼方案，或者某一方案是几个方案中最好的方案的标准是什么。由于各方的评判标准往往存在着很大的分歧，因此以谁的标准来衡量各种方案就成为一个关键的问题。

（四）引入客观评判标准

上述虽然强调以各方的利益为出发点来考虑分配方案，以求得令各方都满意的解决方法，然而无论各方如何从对方的角度考虑问题，理解对方的需求，争取提出具有创造性的方案，都无法避免各方存在利益冲突和对抗的问题。这种冲突在对待方案的评判标准上得到集中反映。当各方因评判标准不同而无法确定方案的合理性和公正性时，最好的解决方法就是寻求一个客观评判标准。

1. 选择客观评判标准

在判断一个评判标准是否属于客观评判标准时应从以下三个方面考虑。

第一，客观评判标准应当独立于各方的主观意志之外，因而它可以不受任何一方的感情影响。例如，世界贸易组织所确定的最惠国待遇原则、国民待遇原则、无歧视待遇原则、互惠原则、透明度原则、关税减让原则、取消数量限制原则等原则，都是从全体成员的利益出发确定的，因而被所有成员视为客观标准。

第二，客观评判标准应当具有合法性和实际性。例如世界贸易组织的各项规则已成为各成员普遍遵守的规范；同时这些规则经过多年的使用被证实是切合实际和可行的，所以被各成员在贸易争端中普遍用来作为解决争端的标准。

第三，客观评判标准应当具有科学性和权威性。例如我们国家的城市规模分类有很多相关的划分标准,有的以经济规模划分,有的建立了相应的指标体系,但通行的且比较权威的标准是 2014 年 11 月国务院发布的《国务院关于调整城市规模划分标准的通知》,即按照人口规模将我国城市划分为超大城市、特大城市、大城市、中等城市、小城市。应该说,国务院发布的标准既具有科学性,又具有权威性,因而具有强大的说服力。显然,在确定客观评判标准时,对不同的事物有不同的客观标准,所考虑的因素也不尽相同。例如谈判者在与国外商人就产品的价格进行谈判时,对价格的衡量标准就应当包括产品的成本价、市场的变化、汇率的稳定程度、竞争对手的情况,以及其他必要的因素。

此外,专家的意见、国家间的协议、国际惯例、一国的法律和规章制度都可以作为客观评判标准。

2. 运用客观评判标准

运用合作原则谈判法不仅涉及如何选择客观评判标准的问题,而且涉及如何应用客观评判标准的问题。所以衡量客观标准是否公平、是否具有科学性和有效性,应当从两个方面入手:一是从实质利益上看,二是从处理程序上看。从实质利益上看是以不损害各方的利益为原则;从处理程序上看就是看解决方法本身是否公平,也就是是否有公平的程序。例如从程序上看,如果一方分割蛋糕,让另一方先挑选,这就是一个公平的程序。其他常用的被视为公平的程序还有"轮流坐庄""抓阄""寻找仲裁人"等。

人们可以采用不同的方法和途径来进行谈判。某种方法是成功还是失败,可以从以下三个方面做出判断:一是一项可能达成的协议应当最大限度地满足各方的合法利益,解决各方之间的冲突,同时保证公众的利益不受损害;二是协议应当是高效的;三是协议应当改善,或至少不伤害各方的关系。

3. 使对方易于决策

在谈判中,如果要使对方同意达成一项满足己方利益需求的协议,那么这一协议也必须满足对方的利益需求。然而,很多谈判者习惯于只以自身利益来思考问题,很少考虑到那些符合双方利益的方案。他们认为,他们自己的问题就已经够多了,对方的问题,应当由对方自己解决。谈判者要克服这种只注意自己利益的目光短浅的思想,让自己试着站在对方的立场上,研究出对方易于做出决策的方案,使对方做出己方所预期的决定。

 **案例与思考**

编辑和作者的谈判

一位编辑和一位作者在沟通一部教材的稿酬。

作者:别的出版社都给我 10%,你们不但要求多,而且只给 8%,是不是低了点?

编辑:您这个问题很好,稿酬是我们都应该关心的问题,我来解释一下。

您也知道,版税制稿酬额和版税率及销售量两个因素相关,我们先看销售量。

同类教材在不同的出版社销售量相差悬殊。假设您和其他出版社合作,有大、小两个出版社可选,小出版社按 12% 支付版税,大出版社按 7% 支付版税,我会推荐您选择大出版社,因为销售量的差距可不止 5 个百分点。

作者:有那么大差距吗?

编辑:您的教材还没出版,我们不敢断言它销售得如何,但是我们另外一位作者的教材曾获得出版领域的奖项,是精品中的精品,但因为选择出版社不慎,五六年间只重印了一次。

作者:是谁啊?

编辑:他也在我的作者群里,回头等我们确定合作,您加入群,您可以私下问问这位老师。我们再来说版税率，大学教材一般是 7%～9%，优秀作者能到 12%左右，如谭××、周××，不过他们的教材可都是年销售量数十万册的。

　　作者： 我的教材销量也会很好，我在××出版社出版的教材已经印了×万册。

　　编辑： 您有这个信心我非常高兴，您看要不这样，我们签阶梯版税的合同，您看如何？

　　……

　　思考与讨论： 请从理论上分析编辑使用的谈判技巧。

　　合作原则谈判法为我们提供了在谈判中达成协议的方法。实践证明，合作原则谈判法几乎适用于所有的谈判场合：从国际谈判到国内谈判，从简单事件到复杂事件，从双边谈判到多边谈判，从日常商业交往到紧急突发情况。无论谈判场合如何变化，都可以采用合作原则谈判法。合作原则谈判法还可服务于不同类型的谈判者以解决各种各样的问题，如各国外交官和政治家就限制核武器扩散进行的谈判、华尔街律师代表世界 500 强公司就反垄断进行的谈判。

拓展游戏

大英图书馆搬家

　　相传，大英图书馆老馆年久失修，在新的地方建了一个新的图书馆，新馆建成以后，要把老馆的书搬到新馆去。这本来是一个搬家公司的活，没什么好策划的，把书装上车，拉走，运到新馆即可。但问题是按预算需要 350 万英镑，图书馆没有这么多钱。眼看雨季就要到了，不马上搬，损失就大了，怎么办？正当馆长苦恼的时候，一个馆员找到馆长，说他有一个解决的方案，不过仍然需要 150 万英镑。馆长十分高兴，因为图书馆有能力支付这笔钱。"快说出来！"馆长很着急。馆员说："好主意也是商品，我有一个条件。""什么条件？""如果 150 万英镑全部花完，那权当我给图书馆做贡献了，如果有剩余，图书馆要把剩余的钱给我。""那有什么问题！350 万英镑我都认可了，150 万英镑以内剩余的钱给你，我马上就能做主！"馆长坚定地说。"那我们签个合同。"馆员意识到发财机会来了。合同签订后不久，馆员的新搬书方案就开始实施了。150 万英镑连零头都没用完，就把书给搬了。

　　要求： 三四位同学一组，就这个案例进行表演。一人扮演馆长，其他人扮演馆员献计献策。最后，老师让每个小组派代表来汇报有什么好的办法，并公布这个案例里的馆员用什么办法既赚到了钱，又把书搬了出去。

第五节　其他谈判理论

　　谈判作为一门综合性学科，涉及多个领域，因此，各个领域的专家都尝试以自己的研究背景为基础提出对谈判的解释。这些理论源于对其他学科的研究，但是对谈判同样具有重要的指导意义。

一、身份理论

　　身份理论尝试解释社会身份如何影响个人行为。个人从其所扮演的社会角色出发形成个人的身份定位，如父母、配偶、上级与下属等。人们忠诚于自己的社会身份，这对人们一生的影响可能比其他因素都要大。

　　身份理论在谈判中的应用可以解释为人们需要被认可、需要安全感、能够控制局面等。一个谈判者如果具有很强的身份需求，他可能会考虑："如果我同意你的建议，别人会怎么看我呢？"

　　许多谈判表面上看起来是在解决有关利益的冲突，实际上可能涉及与谈判者身份相联系的意图、期望、行为。

例如，一个雇员要求与经理谈谈他的工作职责。经理很有可能会把这一要求看作在威胁他在工作分配上的权威。雇员的意图本来是要修改工作职责，但是，除非他能够消除经理的权威被质疑这种印象，否则，这一要求很难得到满足。

这场谈判，表面上看起来是工作职责的分歧，但问题的重点根本不在于职责的分配是否合理，而在于雇员是否充分尊重经理的身份定位。

反映出身份问题的谈话有不少，例如，"你在质疑我的判断能力吗？""我做这一行20年了，我很清楚这个问题。""你以为你在跟谁说话？"要想缓解紧张气氛，另一方应该认真倾听对方谈话，要充分肯定谈话者的专业知识水平，并且充分表现出对谈话者身份的尊重，而后再回到争论的问题本身。

二、社会相互作用理论

虽然莫顿·多伊奇为人们所熟悉是因为他对冲突管理研究的贡献，但是他的许多观点在谈判中同样得到非常好的应用，例如社会相互作用理论。他认为，人们在解决问题中所涉及的一系列理解、预期、技巧与其社会背景有紧密联系。如果你的目标是想要改变现实环境，首先必须改变人们对环境的理解。

例如，在谈判中澄清双方对问题的理解会使谈判更加有效。交流不充分、态度带有敌意或者对差异过于敏感，这些都是竞争的常见现象，会导致观点扭曲，从而强化冲突，甚至导致冲突长久化。相反，如果能够在谈判时澄清己方的期望、相互作用的规则以及与问题有关的价值，将会影响谈判中所传达的信息。

另外，将冲突定义为"需要通过共同努力来解决的共同问题"，会有助于谈判获得成功。谈判各方使用"我们的问题""我们的解决方案"这一类语言，有助于强化双方对共同利益的追求。虽然各方不太可能达成自己所希望的所有成果，但是，各方可以进行有益的对话，更好地理解双方的需求，这将有助于未来对问题的解决。

如何增进理解和沟通呢？方法之一是确立有助于加强合作关系的规则。对此，多伊奇给出的建议包括：①意见出现不一致时，努力从对方的角度来理解其观点；②充分肯定对方想法的价值；③强调对方积极的、正面的因素，尽量少表达消极的、负面的感受；④对对方的合理要求做出积极响应；⑤恳请对方提出看法、专心倾听、积极响应、分享信息，从而促进双方合作性的交流；⑥表现出诚实、道德、关注他人、正直的品质。

关于社会相互作用理论在谈判中的应用，多伊奇的观点可以总结为：沟通和语言是协调行动的核心，是一种渠道，连接谈判各方。人们以语言来进行争论，因此我们应该重塑语言，使其减少威胁性、不那么极端，从而变得更加有利于合作。

三、场理论

在物理学中，原子的运动受到许多更小的颗粒（如质子和电子）的影响，质子和电子又受到更小的颗粒（如夸克、光子）的影响。虽然我们看不到这些潜在的力量，但是，它们影响生活中的所有运动。

德裔美国学者库尔特·卢因认为个人行为不能独立于社会背景，每一种组织或社会背景都形成系统力，创造心理环境，从而影响人们的思维和行动方式。

气氛用来描述整体的背景特征，经常被定义为"热烈而安全"或者"冷淡而紧张"。在谈判中，气氛可能是合作性的或是竞争性的。心理气氛形成谈判的背景，会支持或者阻碍双方形成信任的态度、进行开诚布公的沟通，影响人们以何种方式讨论和解决分歧。美国学者福尔杰、普尔和斯图曼认为：冲突环境的主流气氛会影响各方对彼此的看法，从而鼓励某种行为方式，并且再反过来强化环境气氛。

> 例如，一位调解员为一家大型金融公司讲授为期两天的谈判课程，在课程中间，有几名参与者告诉他："这个公司的文化缺乏领导力，多数雇员不信任上级经理。"对气氛的评价在课堂讨论中也得到体现，参与者们相互竞争，不信任彼此，在课堂练习和讨论中拒绝分享信息。这些感觉形成一种气氛笼罩整个团体，它会影响各方如何计划他们的行为和猜测对方的反应。

心理气氛会影响冲突的发生、发展和解决。一个具体的事件是否会导致冲突很大程度上取决于团体内部的紧张水平和社会气氛。

场理论揭示了在谈判中许多潜在的力量会影响谈判者对措辞、技巧的选择，以及情绪反应、压力等。我们在谈判中的语言和沟通受到我们所属文化群体的影响。例如，一个工会代表如何理解资方经理所说的话，以及在谈判中选择什么样的策略，会受到他所在的工会对他的期望的影响。

谈判者必须对这些潜在的力量保持敏感，并且相应调整谈判策略以应对，甚至可以有效利用这些力量的影响。

四、理性选择理论

理性选择理论把人们在冲突中的行为描述为一系列的选择，即冲突各方为了利益最大化或损失最小化而会采取一系列行动。该理论认为人们受自我利益的驱动，因此在做出选择时所依据的偏好相对比较稳定。从这个角度出发的谈判者通常会从收益、损失以及结果衡量的角度来理解语言和事件，经常会考虑："这会给我带来什么？"

理性选择理论表明了认知标准的重要性。标准确立了参考点：低于该标准，交易不能补偿成本；高于该标准，交易才是值得的。虽然这些标准可能是主观的判断，但是它们决定着谈判中什么是重要的，对风险和损失的衡量具有显著影响。2002年诺贝尔经济学奖得主、心理学家卡内曼指出人们厌恶损失、避免损失的想法对谈判的影响与获得收益至少同样重要，甚至前者更重要。

博弈论是理性选择的一个例子，实验者试图通过模拟来了解行动、反映行动，了解人们为了使自己的利益最大化和达成目标会做出何种选择。

艾克斯罗德使用囚徒困境模型进行研究，总结了实施理性选择理论的四项原则：①正直待人，不要先于对方采取欺诈行为（指试图以他人的损失换取己方的利益）；②如果对方欺诈，则采取惩罚行动；③采取惩罚性的欺诈行动后，应该原谅对方，避免引起对抗升级；④不要聪明过头，过分"聪明"的策略会使其他人做出错误的推断。

谈判就是为解决问题提供便利的过程，通过谈判，人们做出判断，认识到没有必要再使冲突升级，或者认识到当前对利益的分配方式是可以接受的。争论各方如果认为谈判过程是公平的、恰当的，那就更有可能找到各方接受的解决方案。只要游戏规则看起来公平，各方认为交易符合他们的最大利益，就会达成协议。

看起来，对于谈判我们不需要了解什么理论观点，事实上，更深入地了解我们为什么要做出某种战略选择，将更有利于解决冲突，有利于在谈判中获取最佳利益。

在谈判中对本章中提及的理论和原则善加利用，通常会有效提高谈判的成功率，改善谈判结果。

思考与实践

一、思考与讨论

1. 请简述需求层次理论和谈判主体需求理论。
2. 请简述需求层次理论和谈判主体需求理论在商务谈判中的运用。
3. 请简述囚徒困境。
4. 请简述公平理论在商务谈判中的运用。
5. 请简述双赢理论。

二、活动与演练

形式： 全体人员，三四个人一组。

要求： 每位同学讲解一种理论以及其在谈判中的运用；小组讨论各种理论的利弊。

三、案例分析

在竞争激烈的大自然环境中，一只高大的斑马与三只矮小的鬣狗进行了一场殊死搏斗。在搏斗的过程中，三只鬣狗表现出了分工：一只鬣狗负责咬斑马的脖子，一只鬣狗负责咬斑马的肚子，另外一只鬣狗负责咬斑马的腿。就这样，三只鬣狗同时咬住了斑马。最终，高大的斑马倒了下来，被三只鬣狗瓜分了。

问题与分析： 你认为矮小的鬣狗战胜高大的斑马的秘诀是什么？请举个身边类似的案例。

 知识巩固

第十一章　商务谈判沟通艺术

 学习目标

能应用商务谈判中有效的叙述方法；能应用商务谈判中辩论的技巧、提问与回应艺术达到谈判的目的；能解释商务谈判中说服的条件；能举例说明商务谈判说服的原则。

> **导入案例**
>
> 供方："贵方要货数量虽大，但是要求的价格折扣幅度太大了，服务项目要求也过多，这样的生意实在是难做。"
>
> 需方："您说的这些问题都很实际。正像您刚才说的那样，我们要货量大，这是其他企业根本无法与我们相比的，因此我们要求价格折扣幅度大于其他企业也是可以理解的！再说，以后我们会成为您主要的长期合作伙伴，而且您还可以减少对许多小企业的优惠费用。从长远看，咱们还是互惠互利的。"
>
> **思考与讨论：** 你能总结此案例中需方用来说服供方的技巧吗？

没有沟通就没有谈判。谈判主体之间的谈判只有并且必须通过彼此之间的沟通才能进行。只有通过沟通，谈判主体才能分享信息，交流思想和情感，让对方了解己方的想法；也使自己了解对方的意图。因此，沟通是谈判所依赖的必要媒介，对谈判起着举足轻重的作用。

谈判的沟通过程主要是谈判主体之间在语言上及非语言上的你来我往。语言是人际沟通交流中的说、听、问、答等四种基本形态的集合与互动。谈判主体表达己方的意见、倾听对方意见、提出己方的问题、回应对方的问题，是沟通过程中的通常情形。每一种情形如何运用，从不同的角度反映着谈判者的沟通水平及其对沟通技巧的掌握程度。

由于在商务沟通篇里我们已经详细讲解过倾听和非语言沟通主题，因此，本章不再重复讲解倾听艺术和非语言沟通艺术。

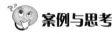 案例与思考

"不会说话"的主人

有人请几位客人吃饭。有一位客人一直没有来，主人等得心急，便抱怨道："你看看，该来的不来。"有位客人一听："哦，该来的不来，我岂不是那不该来的了？"于是站起来便走。主人急忙挽留，可没留住。主人又说："哎，不该走的走了。"另一位客人听了，生气地说："这么说，我才是该走的。"他也生气地离开了。主人见状，觉得很委屈，便向最后一位客人诉苦："我没有说他们啊！"那位客人闻言不悦："哦，那你是在说我啦！"

思考与讨论： 如果你是这个故事里的主人，你会如何说话呢？

第一节　叙述艺术

叙述就是介绍己方的情况，阐述己方对某一个问题的具体看法，从而使对方了解己方的观点、方案和立场。谈判过程中的叙述大体包括入题和阐述两个部分。

一、入题艺术

谈判双方刚刚坐在一起，并不熟悉，难免会感到拘谨。为了消除或缓解这种尴尬的状态，谈判人员会寻找一个合适的话题开始会谈，这时候必须讲究入题技巧，采用恰当的入题方法。第一，迂回入题。例如，谈判人员可以从目前流行的事物或有关新闻、旅行见闻等题外话入题，也可以从介绍己方谈判人员或是从介绍本公司的生产、经营、财务状况入题。第二，先谈细节问题，后谈原则性问题。第三，先谈一般原则，后谈细节问题。第四，从具体议题入手。

此外，入题还要做到以下两点：①开宗明义，明确本次谈判所要解决的主要议题，并表明己方的基本立场。既可以回顾双方以前合作的成果，也可以展望或预测今后双方合作中可能出现的机遇或障碍，还可以表示己方可采取何种方式为双方共同获得利益做出贡献。②以真诚和轻松的方式来表达己方的观点，以创造一种和谐、友好、积极向上的洽谈气氛。"好的开始是成功的一半"就是这个道理。

▶ 微视频

叙述艺术

二、阐述艺术

阐述的艺术很多，在商务谈判中我们尤其要关注以下几点。

1. 开场阐述艺术

开场阐述的要点有：①开宗明义，明确本次谈判所要解决的主题，以集中双方注意力，统一双方的认识；②表明己方通过洽谈应当得到的利益，尤其是对己方至关重要的利益；③表明己方的基本立场，可以回顾双方以前合作的成果，说明己方在对方所享有的信誉；④开场阐述尽可能简明扼要；⑤开场阐述的目的是让对方明白己方的意图，以营造和谐的洽谈气氛，因此，阐述应以诚挚和轻松的方式来表达。

案例与思考

贝尔那的谈判

20世纪70年代正值世界经济衰退，法国空中客车公司（Airbus）的推销相当艰难。公司派了销售部的贝尔那·拉第峻去印度航空公司谈判飞机销售事宜。谈判对手是印度航空公司主席拉尔少将。贝尔那见到拉尔时说："是你使我有机会回到我的出生地。"然后简单介绍自己的身世，最后拿出一张相片，相片上是印度有着"圣雄"之称的甘地和一个小孩。他告诉拉尔："那个孩子就是我，当年父母带我去欧洲时与甘地同乘一条船……"结果谈判非常成功。

思考与讨论：你觉得谈判成功和开局中贝尔那·拉第峻的言行有什么关系吗？

在对方开场阐述时，还有以下两点需要特别关注：一是认真、耐心地倾听，归纳并弄懂对方开场阐述的内容，思考和理解对方阐述的关键问题，以免产生误会；二是如果对方开场阐述的内容与己方意见差距较大，不要打断对方的阐述，更不要立即与对方争执，而应当先让对方说完，己方表明认同对方之后再巧妙地转开话题，从侧面进行反驳。

2. 让对方先谈

让对方先谈，以满足对方要求为前提，尽量调动对方的积极性，尽可能让对方多谈自己的观点和要求；待对方陈述完毕后，再对己方的产品进行介绍，指出产品的优点和特色、会给对方带来什么，这样就可以大大减少对方的逆反心理和戒备心理。

3. 坦诚相见

坦诚相见是指谈判人员在谈判过程中以诚恳、坦率的态度向对方袒露自己的真实思想和观点，实事求是。

4. 正确使用语言的艺术

正确使用语言的艺术包括以下几点。①发言准确易懂、生动具体、主次分明，避免令人乏味的平铺直叙，以及抽象的说教。例如："我来介绍一下我方的产品情况，它的性能符合 ISO14000 标准，产量可以达到贵方订单要求，此种产品的销售在过去的三年一直保持良好的业绩，在我公司的年报中可以反映。"②发言紧扣主题。③措辞得体，不走极端。④注意语调、语速、声音、停顿和重复。⑤适当使用解围用语。例如，当谈判出现困难，无法达成协议时，为了摆脱困境，给自己解围，并使谈判继续进行，可使用诸如这样的解围语："这样做，肯定对双方都不利！"不以否定性的语言结束谈判。在结束谈判之时，最好能给予谈判对手正面评价，并中肯地把谈过的内容进行归纳。例如："您在这次谈判中表现得很出色，给我留下了深刻印象。""您处理问题卓有成效，钦佩，钦佩！""今天会谈在某个问题上达成一致，但在某方面还要再谈。"

 **案例与思考**

最贵的汽车

在汽车城的某品牌展位，一位顾客用一种极其不满的口吻对汽车销售人员说："与你这款车功能相同的车中，全国就数你家最贵，你们厂家也太不厚道了！"销售人员并没有立即反驳，而是说："这位先生很在行嘛，很精通汽车啊！是的，我们这款的确是最贵的，与××品牌相比，贵了约 5 万元，这的确是一笔不小的数目啊！不过，这款车百公里油耗比××牌省 2.5 升，按年行驶 1 万公里和现行的油价计算，每年可节省 1 500 元左右。如果考虑以后油价上涨等因素，每年省下的钱还不止这么多。"听完这样的解释后，这位顾客的态度友好得多了，说道："这么一说，还真是这个理，油价涨得多降得少，油耗指标越来越重要了。下周二，我来办理购车手续吧！"

思考与讨论：如果销售人员振振有词，毫不相让，可能会出现什么样的结果？

第二节　辩论艺术

辩论也叫论辩，是指双方为论证自己对事物、问题的见解，或反驳他人观点说服对方，而在语言上直接对抗。在商务谈判中，辩论是常有之事，只是辩论的目的是达成交易，因此不能机械地用线性因果的思维方式去确认真理在哪一方。

微视频

辩论艺术

一、辩论的特点

辩论主要有以下特点。

（1）观点的对立性。态度无对立就无辩论。在谈判中，由于利益的不一致性，会不可避免地出现观点的对立。这种对立可能针锋相对，也可能彼此兼容。

辩论能使这种对立外现、展开。

（2）应答的及时性、巧妙性。辩论时双方短兵相接，彼此语言交流，要求瞬间做出回答，如果反应迟钝，就会处于劣势。辩论中的应答也不是平淡的申明或反驳，而是选取新颖的角度巧妙地进行答辩。

（3）语言的精练性、攻击性。辩论中要使用简洁的语言，用语精练与否是决定辩论成败的重要因素。当然，为了在辩论中取胜，可能还要使语言具有一定的攻击性，攻击性语言能快速击倒对方。值得注意的是，在商务谈判中，辩论者语言攻击的目标是对方的观点，那种超出问题本身而指责他方品行、外表、人格等方面的辩论是不礼貌的。

二、辩论的原则

在辩论中，人们通常认为最重要的两个原则是事实有力和逻辑严密。

1. 事实有力

辩论不是煽动情绪，而是讲理由、提根据。在商务谈判中只有从事实出发，才能在辩论中立于不败之地。要想事实有力，必须做好材料的选择整理、加工工作。在辩论中，事实材料要符合观点的要求，否则，会给对方留下漏洞。同时，所用事实要有一定的代表性、权威性。

2. 逻辑严密

谈判者要遵守逻辑规律。辩论中的逻辑规律通常包括两个方面：一是事物本身发展的内在规律；二是思维本身具有的规律。

思维本身具有的规律包括同一律、矛盾律、排中律和充足理由律。同一律是指在同一思维过程中，必须在同一意义上使用概念和判断；矛盾律是指相互否定的思想不能都正确，至少有一个是错误的；排中律是指在同一时间、同一方面、同一条件下，同一问题的两个互相矛盾的思想不会同时都假，必定有一个是真的；充足理由律是指在辩论中，一个思想被确定为真，总是有其充足的理由。以上四条是辩论中应遵守的基本规律，如果违背了基本规律，思维的确定性就会受到破坏，进而使辩论脱离正常轨道。

📚 案例赏析

需方："用这种材料包装的商品，我们不能要！"

供方："是啊，许多人都认为这种材料包装的商品不好卖，但是如果真正认识到这种包装的好处，比如……自然会改变看法，已经有很多顾客专门提出要这种包装的商品了。"

需方："我们不需要送货，只要价格优惠！"

供方："您的意见有道理，可您是否算过这样一笔账，价格优惠的总额与送货实际上为您节省的成本相比，还是送货对您更有利。"

【案例简析】事实有力、逻辑严密，可以帮助我们在辩论中处于有理、有利位置。

三、对诡辩的识别

诡辩之"诡"含奸猾、狡黠之意。因此，诡辩有碍于沟通。商务谈判中的诡辩是指谈判主体为了达到欺骗目的而进行的违背意识和逻辑的似是而非的论证。它的基本特征和手法是通过歪曲论题、论据和论证来达到目的。

诡辩是"求胜不求真"，所以它具有很大的欺骗性和迷惑性。谈判者往往会从主观需要出发故意挑选个别事例或以似是而非的逻辑关系来构造虚幻的联系，以求得化劣为优等效果。因此，要揭穿并驳倒诡辩者首先要熟知诡辩术的表现及相应对策。

1. 平行论证法

好的平行论证法在西方谈判术语中又称双行道战术，即当你论证他的某个观点时，他虚晃一枪，另辟战场，抓住你的一个弱点进行论战，也可能故意提出新的问题，同时论证，使谈判失去方向。

例如，在某项目开始谈判时，买方让卖方介绍报价形成的基础。卖方怕过早泄露情报给买方，不对买方要求做出回答，而是说："我对贵方的用货范围的要求不了解，不好做最终报价，目前报价的可变因素很多，最好请贵方讲明用货范围。"

该例很典型，卖方避开买方的要求而提出新的论题——买方的用货范围是卖方做出最终报价的基础。从两个平行的论题来讲，两方均有道理。买方的代表实际一度被纠缠于对用货范围的讨论。要解除纠缠的办法就是回到推理的起点和前提。第一个论题推理的起点是卖方有目前报价而不是最终报价，买方要求的是解释目前报价，而不是最终报价。而卖方大谈买方用货范围，以便做最终报价的要求，缺乏牢固的前提。因为目前报价不讲清，买方就没必要介绍详细的用货范围，所以，卖方应解释目前已有的报价。从分析平行论题的内在关系出发，可使诡辩术失效。

2. 以现象代替本质

以现象代替本质是强调问题的表现形式或掩盖自己的真实意图、虚张无关紧要的利害关系的做法。在商务谈判中，以现象代替本质的理论战术屡见不鲜。

例如，关于验收问题的谈判中，买方坚持在现场验收，而卖方坚持在自己工厂验收。

卖方论证："我们对现场的环境条件、人员、材料不了解，即使了解了也无法控制，所以不能保证在现场验收是可行的。"

这话从表面上听很有道理，但辩证思维断要求透过现象看本质。

买方可论证："试车、验收材料用你的，参加验收的人是你培训的，或你方来人指导，环境条件可在设计联络时由双方商定，我方予以保证。在现场验收是可行的。"

这里，买方运用了论证的客观性和具体性原则，驳斥了卖方提出的表面理由。反过来，卖方若是诚实的商人，又确实诚心交易，会与买方讨论具体措施；若是诡辩者，那么其逃避责任的本质也暴露无遗了。

3. 以相对为绝对

以相对为绝对是一种把相对判断与绝对判断混淆，并以此去压制对方的做法。在商务谈判中用相对判断方法迫使对方接受某个立场，有时也很见效。例如，卖方常说："我们有最先进技术""我们有最先进技术并可提供……"那么按照思维惯性，自然是高技术对应高价格。怎么才能使卖方降价，买方少花钱呢？必须分析其中的相对性与绝对性。第一，"新"技术会变"旧"，从绝对概念上讲，买方得到的仍然是"旧"技术。当然，该技术在谈判时可能是先进的（有的卖方在谈判时已知即将有更新的技术问世，但不告诉买方）。第二，新技术并不一定意味着技术开发的成本高，买方即使使用了这种引进的技术也不一定能获得预期收益。这些客观判断是不应被相对的主观判断所代替的。

4. 攻其一点

谈判中，若一方抓住对方一点予以抨击甚至要挟，而不做全面、公正评价的做法就是在使用"攻其一点"法。在谈判中，买方抓住卖方报价的某个不合理点，推断整个报价都不合理，或卖方抓住买方批评中不正确的部分抓住不放都是在用这种方法。这种论证方式往往使洽谈气氛相当紧张。无论是谁，若有交易诚意，均不主张这么做。

5. 泛用折中法

在谈判发生分歧时，折中法往往被人们视为灵丹妙药。其实不然，折中法对于分歧中的双方和解是有效的，但在诡辩术的基础上，折中法只会伤及一方，有利于另一方，不会使折中真正体现出互谅互让的和解精神。

> 例如，在谈判中，合同条文有分歧了，有的谈判者喜欢对分歧点的数量进行折中，若为八个，则要求一边让四个。这里就缺乏具体的、历史的分析。如果分歧点涉及贸易惯例等，诸如价格歧视条款、限制竞争条款、产品责任条款等，则以折中方式解决抽象问题是不合理的。即使在双方的价格分歧上使用折中法，也需认真分析其合理性。

> 举例来说，某产品的正常价为 6.5 元，卖方报价 12 元，买方还价是 4 元，差距 8 元，折中后，卖价仍在 8 元，比 6.5 元高出许多。买方不可能同意折中，若强行折中，就有失公允。正常状况下允许买方再讨价还价，在卖方主动把差距缩小到接近市场同类产品价格时，买方才可考虑接受。

6. 预期理由诱惑法

在谈判中，可以用预期的理由诱惑对方，比如向对方保证下半年涨价或降价，或者保证签约后不满意可以退货等。

> 某机器销售商对其买主说："我们获悉，今年年底前，我方经营设备的市价将要上涨。为使你方在价格上免遭不必要的损失，我方建议：假如你方打算订购这批货，可以在订货合同上将价格条款按现价确定下来。"

此例中的卖方就是利用了"我们获悉，今年年底前，我方经营设备的市价将要上涨"这个预期理由，设置了一个价格陷阱，然后将对手拉入陷阱。

7. 以偏概全法

以偏概全法是指任意选取某一事例，用它来证明一个论题。当然所选取的事例并不一定具有代表性，也许是一个特例，即使具有代表性，也不能说没有与此相反的事例。

> 在谈判中的一方问到对方的产品质量如何时，对方在比较了其他几个厂商的同类产品质量后得出结论："我们厂的产品质量是全国最好的。"

这里所用的方法便是以偏概全，因为可能还有好多厂商的同类产品的质量更好。如果谈判者过分相信统计数字，那么有时也会作茧自缚。在谈判中，对方拿出来的统计数据可能是以随机抽样为基础的，带有极大的以偏概全的嫌疑，如果对方用这些数据来支持自己的论题，那一定得小心。

综上所述，诡辩术最根本的特征是"虚"。无论哪种表现形式，无不以虚为特征、以虚掩实。若出自无意，则是方法问题；若出自故意，则是诡辩。对付诡辩术的最有力的武器是辩证逻辑推理的三原则：客观性、具体性及历史性。在辩证逻辑推理面前能知错而退的谈判对手是仅把诡辩术当策略的谈判人员，知错而不退的谈判对手必是处于优势地位而不让人、个人修养缺乏或权力地位低下的谈判人员。在谈判中应注意避免使用诡辩的方法。

四、辩论中应避免的问题

在商务谈判中，辩论的目的是达成协议，因此通常要避免使用以下几种方式。

（1）以势压人。辩论各方都是平等的，没有高低贵贱之分。所以，辩论时应心平气和，以理服人，切忌摆出一副唯我独尊的架势，大发脾气，要权威。

（2）歧视揭短。在商务谈判中，不管对方来自哪个国家或地区，是什么社会制度、什么民族，有什么风俗传统、什么文化背景等，都应一视同仁，不要有任何歧视。不管辩论多么激烈，都不能进行人身攻击，不能在问题以外作文章。

（3）无效论据。任何辩论都应以事实为根据，特别是在商务谈判中，要注意所提论据的真实性，道听途说或未经证实的论据，会给对方可乘之机。

（4）本末倒置。谈判不是一争高低的竞赛，因此，要尽量避免发生无关大局的细节之争。那种远离实质问题的争执，不但浪费时间和精力，还可能导致不愉快的结局。

（5）喋喋不休。在商务谈判中，谈判者不要不顾实际情况而口若悬河。

 拓展游戏

辩　　论

要求： 七八个人一大组，再细分成持对立观点的两个小组，辩论：国内谈判更难还是国际谈判更难？

第三节　提问艺术

微视频

提问艺术

表达与倾听，是谈判主体之间交流与沟通的基本形态。随着谈判的展开，提问和回应这两种因素，也必然或早或晚地加入谈判之中，与表达和倾听共同交织而成为双方之间交流与沟通继续进行的必备形态。

谈判中的沟通与交流是互动的，是彼此信息发出和反馈的过程，这决定了谈判的各方主体既是表达者又是倾听者，同时既是提问者也是回应者。谈判是说、听、问、答的此起彼伏与你来我往。正如俗语所说："聪明者善说，智慧者善听，高明者善问。"

关于谈判中提问的技巧有一个经典的故事。一位教士问主教："我可以在祈祷的时候吸烟吗？"主教没有同意；而当另一位教士问："我可以在吸烟的时候祈祷吗？"主教认为他对上帝念念不忘，于是便欣然同意。这就是一个语言表达不同，效果不同的典型案例。

不同的提问所得到的答案截然不同，使人们可以从中看到对提问技巧的妙用。但很多人在谈判中并不善于向对方提问，而是仅凭自己的主观猜测予以处理，结果往往是削弱了己方的谈判力量，使谈判陷入僵局或破裂。

案例赏析

美国的 A 公司和欧洲的供货商就购买一种新的保健品配料进行谈判，双方将价格定为每千克 18 美元，每年采购 100 万千克，但是在专营权上双方产生了分歧。供货商不同意给予 A 公司专营权，即不同意将配料只出售给 A 公司。在 A 公司看来，这一产品的专营权对己方至关重要，否则，这种配料就有可能被竞争对手获得，而 A 公司自己又不愿意生产这种配料。为获得该产品的专营权，再三权衡之下，A 公司的谈判人员向供货商做出了最低采购额的承诺并愿意提高单价，但供货商仍然是态度坚决地予以拒绝。谈判由此而面临破裂的危险。

万般无奈之下，A 公司邀请谈判专家克里斯千里迢迢赶到谈判地点。在简短地听取了双方的介绍之后，克里斯仅用了一个词就改变了谈判的局势，这个词就是"为什么（Why）"。克里斯询问供货商在 A 公司提供的优厚条件下仍然拒绝给予专营权的原因何在。供货商回答，如果他向 A 公司提供专营权，他就违反了和他堂兄签订的一份协议。按照该协议，他目前正以每年 250 万千克的供货量向他的堂兄出售这种配料，而这种配料被用来生产一种在当地销售的产品。基于获得的信息，克里斯提出了如下方案：在供货商向其堂兄提供每年几百万千克的配料之外，供货商将专营权授予 A 公司。该方案使两方解决了谈判中的障碍，很快就签署了专营权协议。

【案例简析】在这场谈判中，双方一度陷入僵局的关键原因就是 A 公司的谈判代表不善于提出疑问。面对供货商无论如何都不同意给予 A 公司该保健品配料的专营权的情况，A 公司代表一味地揣测对方是嫌价格不够优厚，因而只是提出提高单价、加大订货量等条件以求吸引或说服对方，但结果只能是使谈判陷入胶着状态。而化解这一危险的方法就在于千里迢迢赶来的谈判专家克里斯善于提出疑问，以了解对方拒绝的真正原因所在。

正是基于提问对推进谈判的重要意义，有观点认为，真正控制谈判局面的人是善于不断发问、诱使别人谈话的人。而老练的谈判者会先摸清对方底细，然后谨慎地解释己方的某些做法和构想，积极征询对方的意见，通过提问及对方的回答，获得更多关于对方的信息，了解对方对所讨论问题的倾向性；或者验证自己先前的假设、推理、分析是否正确，确定对方的立场和底线，同时从对方的回答中看出对方在多大程度上掌握了己方的信息，以及这些信息的真实度如何，从而有力地驾驭和推进谈判。

一、精心设计问题

提问是谈判中向对方提出问题，要求对方陈述或解释某个问题，以获得所需要信息的语言沟通方式。在谈判中，提问是谈判主体用来获得己方所感兴趣或所需要信息的一种直接的方式与方法，也是谈判主体把控谈判话题、调整交流方向、消除扭曲信息、澄清模糊信息，从而驾驭谈判局面的一种重要技巧。

在日常生活中，特别是在家庭成员或亲朋好友之间进行沟通时常常会提出问题，其中有很多问题的提出可能没有经过思考，完全是随性的，或者是可问可不问的。小孩子在成长过程中对家长或对老师也常常有问不完的问题，如"为什么……""这个应该怎么办？""那个应该怎么办？"一个接一个的问题考验着父母和老师的耐心和智慧。

如果生活中养成了不经过大脑思考随口就答的习惯，可能也会带到谈判中去。另外，由于性格的因素或习惯的因素，有的人在日常生活中比较少言寡语，更不愿意主动向他人提出问题，甚至担心提问会暴露自己的无知，或会使对方感到遭到了冒犯，等等，因此在谈判中往往三缄其口，不会主动提问。这些都影响着谈判中的有效沟通。

要提升谈判的能力和沟通的能力，谈判主体就应当注意既不无端滥问，又不惮于提问，对问与不问、问什么、何时问、怎样问等问题均有自己的衡量，设计、甄别和分析自己拟提出的问题，并掌握提问的技巧，做到问得必要、问得明白、问得艺术。

谈判中的提问是谈判主体积极主动的行为，是一种类似于进攻的行为。因此，对于拟提出的问题应尽可能预先准备，在统揽全局的情况下，巧妙设置问题，使问题之间有紧密的联系。由于提问的目的在于从对方处得到答案，以解除己方的疑惑，或者获得欲知的信息，因此，一般情况下，提问的态度应当诚恳平和、礼貌，避免使用充满敌意、嘲讽、刻薄意味的语言和腔调进行提问，从而创造一种激励对方做出积极诚恳回应的氛围，促进沟通的良性行进。有些人在谈话中喜欢用一种居高临下的姿态提问，这样容易引起对方的反感、抵触甚至排斥，致使其对所提的问题不屑于回答。

视野拓展

商务谈判者应该具备的 12 种特质

在己方向对方抛出问题后，既可能得到对方的直接回应，也可能得到对方非直接的回应，甚至可能招致对方的反问。因此，对于提问所可能导致的答案或者反问，也要有所考虑。

例如，某公司首席执行官接受一位记者的采访时，记者问："据说你的资产有 3 亿美元，这是真的吗？"很显然，这个问题的深层含义就是怀疑他有滥用职权、以权谋私的问题。执行官哈哈大笑起来，然后说："还有人说我有 6 亿美元的资产，你听说了吗？"

这种反问实际上就是将对方的提问退回给他自己去回答，经常会让对方始料不及。

提问还应当简短明确。有的人比较健谈，即使在提问的时候，也喜欢先发表一些意见，然后才提出自己的问题。但提问时却又一带而过，或拖泥带水，令人不得要领，或者一问就问出一串问题，而且一边问还一边发表自己的评论。这都会使对方难以领会提出的问题到底是什么。因此，应当尽可能以简短明确的语言提问，而且最好是一个问题一个问题地问。在提问时可以使用强调的语气，必要时甚至可以将提出的问题重复一遍，以确保对方听懂。因为对方只有听懂了问题，才有可能对问题做出良好的回应。

提问还应当把握恰当的度。对于该不该问、能不能问的问题要有所把握。不该问的问题不问，更不能强行追问。例如在买卖交易中，买方如果一开始就问对方的底线是什么，对方往往不会说实话，这样的问题就不适宜问。对方回避或是拒绝回应己方的问题，一定有他的理由，倘若强行追问，势必会造成一种紧张感，也不利于双方关系的发展。不过，不强行追问不代表不追问，随着谈判的深入，待到时机成熟的时候，当问则问，或许有些内容在开场阶段是对方所要坚守的秘密，而到后来却成为双方可以共同分享的信息。

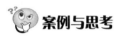 **案例与思考**

提问技巧

假如你想到一家公司担任某一职务，希望月薪 2 万元，而老板最多只能给你 1.5 万元。老板如果说"要不要随便你"这句话，你听了会不舒服，你可能扭头就走。假如老板不那样说，而是说："在我们这个等级里，只有 1 万元到 1.5 万元，你想要多少？"很明显，你想要最高级别，于是你会回答"1.5 万元"，而老板这时又装作不同意，说："1.3 万元如何？"你继续坚持 1.5 万元。这时候老板让步，你就会感觉自己赢了。

思考与讨论：在这次谈判中，谁占了上风？请分析你的理由。

二、把握提问时机

提问时机把握得当，是实现提问目的和效果的关键因素之一。恰逢其时地提问，是对谈判主体时机把握能力的一种考验。把握时机的核心点就在于在该问的时候问，在不该问的时候不问。提问是否有水平，除了看问题问的是什么之外，还要看问题是什么时候提出的，看问题提出的时机是否合适。一个很有价值的问题，如果是在不恰当的时候提出的，那么它的价值就会大打折扣。

通常，对方刚刚开始表达的时候，也是我们刚刚开始倾听的时候。在倾听的过程中，可能不时会有发现的问题出现在脑海中，这时可以先把问题记下来，待对方讲完再提出。切忌在对方讲的过程中动不动就打断对方的表达而频频提出问题。提问一定要分清楚轻重缓急，对不太重要的问题可以先记下来，耐住性子继续倾听下去，这样一是不必打断对方的表达和对方的思路；二是在对方后面继续表达的过程中，也许就回答了我们先前产生的问题，消除了我们的疑问。对于至关重要的问题，或者对于不提问会严重影响己方的倾听和彼此的交流的问题，则不必纠结，当问则问。

例如，在倾听的过程中跟不上对方的思路时，为保证倾听的效果，及时询问对方"我这样理解是否正确？你的意思是说……？"

如果有不明白的地方，可以示意或直接告诉对方自己没有听明白，请求其再重复一遍。

一般而言，提问应当在倾听完对方的表达之后进行。这样既可以使对方感受到其在表达的过程中受到了良好的尊重和认真的倾听，又可以比较全面、完整地了解对方的观点和意图，从而使自己的提问更准确、更有针对性。

当然，这种做法也并非绝对的。如果对方在语言表达方面存在一定的问题，发言过于烦琐、冗长，也可以在对方停顿或转折的时候，抓住机会，向对方提出问题。这样不仅可以及时消除自己心中的疑问，还可以借机打断对方的长篇大论或者滔滔不绝，改变对方既定的表达思路，从而引导和把控双方交流的方向及内容。为了争取己方在谈判中的主动权，在对方表达结束时，也可以及时地提出问题，使对方的发言从回答己方的提问而开始，使谈判的进程就此顺着己方所提的方向发展。

在一位女士向律师滔滔不绝地声讨其丈夫的种种不是，以及给自己所造成的身心伤害的情况下，律师先安抚她，待她平静下来后问："那你还想跟对方继续过下去吗？我怎么才能帮到你呢？"这一提问中，律师避免了直截了当地问对方"你是否要跟对方离婚，是否委托我来代理"，但同时又引导当事人的谈话走向"找律师的目的是什么"这一问题上来。

 拓展游戏

零售方与业务员的谈话

供方为争取一份销售合同派一名业务员前去一家零售企业洽谈。

零售方："我们目前还不需要你们的商品，××公司的货倒是很符合我们的需要。"

业务员："请问你们那么大的营业场所，柜台都摆满了吗？"

零售方："摆满说不上，但够卖了。"

业务员："你们经营的商品，看重花色、利润，还是商品的质量？"

零售方："首先是商品的销路，同时要看利润如何。"

业务员："我们的商品销路不错，无须我多说！而且我们的价格及各种优惠条件是其他公司没法比的。"

零售方："你们的优惠条件相当不错，但我还要看看质量。"

业务员："你们的营业厅面积有多大，经营品种有多少？"

零售方："营业厅面积足有五千多平方米，经营品种不多。"

业务员："看来，你们柜台陈列的商品并不是很丰富，我们的这种商品应该是可以摆得下的吧？"

零售方："摆是没有问题的。"

业务员："怎么样？您对我们的商品有什么想法？"

零售方："让我考虑一下。"

零售方经过分析，认为购进这种商品有利可图，于是双方达成了协议。

要求：请演练这个谈判过程，表演过程中可以有自己的发挥。

三、选择恰当的提问方式

谈判主体提问的水平如何，还有一个重要的衡量指标就是提问方式。选择性提问、直截了当地提问、委婉地提问、引导性提问等都是常用的提问方式。对同一个问题，用不同的方式提问，就可能产生不同的效应。因此，提问的方式，一定要有所讲究。

选择性提问，是有经验的谈判主体常用的一种提问方式，即提问者有意识地设计一个可选择的问题，从而引导对方将回答限制在己方可控制的范围内。因为一般而言，按照人们的思维定式，对于一个选择性问题，人们往往会在给出的范围内做出回答。

有甲、乙两家相隔很近的早餐店，手艺基本相同，经营方式也一样，但乙家的营业状况就是比甲家好。究其原因，每当有客人来的时候，甲家的老板总是问客人是否需要在早餐内加蛋，而乙家的老板却是问客人："是加一个蛋还是两个蛋？"如此一来，乙家鸡蛋的销量自然比甲家要好得多，因此也就赚得多。

可见，有目的地进行选择性提问可以给谈判主体带来更多取得成功的机会。前面提及的吸烟与祈祷的故事也同样反映了选择性提问所具有的妙用。

直截了当地提问和委婉地提问，是相对应的两种不同的提问方式。对于一般求知或解疑的问题，直截了当地提问是一种更富有效率的提问方式。

妈妈对孩子说："做好了作业，我们一起去××饭店吃饭好吗？"或者，买方向卖方说："我多买一些的话，你是否可以买一送一？"又或者在谈判协商中己方表达完意见后直接问对方："你的看法怎样？"或"你的意见是什么？"

直截了当地提问，避免了拐弯抹角、瞻前顾后，往往可以即时或很快得到对方的答案。但直截了当地提问并不是在所有场合都是最好的或最适宜的提问方式。如果提问者遇到的可能是对方比较敏感或忌讳的问题，在不得不问而又不太好问的情形下，就应该采取委婉地提问这种较为间接的方式。这样的提问方式可给自己和对方都留下一定的余地，往往既可以解开内心所惑，又不至于令对方过于为难或尴尬从而影响双方之间的沟通。引导性提问，也是一种颇具技巧性的提问方式。提问者通过提问而给予对方一定的引导或暗示，使对方的思维和表述围绕着提问的问题而展开。

案例赏析

某运输公司（承运方）为了得到一家建筑公司（托运方）的订单，派一名业务员前去洽谈。

托运方："我们不需要你们公司笨重的大型卡车，×公司的中小型卡车更适合我们。"

承运方："请问你们需要的运输工具主要用来运什么？"

托运方："我们是建筑公司，当然是用来运输建筑材料，为施工服务。"

承运方："你们在确定所需车辆的型号时，看重的是以下哪些方面：质量、速度、运载量还是操作灵活性？"

托运方："我们看重的是速度、运载量和操作灵活性。"

承运方："哦！原来你们喜欢速度快、运载量大、操作灵活的车辆。"

托运方："是的。"

承运方："操作灵活是我公司××大型卡车的优点之一，其他型号的车辆在这方面是无法与它相比的。"

托运方："是吗？我要亲眼看一看。"

承运方："你们每天运载货物的重量是多少？运输里程是多少？"

托运方："每天运载量大约18吨，运输里程200千米。"

承运方："在这种情况下，大型卡车每天需跑一趟，中小型卡车每天至少需要跑两趟。"

托运方："那是当然的。"

承运方："您认为每天跑一趟还是跑两趟对你们单位更有利呢？"

托运方："让我考虑一下……"

承运方："怎么样，有什么想法？"

托运方："行。"

【案例简析】在托运方一开始的否定下，业务员要想达成交易，必须使对方认识到他们确实需要的是大卡车。业务员就是采用提问法来解决这一问题的。在整个谈判过程中，业务员提出了几个问题，都让对方回答了自己的意见。

提问法的优点是可以避免与对方发生争执，是一种比较好的方法。这里需要指出的是，在使用这种方法时，第一，必须了解对方提出反对意见的真正原因和生产经营情况，然后层层深入地进行提问，这样才能取得预期的效果。第二，提问时不要以质问的方式进行，而要采用委婉的方式。

第四节　回应艺术

谈判中的回应，是一方对对方提出的问题进行回答，或者是对同一问题在对方表达完意见之后表达己方的意见。

一般而言，有问就有答，提问和回答像是一对孪生兄弟，如影随形。提问自有提问的艺术，而回答也有回答的技巧。问得好，有利于提问的一方把控谈判话题，调整交流方向；而答得好，则同样有利于作答的一方通过回应而将谈判的主动权掌握在自己的手中。在谈判中，一方对某一问题表达完意见之后，可能会反问对方的意见，要求对方做出回答；有时候虽然表达完的一方没有提出问题，但对方倾听完后对该问题也有着自己的态度和看法，可能是赞赏对方的意见，也可能是持有不同的意见甚至反对的意见。在这种情况下，对方的回应自然会接踵而至。应该说，回应也是回应者再次表达的机会，将己方的观点、立场更全面、更具体、更深入、更具有说服力地阐释给另一方。同时，回应也给予了回应者借机向另一方提问、将谈判之球踢给对方的机会，从而将交流逐渐推向深处。

微视频
回应艺术

案例赏析

律师科文的邻居是一位农夫。有一次，这位邻居的房屋遭受飓风的袭击，有些损坏。这间房屋是在保险公司投了保的，该邻居可以向保险公司索赔。他想要保险公司多赔些钱，但知道保险公司很难同意，自己又没有能力做到这一点，于是请科文来帮忙。科文问农夫希望得到多少赔偿，以便有个最低的标准。农夫回答说，他想要保险公司赔偿300美元。科文又问："请告诉我，这场飓风使你究竟损失了多少钱？"农夫红着脸回答："我的房屋损失在300美元左右，不过，我知道保险公司是不可能给那么多的！"

不久，保险公司的理赔调查员来找科文，对他说："科文先生，我知道，像你这样的大律师是专门谈判大数目的，不过，恐怕我们不能赔太大的数目。实际上，我们只能赔你100美元，你觉得怎么样？"多年的经验告诉科文，对方的口气是说"只能"赔多少，显然对方自己也觉得这个数目太少，不好意思开口。而且，第一次出价后必然还有第二次、第三次。所以科文故意沉默了许久，然后反问对方："你觉得怎么样？"对方愣了一会儿，又说："好吧，多一点儿，200美元怎么样？"科文又从对方回答的口气里获得了情报，判断出对方的信心不足，于是又反问道："多一点儿？""好吧！300美元如何？""你说如何？"最后，以邻居希望数的三倍多——950美元了结。

【案例简析】 飓风中房屋的损失很难精确计算，保险公司根据协议肯定会赔偿，但赔偿多少对于理赔调查员来说也只能估计个大概。本例中虽然未说明，但我们也能猜测到，一次飓风下来，会有很多理赔案件等待处理，理赔调查员心态会相对焦急，科文利用保险公司必须赔偿、损失不易评估、理赔调查员需要时间处理其他理赔案件等事实，用简单的回应"你觉得怎么样？""多一点儿？""你说如何？"就以逸待劳、以静制动，将谈判之球踢给理赔调查员，最终使赔偿金额极大超过邻居的心理底线。

一、回应时要注意的问题

在人们的潜意识里或者观念中，一般会认为提问代表着进攻，回应则意味着防守。其实不然，回应也完全可以是防守中的进攻。在接过对方抛来的问题后，回不回应、什么时候回应、怎么样回应，既考验着回应者的智慧，也给予其宝贵的机会。只要善于运用回应的机会做出回应，就能利用回应打出一张好牌。

1. 回应之前要有思考

谈判中的回应不是知识竞赛中的抢答，不是答得越快得分的机会就越大，就证明能力也越强。相反，如果仓促作答，反而容易使自己陷于被动。一是有经验的谈判者在提问前都会经过严密的设计，力图以此来获得更多对方的信息，如仓促作答，容易落入对方的预设之中；二是仓促作答有可能给对方造成欠缺思考、不够成熟稳重的印象。所以，谈判人员应当有意识地把控己方做出回应的节奏，虽不可过慢以使人感觉你尚未做好谈判的准备，但也绝不要过快、仓促作答，要给予己方必要的时间分析对方的问题及其提出问题的目的和真正含义，确定己方回应的目的和意义，分析己方的回应对双方会产生什么样的效果、带来什么样的影响，以及由此可能引发的其他问题，等等，从而做到心中有数，从容回应。

> 例如，一方代表问对方："请问……"这个问题的答案也许只有 A 和 B 两个，不论哪个，对方都准备好了应对的方案，回答方处于被动的地位。但是，有经验的谈判者却并不急于回答，而是回应："在回答您的问题之前，我能不能先向您请教一个问题……"这样既为己方回答这个问题赢取了更多思考的时间，也有可能会获取更有用的信息来回答这个问题。

2. 回应要给己方留有回旋余地

谈判专家特别强调："在谈判中针对问题所做出的准确回答未必就是最好的回答，有时回答越准确，就越是愚笨。回答的关键在于该说什么、不该说什么。"这实际上是告诫谈判者在回应时应当给自己留下回旋的余地。

谈判中的回应虽然未必是句句千钧，但一旦说出也如覆水难收，否则会使人有出尔反尔、言而无信的负面印象，破坏彼此之间信任关系的建立和维护。谈判不是谈心，谈判讲究的是信息的交流，如果回应的时候将己方的答案全盘托出，己方就缺少和对方进行信息交流的资本，要在接下来的过程中获得对方的信息将会变得很困难，己方的处境也会变得很被动。所以，在回应的时候，什么问题该答、什么问题不该答、什么问题要答到什么程度、什么问题要反问对方等，都要把控得恰到好处。

3. 回应中要善用技巧

在言语交锋的谈判中，巧妙的回应往往是最精彩的地方，因为其最能体现出谈判者的智慧和技巧。谈判中的回应，有些能够使谈判化险为夷、逢凶化吉，有些却使谈判如履薄冰，甚至走向彻底失败，这均与谈判主体的回应技巧紧密相关。许多经典谈判实例正是其进行过程中出现的那些睿智巧妙的回应，令人赞叹并给人以启迪。

在谈判中面对对方无理的要求或训斥时，为了维护自身的立场和利益，直言驳斥是一种既具有技巧又富有力量的回应，可以通过回应中的进攻而获得谈判中的主动权。

然而，也有很多成功案例体现了谈判者的幽默。幽默回应属于一种大智慧，其巧妙之处在于它除了能让人会心一笑外，还能借此阐明一些难以用正常话语来表达的思想、喜恶。有时候，幽默的回应可以以一种趣味、诙谐的方式，借助比喻、隐喻等方法，利用语言的博大精深，包括多音、多义等，打破僵局，化解尴尬。

另外，对于一方做出的选择性提问，回应方应当保持必要的警惕，超越对方的设定而做出回应往往可以避实就虚，出其不意地赢得主动权。

 **视野拓展**

林肯的睿智

1843 年，林肯与卡特莱特共同竞选美国伊利诺伊州议员，两人的竞争非常激烈。一次，他们一同到当地教堂做礼拜。卡特莱特是一名牧师，他一上台就利用布道的机会拐弯抹角地把林肯挖苦一番，到最后他说："女士们先生们，凡是愿意去天堂的人，请你们站起来吧！"全场的人都站起来了，只有林肯仍坐在最后一排，对他的话不予理睬。过了一会儿，卡特莱特又对大家说："凡不愿意去地狱的人，请你们站起来。"全场的人又站了起来，林肯还是依旧坐着不动。卡特莱特以为奚落林肯的机会来了，就大声说道："林肯先生，那么你打算去哪儿呢？"林肯不慌不忙地回应道："卡特莱特先生，我打算去国会。"全场的人都笑了，卡特莱特窘住了。林肯既没有受卡特莱特的调动，又没有进卡特莱特的圈套，同时又以自己睿智的回应反驳了对方，从而在回应中占据了主动。

4. 利用回应之机说服对方

一方的提问也好，表达也罢，可能显示着或隐含着在观点或立场上与另一方的分歧。为了促进双方深入沟通并达成一致意见，利用回应之机说服对方放弃先前的立场和观点，接受己方的立场和观点，或者向己方靠拢，是有经验的谈判者常用的手段。谈判双方不可能是一方命令另一方："你错了，必须接受我的意见！"这种强硬的态度在谈判中不仅无济于事，而且还可能适得其反。

　　罗宾森教授在《下决心的过程》一书中说过一段富有启示性的话："人，有时会很自然地改变自己的想法，但是如果有人说他错了，他就会恼火，更加固执己见。人，有时也会毫无根据地形成自己的想法，但是如果有人不同意他的想法，那反而会使他全心全意地去维护自己的想法。不是那些想法本身多么珍贵，而是他的自尊心受到了威胁……"

说服是通过"说"，而使对方"信服"，这需要一方依靠理性和情感的力量去感召对方，使其心悦诚服或不得不服。

著名的苏格拉底回答法，被公认为"最聪明的劝诱法"。其原则是：与人论辩时，开始不要讨论分歧的观点，而是着重强调彼此共同的观点，取得完全一致后，自然转向自己的主张。这种先同后异的做法可以先利用共同点来维护好双方的关系，增加对方接受己方信息的可能性，并使自己站稳脚跟，之后再利用相同点来证明对方观点的伪谬之处，从而令对方接受己方的观点。

 案例赏析

利用回应之机说服对方案例

在电视剧《潜伏》中，潜伏在军统天津站中的余则成，与李涯的一场斗智可谓扣人心弦。我们为这场戏拍案叫绝的同时，可细细品味在谈判中抓住回应之机说服对方，从而改变局势的神奇力量。

余则成反击对方的指控时，并不是简单地为己方辩解，而是采用先同后异的做法。先着重强调李涯指控自己的录音带证据与己方所掌握的可以指控李涯的录音带证据彼此的相同点，增加对方接受己方信息的可能性，取得完全一致的认识（来源不可靠，录音带可以造假）并使自己站稳脚后，再自然转向自己的主张，成功地说服了站长，排除了其对自己的怀疑。

5. 回应中要避免无谓的辩论

在谈判的回应中也可能有辩论，但其与一般的辩论应有区别。谈判中的辩论起源于每一方都试图说服对方，且其目的也在于此。谈判为谈判中的辩论框定了语境和目的，谈判中的辩论是为说服而服务的，说服是辩论的目的，而辩论则是达到说服的手段之一。

谈判中的辩论与一般的辩论之间没有不可逾越的沟壑，但有加以区别的必要。

一般的辩论主要是集中于通过逻辑判断和语言技巧，利用矛盾分析方法来批驳对方观点的谬误，论证己方观点的正确。简而言之，辩论就是不同观点之间的语言交锋，具有强烈的对抗性。特别是辩论赛上的辩论，各方所持观点是抽签随机决定的，辩论者为赢得比赛而辩论，其内心可能未必赞同己方所持立场。从辩论赛的结果上看，更擅长使用辩论技巧、论证更充分的一方往往就是获胜的一方，并且，辩论的输赢与各方从内心而言是否信服己方所持观点无关。

在谈判中一方对另一方做出回应之时进行辩论的确是可以的，有时也是十分必要的。但应当明白的是，谈判中的辩论不是为了辩论而辩论，而是为了说服而辩论，是为坚持自身的立场、反驳对方的观点、取得对方的认同而辩论。这不仅需要各种逻辑判断、语言技巧，而且更受关系与利益制衡因素的影响，是各种力量的综合较量。谈判中的辩论除了存在必要的对抗外，更存在相互的妥协与合作，这样才能对谈判双方产生积极的影响。谈判中辩论的结果可能与谈判者个人的辩才有关，但更与各方的谈判力以及利益关系的制衡有关。一方接受另一方的观点，既可能是基于辩论而被说服的结果，也可能是基于综合各方面的因素权衡利弊得失的考量。

区分谈判中的辩论与一般的辩论，旨在更清楚地理解谈判中的辩论所应当把握的尺度，避免在谈判中辩起来时逞一时之强，忘了辩论的目的所在，对对方穷追猛打。否则就可能适得其反，不仅未拉近彼此的距离，反而把对方推向更远的地方，加大了双方之间的分歧，激化了双方之间的矛盾。谈判中的辩论应当见好就收、适可而止，以说服对方、拉近彼此的距离和最终达成一致为基本考量。

二、针对对方反应的回应

假设你是一家制笔公司的销售员，向一位客户推销签字笔。在他思想上并不完全拒绝的前提下，他的反应大概有以下三种：①边听介绍边拿着那支笔看；②认真听但不吭声；③用语言反应，如"这支笔不错"，或"这支笔不错，但我现在不需要"，或"我不太清楚它是否像你说得那么好"等。

作为销售员，对客户的以上三种反应的回应可以是以下三种。

（1）对"边听介绍边拿着那支笔看"这类反应，销售员可以一边不断地用"效益附加句"提问，一边帮助客户查看实物，不断地增加客户对实物的感性认识和兴趣，以此来激发客户的购买欲望并最终促其实施购买行为。

（2）对"认真听但不吭声"这类反应，销售员不要一直跟客户说话，而要让客户有充分的思考时间，但要密切注意客户的目光：是有兴趣了，还是在考虑要不要？千万不要操之过急，以免引起客户的反感，否则，欲速则不达。对这样的客户，可以先建立良好的私人关系，在客户还没有接受产品的时候，让其先接受你这个人，这对一个销售员来说是至关重要的。

（3）面对误判对象的反应语，除了"这支笔不错"属于明显的肯定反应外，其他两句反应语都属于谈判学意义上的"类似否定"反应。对于对方的肯定反应，根据对方的兴趣进行更多的介绍并拿下订单并不难；可对于"类似否定"反应又该如何回应呢？

在商务洽谈中，不管对方是哪种"类似否定"反应，都可以遵循一条守则：截取肯定点，然后加以利用。"截取肯定点"的原因有三个：第一，"否定"的部分是无法修正、无法满足他的；第二，不去理睬"否定"部分，是不想加强对方头脑中的否定面；第三，如果提及"否定"部分，可能会被对方牵着鼻子走。

专家研究指出，对方的 100 种"类似否定"反应中只有约 10 种才是对方所真正关心的。因此，我们必须去伪存真，将无关紧要的信息与对方真正关切的信息分开，这样才能使洽谈成功。

🎋 案例赏析

在你介绍产品时，对方一直耐心地听着。但是，他说："你所推销的移动硬盘是一款不错的产品，但上次你们调高了价格，我认为太贵了。"

你的回答应该是："您说这是一款好产品，真是有眼光。它能装下您这台计算机上的所有资料，虽然云存储更方便，万一连不上网它可是应急的好帮手。您觉得呢？"

【案例简析】 优秀的谈判人员遇到对象提出"异议"，他不会视之为"反对"，反而把它视为一个机会，从而更加详细地回应谈判对象的疑问。如果"异议"是谈判对象非常关心的内容，谈判人员应诚恳地接受并向其提供信息，告之以实情，解答完毕后设法改变话题，继续进行介绍。

三、拒绝的策略

商务谈判中，讨价还价是难免的，也是正常的，有时对方提出的要求或观点与自己相反或相差太远，这就需要拒绝、否定。但若拒绝、否定时表现得死板、武断甚至粗鲁，则会伤害对方，使谈判出现僵局，导致生意失败。高明的拒绝、否定应是审时度势、随机应变、有理有节地进行，让双方都有回旋的余地，使双方达到成交的目的。

（1）幽默拒绝法。无法满足对方提出的不合理要求时，在轻松诙谐的话语中拒绝或讲述一个精彩的故事让对方听出弦外之音，既可以避免让对方难堪，又能转移对方被拒绝的不快。

例如，某公司谈判代表轻松地说："如果贵方坚持这个进价，请为我们准备过冬的衣服和食物，总不能让员工饿着肚子瑟瑟发抖地为你们干活吧！"

（2）移花接木法。在谈判中，对方要价太高，自己无法满足对方的条件时，可移花接木或委婉地设计双方无法跨越的障碍，既能表达自己拒绝的理由，又能得到对方的谅解。

例如，"很抱歉，这个价位超出我们的承受能力，我们只有采用劣质原料使生产成本降低50%才能满足你们的价位。"

这暗示对方所提的要求是可望而不可即的，迫使对方妥协。此外，也可运用社会局限，如法律、制度、惯例等客观限制委婉地拒绝，如"在法律允许范围……如果物价部门首肯……"。

（3）先肯定后否定法。人人都渴望被了解和认同，谈判中谈判人员可利用这一点从对方意见中找出彼此同意的非实质性内容，予以肯定，产生共鸣，然后借机表达实质上对己方有利的不同看法。

例如，某玩具公司经理面对经销商对产品知名度的诘难和质疑，坦然地说："正如你所说，我们的品牌不是很有名，可我们将大部分经费运用在产品研发上，生产出样式新颖时尚、质量上乘的产品，面市以来即产销两旺。市场前景好，有些地方竟然脱销……"

（4）迂回补偿法。谈判中有时仅靠以理服人、以情动人是不够的，毕竟双方最关心的是切身利益，断然拒绝会激怒对方，甚至终止交易。假使在拒绝时，在能力所及的范围内，给予适当优惠条件或补偿，往往会取得意想不到的效果。

例如，自动剃须刀生产商对经销商说："这个价位不能再降了，这样吧，再给你们配上一对电池，既可用作赠品促销，又可另作零售，如何？"

又如，房地产开发商对电梯供货商报价较其他同行高的情况极为不满，这时供货商信心十足地说："我们的产品是国家免检产品，用优质原料，有智能化生产线，相对来说，成本确实稍高。但货比三家您会发现，我们的产品美观实用、安全节能，而且售后服务完善、一年包换、终身维修，每年还有两次免费例行保养维护，解除您的后顾之忧。相信您能做出明智的选择。"

🏛 案例赏析

免遭开除的领班

一家公司想开除一位领班，但这家公司一向以人性化管理著称，因此对解雇的事非常谨慎，绝不会把某人叫到办公室告诉他"你被开除了"，而是由人事经理和将被解雇的雇员谈起"在公司范围之外的生活"

及其他的事业选择，以暗示员工公司的决定。通常，员工都会选择主动辞职，为自己挣回面子。但是公司的人事经理在过去的一年中已经找这位领班"畅谈"了四次，每次都暗示他，公司目前已不需要他了。不过，那位领班总是抽抽噎噎、唉声叹气，把自己家里的经济困难重复一遍又一遍，最后人事经理也不好意思再去找他谈了。再后来这件事就不了了之了。

【案例简析】不管他的经济困难是真是假，这位领班都成功地博得了人事经理的同情，使自己免遭解雇。

第五节　说服艺术

谈判中的说服是非常艰巨、复杂，且十分富有技巧性的工作。叙述、辩论、提问与回应等都有说服的成分在里面。正因其复杂，本节对其再做单独的讲解。

一、说服的原则

运用说服的艺术，以下原则不容忽视。

（1）先易后难原则。把对方容易接受的、分歧较小的内容放在前面，把困难较大、双方分歧较大的内容放在后面。

（2）难易结合原则。将容易的、普遍的内容与困难的、分歧大的内容以某种方式联系起来进行说服，要比单纯说服困难的、分歧大的内容容易些。

（3）重复性原则。一再地重复自己的信息、观点，引起对方的注意，从而增进对方对这些信息和观点的了解，使对方更易接纳。

（4）先好后坏原则。先谈好的消息、好的事情，然后再谈坏的一面，效果比较好。

微视频

谈判中语言运用
技巧示例

（5）一致性原则。强调一致性比强调差异性更容易提高对方接受说服的程度。

（6）哑铃原则。通常情况下，听者对听到内容的前、后两部分记得比较牢，对中间部分记忆一般。因此，说服时要精心准备开头和结尾。

（7）证据原则。提供能满足对方需要的数据信息，可增强说服性。

（8）结论原则。结论要明确地提出，不宜让对方去揣摩或自行下结论，否则可能会背离说服的目标。

（9）以对方为中心原则。充分了解对方，以对方习惯的、能够接受的思维方式和逻辑去展开说服工作。

案例与思考

萨克斯的说服

第二次世界大战期间，一些美国科学家试图说服罗斯福总统重视原子弹的研制，以遏制德国的扩张战略。他们委托罗斯福的私人顾问、经济学家萨克斯出面说服总统。但是，无论是科学家爱因斯坦的长信，还是萨克斯的陈述，罗斯福一概不感兴趣。为了表示歉意，罗斯福邀请萨克斯次日共进早餐。

第二天早上，一见面，罗斯福就出其不意地说："今天不许再谈爱因斯坦的信，一句也不谈，明白吗？"萨克斯说："英法战争期间，在欧洲大陆上不可一世的拿破仑在海上屡战屡败。这时，一位年轻的美国发明家富尔顿来到了这位法国皇帝面前，建议把法国战船的桅杆砍掉，撤去风帆，装上蒸汽机，把木板换成钢板。拿破仑却想：船没有帆就不能行驶，木板换成钢板就会沉没。于是，他二话没说，就把富尔顿轰了出去。历史学家们在评论这段历史时认为，如果拿破仑采纳了富尔顿的建议，19世纪的欧洲史就得重写。"萨克斯说完，目光深沉地望着罗斯福。罗斯福默默地沉思了几分钟，然后取出一瓶拿破仑时代的法国白兰地，斟满了一杯，递给萨克斯，轻缓地说："你胜利了。"萨克斯顿时热泪盈眶，他终于成功地运用实例说服了总统。

　　思考与讨论：这个案例中体现了说服的哪些原则？

二、说服的具体技巧

　　实际生活中往往会遇到这样的情况：同样的问题，让不同的人去做说服工作，会收到不同的效果。可见说服工作是一种艺术。在谈判中，说服工作十分重要，往往贯穿谈判的始终，那么谈判者应当如何说服对方呢？下面介绍一些常用而有效的说服技巧。

　　（1）建立信任。信任是人际沟通的基石，也是成功谈判所必备的基本要素。一般来说，当一个人考虑是否接受他人的说法前，总会先衡量一下自己与对方之间的熟悉程度和亲密程度，如果双方很熟又互相信任，则很容易接受对方的意见。因此，如果想要在谈判中说服对方，首先要与对方建立互相信任的人际关系。

　　谈判者应该学会利用谈判桌外的时间来增进人际关系，与对方建立友好、熟悉、相互尊重的关系，积极利用联谊活动取得对方的信任，无形中化解对方的心理警戒，从而在谈判中掌握主动权。

　　（2）步步为营。谈判中需要讨论的问题应该按照先易后难的原则去安排，先谈容易达成协议的问题，这样，由于双方利害冲突不大而比较容易取得初步的成效。双方从一开始就显示合作的诚意和彼此信任、理解，有助于为谈判的进展营造更加热情友好的气氛，减少双方的戒备心理，增强双方对交易成功的愿望与信心。这样，在谈判深入开展时要说服对方理解己方的意见与方案就比较容易获得成功。双方意见差距较大的问题可以放在较后的位置和安排较多的时间去讨论。这时由于前面的谈判成果已增强了双方的合作意向，谈判的困难会相对减少。

　　（3）先利后弊。一般来说，被劝说者接受说服者的意见会有利有弊，说服者应从这两方面来做出分析和说明。陈述的原则一般是先讲利，后言弊。一方面，说服者要向对方指出，倘若接受意见会得到什么利益，并可指出其他看法的荒谬性、片面性或错误性。另一方面，还应讲出不利的方面，这样在陈述过程中进行得失比较，指出说服者的意见利大于弊。说服者要动之以情、晓之以理，从而说服对方接受意见。什么事情都不可能只有好的一面，说服者把好的信息和坏的信息都传递给对方，进行阐述分析，不但会赢得对方的信任，给对方留下真诚坦率的印象，而且还会激发起对方的兴趣和热情，使谈判顺利地进行下去。

　　（4）强调互利。谈判中既有合作，又有冲突。没有合作就无法圆满结束谈判，没有冲突就没有谈判的必要，谈判是在双方互利的基础上达成协议的。在谈判中，不要试图掩饰所提意见对己方有利的一面，因为谈判中强调利益的一致性比强调利益的差异性更容易提高对方的认知程度和增加对方接纳的可能性。

　　（5）抓住时机。谈判成功的一个重要方面在于抓住时机。抓住有利时机会给谈判者的说服工作增加成功的可能性。

　　这里所讲的时机包括两方面的含义：一是己方要把握说服工作的关键时刻，趁热打铁，重点突破；二是向对方说明，这正是表达意见的最佳时机。人往往由于未能很好地听取别人的意见而失去机会，只要把道理讲透，对方就会做出抉择。在抓住时机的同时要运用实例举证，对实例的具体情节进行讲述以帮助己方证明自己观点的正确性。例如，在证明己方是否能够如期履约的问题时，只靠保证或表决心是不能让对方信服的。这时可在适当的时候，列举己方过去对某客商如期履约的实例，特别是如果能够举出己方在比较艰难的情况下仍如期履约的实例，这对说服对方相信己方是非常有用的。

（6）简化手续。为使对方接纳己方的提议，避免中途变卦，应设法简化接纳提议的手续。

> 例如，在需要订立书面协议的场合中，可以先准备一份原则性的初步协议书，并且这样告诉对方："您在这份原则性的协议草案上签名即可，至于正式协议书，我会在一周之内准备妥当，到时再送您斟酌。"这样就可以当即取得对方的承诺，免除细节方面的周折。

精干的谈判人员经常对有意接纳他的提议的人做追踪式的服务，他们经常说的话是："如果您有空，请给我打电话，我立即派车来接您，让您亲自考察。"他们也会说："我们明天早上八点到府上接您去实地考察，您看如何？"这些方式的运用，常常有助于提升说服效果。

（7）耐心说理。说服必须有耐心，不厌其烦、不怕挫折，一直坚持到对方能够听取建议为止。在谈判实践中，往往会遇到对方的工作已经做通，但对方基于面子或其他原因，一时还不能接纳。这时谈判者不能心急，要给对方时间，直到瓜熟蒂落。

说服工作要有耐心，但耐心不等于唠叨以致令人厌烦。否则只会增加对方的抵触情绪，而不会收到什么好的效果。当说服的角度不对时，谈判者应及时更换角度，寻找新的方法，再把说服工作有效地进行下去。

（8）少说空话。事实是人们可以凭借感官和经验予以验证的东西。"事实胜于雄辩"。研究表明，人的一切行为均与一定的经历有关。在谈判中，有的人喜欢用空话、大话来炫耀自己的产品，什么"质量上乘""人见人爱""领导时代新潮流"，这除了给人以自吹自擂的感觉外，是不能说服对方的。为了说服对方，我们应力戒"肥皂泡"式的空话，而要注意多用确凿的和有代表性的事实说话，让对方凭借自己的实践经验和独立思考来获取结论。

 案例与思考

你们的产品质量怎么样

一位推销员在听到顾客询问"你们的产品质量怎样"时，没有直接回答，而是这样说道："前年，我厂接到顾客一封投诉信，反映产品质量问题，厂长下令全厂职工自费乘车到 100 千米之外的客户单位。当全厂工人来到客户单位，看到由于产品质量不合格而给客户造成损失时，感到无比羞愧和痛心。回到厂里召开质量讨论会，大家纷纷表示，今后绝不让一件不合格的产品进入市场，并决定把接到顾客投诉的那一天作为'厂耻日'。"推销员没有直接说明产品质量如何，但这个事件让顾客相信了他们的产品质量。

思考与讨论：你觉得这个说服案例体现了哪些说服技巧？

（9）投其所好。谈判的任何一方必然是以满足自己的需要为主要目标的，但任何一方往往都不可能全面满足自己的所有需求，而任何一方的各种需求也是有主次之分的。在说服过程中尽量去发现对方的迫切需要或第一需要。如果我们发现了对方的需要与我方的第一需求并不重合，那么我们就可以比较容易地提出一个"投其所好"的方案来达到吸引和说服对方、一拍即合的良好效果。

 案例赏析

一家服装店的老板向他的供货商申请 30 天的账期，供货商在与服装店老板交谈的过程中察觉其在现金流转上遇到了一些麻烦，似乎只能在卖掉货物后才能调动现金支付。供货商答应了其要求，但要求其还款时需支付货款 30 天的利息（高于银行贷款利率）。服装店老板向银行贷款必然来不及，于是就答应了供货商的要求。

【案例简析】这个案例里的供货商算得上是"投其所好"策略的灵活使用者：他"投其急需，取我所好"。

（10）及时总结。说服到了一定程度，该对问题下结论之时，就不要犹豫。与其让对方做结论，不如由己方简单明了、准确无误地陈述结论。对于那些经过双方反复讨论和修正的问题，及时做出结论是十分关键的。

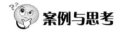 **案例与思考**

空客先生的说服技巧

被誉为"空客先生"（Mr.Airbus）的飞机销售员雷义有一次向美国西北航空公司（以下简称西北航空）推销A320，雷义已经按照事前的准备，把这款机型适合西北航空的原因说了一遍，譬如耗油少、机舱容量大，但对方却似乎不为所动。

雷义突然想起对方谈判负责人、副总裁奥斯汀是飞行员出身，做了25年飞行员才升到高管，而A320刚刚对驾驶舱进行了调整，操作更方便，飞行员的空间更大。于是，雷义清了清嗓子，他先和奥斯汀交流了一下自己以前当飞行员的经历，如那些难熬的夜班飞行、狭窄的驾驶舱、烦人的噪声，在得到对方的认同后，就说起自家的A320飞行员对操作性和舒适性都赞不绝口。最后，他突然停下来，看着奥斯汀，一字一顿地说："一款飞机省油，老板满意；机舱宽敞，乘客满意；操作方便，飞行员满意。大家都满意的飞机，有什么理由不买？"

就这样，一张28架A320、价值25亿美元的大单就拿下了。

思考与讨论：请详细分析在这个案例中空客先生雷义使用了哪些说服技巧。

三、说服的条件

说服既不同于威胁压服，也不同于欺骗，成功的说服结果必须体现双方的真实意见。采取胁迫或欺诈的方法使对方接受己方的意见，会给谈判埋下危机。因此，切忌用胁迫或欺诈的手法进行说服。事实上，这样做也根本达不到真正的说服的目的。

谈判中说服对方的基本原则是要做到有理、有力、有节。有理是指在说服时要以理服人，而不是以理或力压人；有力是指说服的证据、材料等有较强的说服力，不是轻描淡写；有节是指在说服对方时应适可而止，不能得理不饶人。这些原则说明：要说服对方，不仅要有高超的说服技巧，还必须运用自己的态度、理智、情怀来征服对方，这就需要掌握说服对方的基本条件。

（1）要有良好的动机。说服对方的前提是不损害对方的利益。这就要求说服者的动机要端正，既要考虑双方的共同利益，更要考虑被说服者的利益要求，以使被说服者认识到接受说服者的观点不会给自己带来什么损失，从而在心理上接受对方的观点。否则，被说服者即使暂时迫于环境或压力接受了说服者的观点，也会口服心不服。

（2）要有真诚的态度。真诚的态度是指在说服对方时尊重对方的人格和观点，站在朋友的角度与对方进行坦诚的交谈。对被说服者来说，同样的话从朋友嘴里说出来他往往会认为是善意的，很容易接受；但从对立一方的口中说出来则可能认为是恶意的，是不能接受的。因此，要说服对方，必须从与对方建立信任做起。

（3）要有友善的开端。谈判者要说服对方，应给人留下良好的第一印象，以使双方在一致的基础上探讨问题。友善的开端包含以下两点。一是要善意地提出问题，使对方认识到这是在为他自己解决困难。这就要求说服者不是随心所欲地谈自己的看法，而要经过周密思考，提出成熟的建议。二是要有友善的行为，即在说服中待人礼貌、晓之以理、动之以情，使对方自愿接受说服。

（4）要有灵活的方式。要说服对方，方式很重要。不同的人所能接受的方式不尽相同，只有能够针对不同的人采用不同的方式，才能取得理想的效果。

拓展游戏

说服游戏

操作程序如下。

（1）两人一组，先询问对方最不喜欢做的一件事，然后尝试说服对方去做那件事或者相似的事情。

（2）时间足够的话，再换一个同伴。

要求：请思考你采用了哪些说服技巧。

 思考与实践

一、思考与讨论

1．简述主要的说服技巧有哪些。

2．辩论的原则有哪些？

3．对诡辩有哪些识别方法？

4．提问的艺术有哪些？

5．回应对方时应注意哪些问题？

6．请谈谈说服的原则有哪些。

二、活动与演练

你代表 A 厂介绍你们厂的某产品，目的是让听众尽量多地订购你们的产品。请做一个 4 分钟左右的发言，再接受听众的提问（可以任选产品）。

三、案例分析

案例一

中国某汽车集团与美国某汽车集团已经在华合作生产轿车多年。中方有意在当时已有的两种车型的基础上，再从美方引进两款最新车型。在筹备新车型引进的沟通过程中，美方并不愿意向中方提供这两款刚刚在欧美上市的运动型轿车的生产技术。2006 年的一次谈判前，中方负责沟通的副总裁让人从电视台复制了本年度正在进行的美国职业篮球联赛（NBA）比赛的全部录像资料，仔细观看了大部分场次的比赛录像。为了加深记忆，他还对一些竞猜场次的比分，上场的球员姓名以及他们得分情况、超常表现，甚至失误动作等一一做了记录，并烂熟于心。

当中美双方代表坐下来就新款轿车的引进开始沟通时，中方的这位副总裁却恭贺美方主谈所在的州赢得了一场美国职业篮球联赛比赛，并且说出了具体比分，评价他们比上年的状态更好！美方代表惊喜道："你也喜欢看美国职业篮球联赛比赛？我在美国可是场场不落收看实况直播，为此老婆常常抱怨。"中方副总裁也说："我老婆也因为我总看美国职业篮球联赛不理家事，差点与我离婚呢。"美方代表乐了："咱俩的爱好太相似了……"接着，中方代表话锋一转："近年来，中国的体育运动成绩骄人，广大百姓尤其是年轻的职业经理人和白领阶层，喜欢健身、郊游、远足的人越来越多。他们上网、出国旅行，对新事物非常敏感并积极追求。正因为如此，我们想尽快引进贵公司新近推出的两款运动型三厢轿车和两厢轿车。我们希望贵公司别像德国人那样，迟迟不肯向中国转让最新的车型，结果被日本和韩国不断引进的新车型夺走不少中国的市场份额……"美方代表很认真地聆听。中方副总裁最后又说："运动型轿车在中国市场上的比重很小，只要把握时机，就能抓住赚钱的商机。"美方代表点头称是。几番磋商之后，这家美国汽车公司的代表很快与中方就新车型的引进达成了共识。

问题与分析： 中方副总裁为何能说服美方代表？

案例二

买方审阅了卖方一个报价单后说："我看了你们的报价，在研究成交细节前，你能否更完整地解释一下，价格上涨了50%，是用什么方法计算出来的？"这是一个很难应付的试探，答不好，可能为买方压价提供许多的攻击点，而这正是买方提问的动机所在。

问题与分析： 如果你遇到这种事情，你认为可以如何妥当地回答？

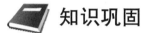 **知识巩固**

第十二章 商务谈判的准备

学习目标

能设计商务谈判前的可行性分析方案；能说明知己知彼的重要性，以及能够分析如何才能做到知己知彼；能确定商务谈判的目标；能制订谈判方案；能设计模拟商务谈判方案。

导入案例

赵杰是某医药网站的广告文案撰稿人，她在公司工作了5年，得到了几次提升，职位头衔是副编辑，而事实上她所做的工作与文案撰稿人（级别更高些）的工作是一样的。赵杰每年的薪水是15万元，她怀疑这份薪水要比其他职位相似的人所领到的薪水少得多。于是她决定做些调查。她上网找了一些网站，将自己的报酬与工作头衔和自己差不多的人进行了一番比较。结果不出所料，在就业市场中，与她职位相似的人每年能有18万～20万元的收入。所以，她决定和经理谈一谈。在谈判中，赵杰向经理详细阐述了自己所搜集到的职场薪资情况。结果她不仅得到了自己期望的职位头衔，而且经理还在她所提议的薪资范围内给她加薪了。

思考与讨论：此案例说明了商务谈判前准备工作的重要性，请结合案例说说你觉得商务谈判前要做哪些准备工作。

第一节 商务谈判前的调查研究

谈判前需做好可行性分析并做到知己知彼，方可以在谈判中处于主动地位，使自己赢得谈判。

一、商务谈判前的可行性分析

谈判准备阶段的可行性分析主要指做好以下几个方面的工作。

1. 信息收集与研究

对与谈判有关的信息资料的研究是建立在对有关信息资料的收集与整理的基础上的。掌握的信息资料越全面、分析得越充分，谈判成功的可能性就越大。在信息收集过程中，应坚持"快"和"多"的原则。在信息整理过程中，应研究信息的质量和价值。这些信息主要包括以下各个方面的内容。

（1）政治、法律环境。政治、法律环境对谈判的影响是全过程的，既影响谈判的结果，又关系到谈判协议的履行效果。

（2）市场环境。市场环境主要是分析市场行情走势、市场供求状况等。

（3）自然环境。自然环境的不同，决定了产品的原材料供应、运输方式、储存条件及商品的包装、装饰等多方面的差异。

（4）文化环境。不同国家、地区的商人有各自不同的商业习惯、宗教信仰、社会风俗等。实践证明，如果谈判者在谈判前对谈判对手的文化背景、宗教信仰等文化环境方面有所了解，是非常有利于谈判成功的。

（5）谈判者的自我评估。谈判者要正确评估自己的实力，了解自己的弱点，明确自己的利益目标。正确的自我评估，可以使谈判者保持清醒的头脑，在谈判的适当时候避实就虚，以己之长补己之短。

2. 方案的比较与选择

在可行性分析阶段，需要拟订出谈判的各种方案进行比较和选择，看哪一种方案更能获取最大利益，并能让对方接受，同时要研究对方可能提出的方案和这些方案对己方的利益影响及应对方法。另外，方案的比较与选择还包括己方将派出什么人员、采取哪种手段、运用何种方法等。

3. 谈判价值构成分析

谈判价值构成是谈判者讨价还价的依据，也是研究、选择方案的基础。谈判准备阶段要研究的核心问题就是分析预测双方谈判的价值所在，以及起点、界点、争执点，进而分析双方是否存在谈判的协议区、幅度多大，并由此决定谈不谈和如何谈的问题。如果谈判者不想因盲目谈判而给己方造成不良后果，就应重视对谈判价值构成的分析。

4. 预测各种主客观情况

谈判者要对各种可能发生的情况进行预测，从而为比较和选择方案、考虑应对的方法提供依据。从某种意义上看，情况的预测工作往往决定了谈判的方案比较与选择工作的成败。

5. 综合分析后做出结论

综合分析就是在信息资料的收集、方案的比较与选择、谈判价值构成的分析和各种主客观情况预测的基础上，进行总体研究，得出结论，并确定谈判方案。这是谈判准备阶段可行性分析的归宿和结晶，但这时的结论或方案还仅是初步的，还应随着谈判进程不断加以补充和修订。

 **视野拓展**

信息收集方法主要有以下几种：一是查找法，通过查找企业内部的和外部的相关资料而获取信息的方法；二是索取法，向占有信息资料的相关单位和个人无偿索要信息资料的方法；三是购买法，通过付出一定量的资金向有关单位和部门购买所需资料的方法；四是交换法，与信息机构和其他单位之间进行对等信息交换的方法。

二、商务谈判前的"知己"

"知己"就是了解自己，这里指谈判者要了解所代表的组织及己方谈判人员的相关信息。

古人云："欲胜人者，必先自胜；欲论人者，必先自论；欲知人者，必先自知。"没有对自身的客观评估，就不会客观地认定对方的实力。只有正确地了解自己，才能在谈判中确立正确的地位，采取相应的对策。

1. 评估己方状况

在谈判前的准备中，谈判者应该了解和评估自身的状况，主要包括以下方面。

（1）对己方经济实力的评价。己方经济实力主要包括己方产品及服务的市场定位、财务状况、销售情况、企业有形资产和无形资产的价值、企业经营管理的水平及决策的成败记录等。

（2）对己方谈判人员的实力评价。内容包括己方参加谈判人员的知识结构、心理素质、个人经验、合作能力、士气状况以及以往参加谈判的经验等。

（3）谈判项目的可行性分析。进行项目可行性分析需要对项目涉及的资金、原材料、技术、管理、销售前景及其对企业综合实力的影响进行全面的评估。

（4）己方谈判目标定位及相应的策略定位。谈判的目标定位包括最低目标定位和最高目标定位，即预先设定商务谈判的成果和争取点。己方的谈判方案及相应策略也需要进行可行性分析。

（5）了解己方各种相关资料的准备状况。内容包括：拥有相关资料的齐全程度，特别是对核心情报的掌握程度；己方谈判人员对资料的熟悉程度，如哪些资料可以在谈判中作为背景资料提供给对方，哪些资料在关键场合发挥独特的作用；等等。

谈判者只有对自己熟悉，才能全面地分析自己的优势和劣势，正确地评估自己，然后才能满怀信心地坐在谈判桌前。

2. 确定己方底线

在谈判之前，谈判者还要确定己方的底线，因为双方一旦超越各自的底线，谈判就无法进行。在谈判中，谈判者经常遇到的就是价格方面的问题，这也是谈判双方利益冲突中的一个比较大的问题。假如你是买方，你希望价格更低；反之，你是卖方，就会希望价格更高。不管是低价还是高价，你都需要确定底线。

首先，这个底线必须是合理的，要建立在正常的市场范围之内，不可过高或过低。如果买方把底线定得太低，或者卖方把底线定得过高，都会造成谈判冲突，最终导致谈判失败。

因此，在确定底线的时候，一定要符合实际情况，应该在己方能接受的最低价和对方能够接受的最高价之间开价。这样，双方才会有谈判的欲望。总之，由于对己方有利的价格不一定适合对方，所以，在设定底线的时候，也要考虑对方的需求，要多方面考量，确保价格处于双方的临界点，并且给对方留有还价的余地。当意识到己方的底线不适合对方的时候，可以在开价后做出让步。

在确定谈判底线的时候要注意下面几点。

（1）底线的设置要保证在最小的损失下获得最大的利益。这里的利益主要指公司利益。如果底线设置没有使公司获得利益，那么这样的底线就没有什么意义。

（2）在设置底线的时候，要考虑到对方的接受程度。一次顺利的谈判，一定是双赢的结果，只有双赢的谈判才可以继续合作下去。所以，当设置底线的时候，不仅要考虑自己的利益，还要考虑对方的利益。假如只考虑自己，谈判就会陷入僵局。

（3）要将底线坚持下去。一旦设置好底线，就要坚持下去，哪怕对方提出非常苛刻的条件，甚至使谈判陷入僵局，也要尽可能地坚持底线。对于超出底线的谈判，宁可谈判失败、失去客户，也不能轻易放弃自己的底线。因为即使放弃底线，对方也可能会要求再三让步。

给自己确定底线，但是不要轻易说出底线。谈判高手都知道，在谈判的时候不能轻易地说出自己的底线。想要满足底线要求，就要提出高于底线的条件。假如我们想得到 100 元，那么可以提出 150 元的要求；如果提出 100 元的要求，那我们大概只能得到 80 元。因此，在谈判报价的时候，要有一定的技巧，既要超出底线，又要保证对方有继续谈判下去的兴趣和信心。让步的时候，也要有目的、有技巧，不能使对方有"给一点压力就能获得一点让步"的想法。

三、商务谈判前的"知彼"

（一）谈判前获取对手信息的方法

如果想取得谈判的胜利，那么在谈判之前，就要有所准备，除了对自己和自己的产品有深刻的认识之外，还要了解对手。只有掌握了对手的情况，对他们的信息了如指掌，我们在谈判的时候才会得心应手，获胜的机会也就越大。

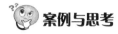 **案例与思考**

幕后的第三方

李斯科是一家化学公司的销售经理。有一件事令他十分费解，有笔交易的报价已经十分诱人，但一个新客户的采购代表却还不停地提要求。李斯科想看看幕后是否存在第三方，于是他提了一些问题，"我发现，原来他的老板正在监视他，而且经常在事后批评他。"李斯科说。在李斯科的帮助下，这位采购代表让其老板看到了行业标准以及他们的需求得到满足的过程。"他告诉他的老板，这是他所能达成的最有利的交易。"李斯科说。最后对方同意了这份协议。

思考与讨论：请从这个案例分析商务谈判中"知彼"的含义。

要想做到比较准确地了解对手的需求和意图，方法及其途径主要包括如下内容。

（1）直接派人去对方企业进行实地考察，收集资料。在现实经济生活中，人们把实地考察作为收集资料的重要形式，企业派人到对方企业，通过对其生产状况、设备的技术水平、企业管理状况、工人的劳动技能等各方面的综合观察、分析，可以获得有关谈判对手生产、经营、管理等方面的第一手资料。在实地考察之前，应有一定的准备，带着明确的目的和问题，才能取得较好的效果。

（2）通过各种信息载体收集公开情报。企业为了扩大自己的经营，提高市场竞争力，总是通过各种途径进行宣传，这些宣传都可以提供大量的信息。例如，企业的文献资料、统计数据和报表，企业内部报纸和杂志、各类文件，广告、广播宣传资料，用户来信、产品说明和样品等，从对这些公开情报的收集和研究当中，就可以获得所需要的情报资料。

（3）通过对与谈判对手有过业务交往的企业和人员的调查了解信息。任何企业为了业务往来，都要收集大量的有关资料，以准确地了解对方。因此，同与对手有过业务交往的企业联系，会得到大量有关谈判对手的信息资料。向与对手打过官司的企业与人员了解情况，会获得非常丰富的情报，他们会提供许多有用的信息，而且是在普通记录和资料中无法找到的事实和看法。

（4）通过专业组织和研究机构获取调查报告。随着经济的发展，出现了许多专业性的组织和研究机构，它们通过收取一定费用或者义务服务的方式为委托人完成特定目的的调查，并将调查结果以调查报告的方式呈交委托人。这可以节省委托人的时间，调查得更为专业，弥补自己调查经验不足等问题。

（5）电子媒体收集法。电子媒体是指运用电子技术、电子技术设备及其产品进行信息传播的媒体，其中包括互联网、广播、电视等。随着信息技术和网络的发展，通过电子媒体收集信息的作用越来越重要。

（6）观察法。观察法就是指调查者亲临调查现场收集信息。虽然亲自观察得到的信息真实可靠，但是由于观察者自身的局限，难免受主观和其他问题的影响而效率低或带有偏见。

（7）实验法。实验法即对调研内容进行现场实验的方法，如采用商品试销、试购以及谈判模拟等方法来收集市场上的动态信息。使用这种方法可以发现一些在静态时不易发觉的新信息。

 **视野拓展**

20世纪80年代，我国光学冷加工的水平较低，为改变这种状况，国家决定为南京仪器仪表机械厂引进德国劳尔光学机床公司（L0H）的光学加工设备。南京仪器仪表机械厂的科技情报室马上对劳尔光学机床公司的生产技术进行了情报分析。在与劳尔光学机床公司进行谈判时，该公司提出要对我方转让24种产品技术，我方先前就对其产品技术进行了研究，从24种产品中挑选了13种产品引进，因为这13种产品已经足

以构成一条完整的生产线。同时，我方也通过对国际市场情况的掌握提出了合理的价格。这样，我们既买到了先进的设备，又节约了大量的外汇。

对于收集到的对方资料，一定要客观地分析和利用。通常通过以上对谈判双方情况的综合分析，就可以对双方实力加以判定，进而拟订己方的谈判策略，使谈判朝着有利于己方的方向发展。但是，我们同时也要对谈判这个动态过程的复杂性有心理准备，要知道完全按照前期收集到的信息行事不一定就符合此次谈判的情况。

（二）"知彼"的关键点

1. 抓住对方的需求

谈判的目的是成交，而成交的核心在于抓住对方的需求。只有探明对方的实际需求，才能知道如何满足其需求，从而实现成交。怎样才能在谈判前获知对方的需求，以便在谈判过程中做出有针对性的策略呢？我们不妨先看一个案例。

> A 需要采购一批树苗，找到了 B 公司。B 公司把树苗的品种和价格告诉了 A，可 A 迟迟没有采购。B 公司联系 A，A 说还需要考虑。B 公司不想穷追猛打，也不想拖下去，以免竞争者乘虚而入。于是，B 公司派人找到与 A 关系很好的 C，向他了解 A 采购树苗的真正需求。于是 B 公司代表与 C 就有了下面的对话。
>
> B 公司代表："你知道 A 采购这批树苗是想干什么吗？"
>
> C："听他说是想把家里的荒山给种上树苗。"
>
> B 公司代表："他有想要的树种吗？是要大苗还是小苗？"
>
> C："常规的树苗他不想要，至于树苗的大小，好像都可以。"
>
> B 公司代表："树栽下去后，他准备派人管理吗？"
>
> C："他经常在外面出差，家里也没有人替他管理。我估计他不准备派人管理。"
>
> B 公司代表："地方有多大？"
>
> C："大概两三亩地，还没有具体量。"
>
> ……
>
> 通过一番对话，B 公司代表终于明白了之前 A 迟迟不来采购的原因——之前报过去的方案并不适合 A。于是，B 公司根据所了解到的信息，向 A 提供了新的树苗品种和价格方案，并且这种树苗种下去不用专人精心管理。很快，A 就同意签订购买协议了。

通过这个案例，我们可以发现了解对方的需求有多么重要。很多人可能觉得，了解对方的需求非常简单，只要在谈判的时候直接问对方便可知道。殊不知，等到谈判的时候再去问对方，就没法提前做好有针对性的谈判策略了。而且很多时候，对方并不一定会实话实说。要知道，在谈判桌上大家都想为己方争取最大的利益，有时候甚至会刻意隐藏己方的真实需求和谈判意图。所以，单靠谈判时提问来了解对方的需求是不现实的。

2. 了解对方的动机

谈判前了解对方的动机是有利于己方的。毫无疑问，我们之所以要进行谈判，是因为要满足我们的要求和需求。当然，不可否认的是，在人类的许多活动中，要求和需求的满足都可以被理解为是单方面的，即人们之所以会发起和完成某项活动，是因为要满足自身的若干需要。而一场好的谈判应该能满足双方的需要。谈判双方都要有所收获，都希望在谈判前能够得到对方的更多信息，这样就可以更准确地了解对方，在谈判桌上获得更大的胜利。

3．确认对方的底线

那么，如何才能准确地了解对方呢？

实际上，准确地了解对方并不是一件容易的事情，没有哪一次谈判可以轻而易举地把合同拿下。谈判本来就是连续的过程，有时，不经过一段时间的磨合，是无法真正了解对方底线的。

 案例赏析

奥康的成功

意大利 GEOX 曾用了两年时间对中国市场进行调研，先后考察了 6 家中国著名的鞋业公司，为 2003 年最终坐到谈判桌前进行了周密的准备。谈判中，波莱加托（GEOX 谈判代表）能熟练背诵几十页的谈判框架、协议条款，令在场的人大吃一惊。波莱加托的中国之行安排得满满的，去浙江奥康鞋业股份有限公司（以下简称奥康）考察只有 20% 的可能，谈判成功概率很低，合作机会也很小。但奥康的宗旨是：即便只有 0.1% 的成功机会也绝不放过。奥康为迎接波莱加托一行进行了周密的准备和策划。首先，他们通过一名翻译全面了解对手公司的情况，包括对手的资信情况、经营状况、市场地位、此行目的，以及谈判对手个人的一些情况。其次，为了使谈判对手有宾至如归的感觉，奥康专门成立了以总裁为首的接待班子，拟订了周密的接待方案。从献给刚下飞机的波莱加托一行鲜花，到谈判地点的选择、谈判时间的安排、客人入住的酒店预订，整个流程都是奥康精心策划和安排的。谈判对手一直很满意，谈判最终获得成功，外界很是惊讶。而奥康后来一度发展成为中国皮鞋行业的标志性品牌，2015 年 6 月市值曾超过 200 亿元。

【案例简析】此案例中谈判双方的行为完全诠释了商务谈判前期准备的重要性，也告诉了我们商务谈判前期该如何做。

第二节　商务谈判目标的确定

在谈判中，无论是单枪匹马，一对一地与对方谈判，还是以团队的形式与对方谈判，都必须先明确目标，再去谈判，才能以不变应万变。尤其是以团队的形式谈判时，团队内部必须先达成共识，才能确保大家在谈判中口径一致，不致被对方抓住漏洞，陷入被动的局面。

明确统一的目标不仅是谈判的前提，还可以使我们在谈判中明确自身定位，处于主动地位。谈判目标的确定包括两个步骤，首先是确定谈判的主题，其次是确定谈判的目标。

一、确定谈判的主题

谈判的主题是指参与谈判的目标，谈判目标是谈判主题的具体化，整个谈判活动都是围绕主题和目标进行的。在实践中，一次谈判只为一个主题服务，因此在制订谈判方案的过程中要以主题为中心。谈判的主题必须简单明确，为确保全体谈判人员能牢记谈判的主题，在表述上应言简意赅，尽量用一句话进行概括和表述，例如"以最优惠的条件达成某交易"等，至于什么是最优惠的条件和如何达成这笔交易则不是主题的问题，而是谈判目标的问题。谈判方案中的主题应是己方可以公开的观点，不必过于保密。另外，谈判主题不一定要和对方经过磋商的谈判主题完全一致。

微视频
商务谈判目标

二、确定谈判的目标

在谈判的主题确定以后，接下来的工作就是将这一主题具体化，即确定谈判目标。谈判目标是对主要谈判内容确定期望水平，一般包括技术要求、考核或验收标准、技术培训要求、价格水平等，当其他条件满足时，则以价格为其代表。谈判的具体目标体现着参加谈判的基本目的，整个谈判活动都必须紧紧围绕这个目标进行，都要为实现这个目标服务。

达到商务谈判目标是商务谈判的最终结果之一，商务谈判目标的内容因谈判类别、谈判各方的需求不同而异。如果是为了获取资金，则以可能获得的资金数额作为谈判的目标；如果是为了销售产品，则以某种或某几种产品可能的销售数量和交货日期等作为谈判目标；如果是为了获取原材料，则以满足本企业对原材料的需求量、质量和规格要求等作为谈判追求的目标。还有一些谈判以实际价格水平、经济利益水平等作为目标。因此，商务谈判的目标因谈判的具体内容不同而有所区别。

由于谈判的目标是一种主观的预测性的决策性目标，所以还需要参加谈判的各方根据自身利益的需求、他人利益的需求和各种客观因素来制定谈判的目标系统和设定目标层次，并在谈判中经过各方不厌其烦地讨价还价来达到某一目标层次。

谈判的具体目标可分为最高目标、实际需求目标、可接受目标和最低目标四个层次。

1. 最高目标

最高目标也称最优期望目标或理想目标，它是己方在商务谈判中的最高追求，也往往是对方能忍受的最大限度。如果超过这个目标，往往就要面临谈判破裂的危险。在实践中，最高目标通常是可望而不可即的理想方向，实现的可能性很小，因为商务谈判是双方利益分配的过程，没有哪个谈判者会心甘情愿地把自己的利益全部让给他人。同样，任何谈判者也不可能指望在每次谈判中都独占鳌头。尽管如此，这也并不意味着最高目标在商务谈判中没有价值。还需要说明的是，最高目标也不是绝对达不到的。

> 美国著名谈判专家卡洛斯对两千多名谈判人员进行实际调查后发现，一个好的谈判者必须坚持"喊价要狠"的准则。这个"狠"的尺度往往接近最高目标。

如果一个诚实的谈判者一开始就提出他实际想达到的目标，但由于谈判的作用和对手的实际利益，他最终可能很难达到这个目标。

> 例如，在资金供求谈判中，需方可能实际只想得到 50 万元，但谈判一开始，需方可能报价 80 万元，这 80 万元就是需方的最高目标，这个数字比其实际需要的 50 万元多 30 万元。但是，供方一般不会做提供 80 万元资金的慷慨之事。供方根据了解的信息（如需方偿还能力、经济效益高低和利率等情况），明知对方实际需要 50 万元，为了使谈判深入、掌握主动权，可能会故意压低对方的报价，只同意提供 30 万元。如此这般交锋，双方列举各种理由加以论证，谈判结果可能既不是 80 万元，也不是 30 万元，而是在 50 万元上下。

供需双方的最高目标也可能发生错位，这种情况一般较容易达成交易。

为什么会形成这种情况？原因极为复杂，涉及心理、信誉、利益，乃至历史成见等诸多因素。一个信誉极高的企业和一家资金雄厚、信誉良好的银行之间的谈判，达到最高目标是完全可能实现的。

在谈判对手看来，己方的最高目标有点不切合实际。但我们要认识到，目标理想化一点，利益就会更大一些，这也会增加我们的谈判动力。另外，目标定得高一些，可以扩大潜在的谈判空间。

最高目标有以下几个特征：①是对己方最有利的理想目标；②是单方面的，比较难实现的目标；③是谈判中第一次报价的目标；④可以带来有利的谈判结果。

要注意的是，追求最高目标时，不可盲目乐观，否则容易滋生骄傲心理，还容易激怒谈判对手，不利于谈判顺利进行。更多的时候，最高目标只是作为一种谈判工具，是用来第一次报价的，以便为己方保持较大的谈判空间。

2. 实际需求目标

实际需求目标是谈判各方根据主客观因素，考虑到各方面情况，经过科学论证、预测核算、纳入谈判计划的谈判目标。这是谈判者调动各种积极性，使用各种谈判手段达到的谈判目标。如上例中的 50 万元资金就是实际需求目标。实际需求目标有如下特点。

（1）实际需求目标是秘而不宣的内部机密，一般只在谈判过程中某几个微妙阶段提出。

（2）实际需求目标是谈判者坚守的"最后防线"。如果达不到这一目标，谈判可能陷入僵局，这时要暂停谈判，以便谈判小组内部讨论对策。

（3）实际需求目标一般由谈判对手挑明，而己方则"见好就收"或"给台阶就下"。

（4）实际需求目标关系到谈判一方的主要或全部经济利益。例如，若达不到该目标将无法更新主体设备，最终导致企业在近期内停产或不能扩大再生产等。正因为如此，这一目标对谈判者有着强烈的驱动力。

3. 可接受目标

可接受目标是指在谈判中可努力争取或做出让步的范围。它能满足谈判一方的部分要求，实现部分经济利益。在上述例子中，供方由于各种原因（如需方资金筹措能力、偿还能力等），只能提供部分资金（如 35 万元或 40 万元等），不能满足需方的全部需求，这种情况经常发生。因此，谈判者在谈判前制订谈判方案时，应充分估计到这种情况，并制订相应的谈判措施和目标。对可接受目标应采取两种态度：一是现实态度，即树立"只要能得到部分资金就是谈判的成功"的观念，绝不能抱着"谈不成出口气"的态度，这样可能连最低目标也无法达到；二是资金来源多样化，只要多结交谈判伙伴，就有可能最大限度地达到需求目标。

4. 最低目标

最低目标是商务谈判必须实现的目标，是谈判的最低要求。若最低目标不能实现，宁愿谈判破裂也不必讨价还价、妥协让步。它与最高目标之间有着必然的内在联系。在谈判中，表面上一开始要价很高，往往提出最高目标，实际上这是一种策略，保护的是最低目标，乃至可接受目标和实际需求目标。这样做的实际效果往往是超出谈判者的最低目标或至少可以保住这一目标。通过对最高目标的反复压价，最终可能达到一个超过最低目标的目标。之所以要确定一个谈判最低目标，是因为如果没有最低目标作为心理安慰，一味追求最高目标，往往会带来僵化的谈判策略。

不设定最低目标有以下两个弊端。

（1）不利于谈判的进程。谈判当事人的期望过高，容易产生盲目乐观的情绪，往往对谈判过程中出现变化的情况缺乏足够的思想准备，对于突如其来的事情不知所措。最低目标的确定不仅可以创造良好的应变心理环境，还能为谈判双方提供可选择的契机。

（2）不利于成员和团体经济行为的稳定。例如，某生产厂家对某项产品销售的商务谈判期望过高（即对销售量和销售价格的期望过高），并用这种过高的期望去影响和激发成员的积极性，尽管能起到一定的作用，但多数销售人员存在完不成任务的心理和实际压力，可能会严重影响销售团队的稳定。

最低目标有以下几个特征：①是谈判者的绝密，永远不会告诉对手自己的最低目标是什么；②是谈判的底线，谈判结果必须高于或等于此目标；③暗藏在理想目标的保护下。

最低目标是低于可接受目标的；可接受目标介于实际需求目标与最低目标之间，是一个随机值；最低目标是谈判一方依据多种因素，特别是其拟达到的最低收益而明确划定的限值。

例如，在获得资金的案例中，如果多家机构都能提供 50 万元，供需双方考虑的主要就是利率，年利率越低的就越可能获得资金需求方的青睐。

三、具体谈判目标的关系

人们通常认为以上四种目标之间的关系表达式为

最高目标＞实际需求目标≥可接受目标≥最低目标

通常情况下，实际需求目标是定值，它是谈判一方依据其实际经济条件做出的预算。而最高目标是一个随机数值，只要高于实际需求目标即可，是谈判的起点，是讨价还价的筹码。

假设在公司的某次谈判中以出售价格为谈判目标，则以上四种目标可以表述为：最高目标是每台售价 1 400 元；实际需求目标是每台售价 1 200 元；最低目标是每台售价 800 元，可接受目标则在 800～1 200 元之间。

在实际谈判中，最高目标、实际需求目标、可接受目标与最低目标不一定是上述关系，也有可能出现其他更简单或更复杂的关系。例如几个目标都是相同的，或者由于情况的突变，这些目标出现意外的变化。

值得注意的是，谈判中只有价格目标的情况较为少见，一般情况下存在多个谈判目标，需要考虑这些目标的优先顺序。

当谈判中存在多重目标时，应根据重要性对其进行排序，确定是否要达到所有的目标，哪些目标可以舍弃，哪些目标可以争取达到，而哪些目标又是绝不能降低要求的。与此同时，还应考虑长期目标和短期目标的问题。例如，某商家欲采购某种商品进行销售，可以做如下考虑：①只考虑价格，牺牲质量，以低价进货；②只考虑质量，以高价购入高质量商品，期望能以高价销售保证利润；③质量与价格相结合加以广告宣传；④期望得到免费的广告宣传；⑤将价格、质量和免费的广告宣传等三个因素结合起来加以综合考虑。在上述五个可能的目标中，不难看出，价格和质量问题是基本目标，若这两个问题得不到解决，谈判就不可能取得成功。免费广告是最高目标，是在对价格和质量不做出任何让步的情况下才追求的目标，而价格和质量是不可能因为免费广告而放弃的目标。

四、确定谈判目标的原则

确定谈判目标系统和目标层次时，要注意坚持三项原则，即实用性、合理性和合法性。

（1）实用性原则。实用性是指制定的谈判目标在双方的经济能力和条件下能够谈、可以谈。即谈判双方要基于自己的经济能力和条件进行谈判，如果离开了这一点，任何谈判的结果都不能付诸实施。如一企业通过谈判获得了一项先进的技术装备，但由于该企业的员工素质、领导水平及其他技术环节上存在问题，该项技术装备的效能无法发挥，其谈判目标就不具有实用性。

（2）合理性原则。合理性是指商务谈判的主体对自己的利益目标追求在时间和空间上进行全方位的分析后，要确定双方都能接受的范围。市场千变万化，在一定时间、一定空间范围内合理的东西，在另一时间和空间则不一定合理。同时，商务谈判的目标对于不同的谈判对象或在不同的区域，也有不同的适用程度。

（3）合法性原则。合法性是指商务谈判目标必须符合一定的法律规范。在商务谈判中，为达到自身的利益追求目标，对当事人采取行贿等方式使对方顺从，或以损害集体利益使自己得到好处，以经济实力强迫经济弱势方妥协，提供劣质产品、过时技术和虚假信息等，均属不合法行为。

五、谈判目标的优化及其方法

谈判目标的确定过程是一个不断优化的过程。对于多重目标，必须进行综合平衡，通过对比、筛选、剔除、合并等手段减少目标数量，确定各目标的主次和连带关系，使目标之间在内容上保持协调性、一致性，避免互相矛盾。

评价一个目标的优劣，主要是看目标本身的含义是否明确、单一，是否便于衡量，以及在可行前提下利益实现的程度如何，等等。从具体目标来说，表述要简单明了，最好用数字或简短的语言体现出来，如"在报价有效期内，如无意外风险因素，拟以129%的预期利润率成交"。需要指出的是，谈判的具体目标并不是一成不变的，它可以根据交易过程中各种价值和风险因素做适当的调整和修改。

值得注意的是，这种谈判方案的调整只反映了卖方的单方面愿望。在谈判的磋商阶段，买方不会被卖方牵着鼻子走，为了达到谈判的目标，卖方有时应当做出一些让步来换取谈判中的主动权。但是谈判者必须牢记一个原则：任何让步都应建立在赢得一定利益的基础之上。

（1）分清重要目标和次要目标。谈判之前一定要把目标写下来，并根据优先等级做相应的排序。目标要分清轻重缓急，哪个是最重要的目标，哪个是次要目标，把最高目标、实际需求目标、可接受目标和最低目标——排列。实验表明，在合理范围内把最高目标定得越高，最终结果就会越好。此外，谈判时应该留有余地，在准备时要制定一个最低目标。

（2）区分可以让步以及不可以让步的目标。列出目标的优先顺序后，还要分清哪些可以让步，哪些不能让步，同时要简要地描述理由。因为谈判是一个复杂的过程，如果描述理由时写得很长、很多，就需要花很多时间去理解，未标出理由则容易出错，还可能导致在不应该让步的地方做了让步，该让步的地方却没让步，使谈判陷入僵局。

（3）设定谈判对手的需求。在明确己方的需求后，接下来要明确谈判对手的需求，包括价格、数量、质量、交货期、付款方式等。在谈判前，先列出自己的谈判目标，再列出对方的目标，考虑对方可能关心的内容，尽可能——列出。设定目标时，作为卖方，首先关注的可能是价格、时间，然后是数量、质量。客户买东西时，最关注的不一定是价格，也可能是售后服务、产品质量。谈判对手列出的目标与己方列出的目标必然会有一定的差距，卖方希望买方能够按照自己的要求来做，买方肯定也希望卖方按照他的要求来做，怎样才能达成共识呢？这需要双方进行沟通和交流，在沟通和交流之前，一定要确定谈判的目标。

第三节　谈判人员的准备

谈判的主体是人，筹备谈判的很重要的一项工作内容就是人员准备，也就是组建谈判团队。谈判团队的素质及其内部协作与分工，对于谈判的成功是至关重要的。

一、谈判团队的规模

组建谈判团队首先碰到的就是规模问题，即谈判团队的规模多大才是最合适的。

个体谈判，即参加谈判的双方各派出一名谈判人员完成谈判的全过程。个体谈判的好处是：在授权范围内，谈判者可以随时根据谈判桌上的风云变幻做出自己的判断，不失时机地做出决策以捕获转瞬即逝的机遇，而不必像集体谈判那样，对某一问题的处理必须首先在内部取得一致意见，然后再做出反应，这样做常常贻误时机；也不必担心对方向自己一方谈判成员中较弱的一人发动攻势以求个别突破，或利用计谋在己方谈判人员之间制造意见分歧而从中渔利。一个人参加谈判独担责任，无所依赖和推诿，全力以赴，因而会产生较高的谈判效率。

个体谈判也有其缺点，它只适用于谈判内容比较简单的情况。在现代社会里，谈判往往是比较复杂的，涉及面很广。从涉及的知识领域来讲，包括商业、贸易、金融、运输、保险、海关、法律等多个方面，谈判中所用的资料也非常多，这些绝非一个人的精力、知识、能力所能胜任的，正如俗语所说"智者千虑，必有一失""三个臭皮匠，顶个诸葛亮"。因此，通常情况下，谈判团队由多人组成，成功的谈判更有赖于谈判人员集体智慧的发挥。

谈判团队人数的多少并没有严格统一的标准，谈判的具体内容、性质、规模，以及谈判人员的知识、经验、能力不同，谈判团队的规模也不同。从大多数谈判实践来看，直接上谈判桌的人数不宜过多，工作效率比较高的团队，人数规模在 4 人左右。如果谈判涉及的内容较广泛、较复杂，需要由各方面的专家参加，则可以把谈判人员分为两部分：一部分主要负责准备背景材料，人数可适当多一些；另一部分直接上谈判桌，这部分人的数量与对方相当为宜。在谈判中应注意避免对方出场人数很少，而己方出场人数很多的情况。

二、谈判人员应具备的素质

人是谈判的行为主体，谈判人员的素质是筹备和策划谈判谋略的决定性因素，它直接左右整个谈判过程的发展，影响谈判的成功与失败，最终决定谈判双方的利益分割。可以说，谈判人员的素质是事关谈判成败的关键。

那么，一个优秀的谈判人员应具备怎样的素质呢？

弗雷斯·查尔斯·艾克尔在《国家如何进行谈判》一书中写道："根据 17 至 18 世纪的外交规范，一个完美无缺的谈判者，应该心智机敏，而且有无限的耐心；能巧言掩饰，但不欺诈行骗；能取信于人，而不轻信于人；能谦恭节制，但又刚毅果断；能施展魅力，而不为他人所惑……"

对于谈判人员的素质，古今中外向来是仁者见仁、智者见智，但一些基本的要求是相同的，并为许多谈判者所遵奉。

（一）忠于职守的观念

谈判人员是作为特定组织的代表出现在谈判桌前的。谈判人员不仅代表组织的利益，而且在一些涉外商务谈判中还肩负着维护国家利益的义务和责任。因此，遵纪守法、廉洁奉公、忠于国家和组织，是谈判人员必须具备的首要条件。在一些商务谈判中，见利忘义、损公肥私，甚至与外商合伙坑害自己的同胞，牺牲国家利益的现象也不鲜见。可以说，一旦谈判班子中出现了泄露己方的谈判目标、战略战术以及机密，使对手对己方的底细了如指掌的人，己方在谈判中便极易陷入被动。为了防止这类情况的发生，参加谈判的人员必须具备忠于职守、廉洁奉公的思想素质。作为谈判人员，必须自觉维护组织的利益，决不能见钱眼开、收受贿赂，必须严守组织机密，决不能毫无防备、口无遮拦。

（二）健全的心理素质

心理素质是一个人所具有的稳定的、本质的个性心理特征。它是人的意志、情感、情绪等心理品质的总和，在商务谈判中占有十分重要的地位。谈判过程，特别是讨价还价阶段是一个非常困难的过程，充满了困难和曲折。有时谈判会变成一场马拉松式的较量，这不仅对谈判人员的知识、技能、体力等方面是一个考验，也要求其具有健全的心理素质。

健全的心理素质是谈判者素养的重要内容之一，表现为谈判者应具备坚韧、顽强的意志力和良好的心理调适能力。

坚韧、顽强的意志力是指在谈判过程中百折不挠、意志坚强、锲而不舍。具体来说，就是在谈判过程中能够胸有成竹，既有追求谈判最高目标的伟大理想，又能正确对待谈判现实中的问题和挫折，胜不骄、败不馁。在谈判过程中，谈判的艰巨性可想而知，谈判桌前持久的讨价还价枯燥乏味。这时，谈判者之间的持久交锋不仅是一种智力、技能和实力的比试，更是一场意志、耐心和毅力的较量。如果谈判者没有坚韧不拔、持久忍耐的恒心和泰然自若的精神，是难以适应的。

有一位著名的谈判能手曾这样说过："永远不轻言放弃，即使对方至少说了七次'不'也不。"

谈判者只有具备了健全的心理素质，才能应对各种艰巨复杂的谈判。

这种意志力、忍耐力还要求一个谈判人员无论在谈判的高潮阶段还是低潮阶段，都能心平如镜，特别是当胜利在望或陷入僵局时，更要能够控制自己的情感，喜形于色或愤愤不平不仅有失风度，而且会让对方抓住弱点与疏漏，使对方有可乘之机。

良好的心理调适能力是指谈判者能够根据谈判情势的变化，随时调整自己的情绪，做到冷静思考，从容应对。古往今来的伟大政治家、军事家、思想家都以戒躁、制怒、留静、贵虚等作为自我修养的基本方法。戒躁、制怒就是要想方设法消解自己激动的情绪，如果失去理智就会做出愚蠢的事情。留静、贵虚有两层含义：一是保持一种敏锐、明澈的心境，这是一种特殊的心理状态；二是冷静地观察事态的发展变化，抓住对手的薄弱环节，出其不意，克敌制胜。

谈判是斗智斗谋的高智能竞技活动，感情用事会影响谈判，要控制自己非理性情感的发泄。幽默大度、灵活巧妙地将消极情绪转化为积极情绪，能使自己摆脱困境、战胜对手。因此，培养良好的心理调适能力也是谈判人员必不可少的。

（三）合理的知识结构

谈判是人与人之间利益关系的协调磋商过程。在这个过程中，合理的知识结构是讨价还价、赢得谈判的重要条件。合理的知识结构是指谈判者必须具备丰富的知识，不仅要有广博的知识面，而且要有较深的专业学问，两者构成一个 T 字形的知识结构。

1. 谈判人员的横向知识结构

一名优秀的谈判人员需构建跨学科的知识体系，将自然科学和社会科学方法有机融合，既要夯实贸易、金融、营销等核心专业知识，还要系统掌握心理学、经济学、管理学、财务学等关联学科的关键理论，并能灵活运用于谈判实践，这集中体现了谈判人员的综合素质。在现实的经贸往来中，谈判人员的知识技能单一化已成为一个现实的问题，技术人员不懂商务、商务人员不懂技术的情况大量存在，给谈判工作带来了很多困难。在知识结构上，商务谈判人员还要了解有关国家和地区的社会历史、地理、风俗习惯以及宗教信仰等状况，否则就会出问题。

例如，某公司曾在泰国承包了一个工程项目，由于不了解施工期是泰国的雨季，运过去的轮胎式机械在泥泞的施工场地根本无法施展，只得重新组织履带式机械。因为耽误了采购、报关、运输的时间，延误了工期，导致对方提出索赔。

如果当初这家公司的谈判人员能够多懂一点世界地理知识，知道泰国的气候特点或主动向专家了解在泰国施工可能遇到的困难，那么所蒙受的经济损失和信誉损失就能得以避免。因此，谈判人员必须具备多方面的知识，即知识必须有一定的宽度，才能适应复杂的谈判活动的要求。

2. 谈判人员的纵向知识结构

优秀的谈判人员除了必须具备广博的知识面外，还必须具有较深的专业知识。没有系统而精深的专业知识功底，就无法进行成功的谈判。现实中，屡屡出现因缺乏专业知识、不精通专业技术造成的所购设备有重大问题的案件，也常有因财务会计的计算错误造成经济损失、因不懂法律给对方留下捣鬼空间的事端。因此，谈判者对专业知识的学习和积累是非常重要的。

总之，扩大知识视野、深化专业知识、获取有助于谈判成功的广博而丰富的知识，能在谈判的具体操作中左右逢源，运用自如，最终取得谈判的成功。

 **视野拓展**

被称为"空客先生"的飞机销售员（Mr.Airbus）雷义提出：专业的销售员和顾客的关系不是上帝和服务员的关系，也不是狼和羊的关系，而是师生关系。

专业的销售员是老师，顾客是学生，老师要辅导学生完成一门功课——如何买到最合适的商品。这就解释了，顾客明知道你要赚他的钱，为什么还要听你推销。因为他不知道哪家的产品最适合自己、怎么买最有利，他需要从你这里获取资讯，更进一步地说是内幕资讯。所谓的内幕资讯，可不是商业机密，而是你作为一个专业人士能够给予的建议。

雷义是飞行员出身，又卖了多年飞机，对航空运输业有很深的认知，所以他常常一边推销飞机，一边专业分析对方公司的未来，对方就像学生听书一样，获益匪浅。因此，雷义和不少顾客都建立了这样的"师生关系"，一边卖飞机一边给对方当指导。

（四）较高的能力素养

谈判者的能力是指谈判人员驾驭商务谈判这个复杂多变的竞技场的能力，是谈判者在谈判桌上充分发挥作用所应具备的主观条件。

（1）认识能力。善于思考是一个优秀的谈判人员所应具备的基本素质。谈判的准备阶段和洽谈阶段充满了多种多样始料未及的问题和假象，谈判者为了达到自己的目的，往往以各种手段掩盖真实意图，其传达的信息真真假假、虚虚实实，优秀的谈判者能够通过观察、思考、判断、分析和综合的过程，从对方的言行中判断真伪，了解对方的真实意图。

（2）运筹计划能力。谈判的进度如何把握；谈判在什么时候、什么情况下可以由准备阶段进入接触阶段、实质阶段，进而到达协议阶段；在谈判的不同阶段将使用怎样的策略；等等。以上问题都需要谈判人员发挥其运筹帷幄的作用，当然这种运筹计划离不开对谈判对手背景、需要、可能采取的策略的调查和预测。

（3）语言表达能力。谈判是人类利用语言工具进行交往的一种活动。一个优秀的谈判者应有较好的语言表达能力，通过语言的感染力来强化谈判的艺术效果。首先，谈判中的语言包括口头语言和书面语言，但无论哪类语言，都要求准确无误地表达自己的思想和感情，使对手能够正确领会自己的意思，这是最基本的要求。其次，还要突出谈判语言的艺术性。谈判中的语言不仅应当准确、严密，而且应当生动形象、富有感染力，要学会巧妙地用语言表达自己的意图。

（4）应变能力。多么细致的谈判准备都不可能预料到谈判中可能发生的所有情况。千变万化的谈判形势要求谈判人员必须具备沉着、机智、灵活的应变能力，以控制谈判的局势。应变能力主要包括处理意外事故的能力、化解谈判僵局的能力、巧妙袭击的能力等。

（5）创造性思维能力。随着经济社会的发展和科学技术的进步，以综合性、动态性、创造性、信息性为特征的人类现代思维方式，已经取代了落后的传统思维方式。创造性思维是以创新为目的并能产生创见的思维活动，谈判者运用创造性思维能够提升分析问题和解决问题的能力，提高谈判的效率。

（6）健康的身体素质。身体是一切的基础，谈判的复杂性、艰巨性也要求谈判者必须具备良好的身体素质。谈判者只有保持精力充沛、体魄健康，才能适应超负荷的谈判工作需要。

三、谈判人员的配备

谈判者个体不但要具备政治、心理、业务等方面的素质,而且要恰如其分地发挥各自的优势,互相配合,以整体的力量征服谈判对手。谈判人员的配备直接关系着谈判的成功,是谈判谋略中技术性很强的学问。在一般的商务谈判中,谈判人员所需的知识大体上可以概括为以下四个方面:①有关技术方面的知识;②有关价格、交货、支付条件等商务方面的知识;③有关合同法律方面的知识;④有关语言翻译方面的知识。

相应地,根据以上对知识方面的要求,谈判团队应配备下列人员:①技术精湛的专业人员;②业务熟练的商务人员;③精通经济法的法律人员;④熟悉业务的翻译人员。

从实际出发,谈判团队还应配备一名有身份、有地位的负责人组织协调整个谈判团队的工作,一般由单位副职领导兼任,称为首席代表。另外,谈判团队还应配备一名记录人员。这样,不同类型和专业的人员就组成了一个分工协作、各负其责的谈判团队,其构成如图 12.1 所示。

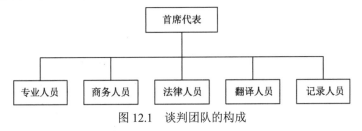

图 12.1　谈判团队的构成

在这个谈判团队内部,每位成员都有自己明确的职责。

(1)首席代表,是指那些对谈判负领导责任的高层次谈判人员。他们在谈判中的主要任务是领导谈判组织的工作,这就决定了他们除具备一般谈判人员的必要素养外,还应阅历丰富、目光远大,具有审时度势、随机应变、当机立断的能力,以及善于控制与协调谈判小组成员的能力。因此,无论从什么角度来说,他们都应该是富有经验的谈判高手。其主要职责是:①监督谈判程序;②掌握谈判进程;③听取专业人员的建议;④协调谈判团队成员的意见;⑤决定谈判过程中的重要事项;⑥代表单位签约;⑦汇报谈判结果。

(2)专业人员,是谈判团队的主要成员之一。其主要职责是:①阐明己方参加谈判的愿望、条件;②了解商品的具体内容和价值体现;③弄清对方的意图、条件;④找出双方的分歧或差距;⑤与对方进行专业细节问题的磋商;⑥修改草拟的谈判文书的有关条款;⑦向首席代表提出解决专业问题的建议;⑧为决策提供专业方面的论证。

(3)商务人员,也称经济人员,是谈判团队的重要成员。其主要职责是:①清楚谈判中涉及的成本和利润等总体经济情况;②了解谈判对手在项目利益方面的预期目标;③分析、计算修改后的谈判方案所带来的收益变动;④为首席代表提供财务方面的建议;⑤在正式签约前提供合同或协议所需的财务分析报表。

(4)法律人员,是重要谈判项目的必备成员。如果谈判小组中有一位精通法律的专家,将会非常有利于谈判所涉及的法律问题的顺利解决。其主要职责是:①确认谈判对方经济组织的法人地位;②提供法律方面的建议和意见;③监督谈判在法律许可的范围内进行;④检查法律文件的准确性和完整性。

(5)翻译人员,在谈判中占有特殊的地位,他们往往是谈判双方进行沟通的桥梁。翻译人员的职责在于准确地传递谈判双方的意见、立场和态度。一位出色的翻译人员不仅要起到语言沟通的作用,而且必须能洞察对方的心理和发言的实质,既能改变谈判气氛,又能挽救谈判失误,增进谈判双方的了解、合作和友谊。

涉外谈判中，即使谈判双方都有运用对方语言交流的能力，通常也要配备翻译人员，这样不仅可以在翻译人员复述时争取更多的思考时间，还可以密切观察对方的反应，迅速捕捉信息，考虑应对的战术。

 **视野拓展**

很多英文短语不能做简单的字面翻译，如 Dead president（美钞），Busy boy（餐馆勤杂工），Sweet water（淡水），American beauty（玫瑰，美丽动人），Horse sense（常识），Capital idea（好主意），Busy body（爱管闲事的人），White man（忠诚可靠），Pull one's leg（开玩笑），等等。

（6）记录人员，是谈判中必不可少的成员。一份完整的谈判记录既是一份重要的资料，也是进一步谈判的依据。为了出色地完成谈判的记录工作，记录人员要具有熟练的文字记录能力和一定的专业基础知识。其主要职责是准确、完整、及时地记录谈判内容。

微视频
派谁去？有讲究

四、谈判人员的选拔

人员选拔的目的就是要齐心协力，取长补短，形成合力，最大限度地发挥每个成员的作用，形成强有力的战斗团队。为了实现这样的目的，人员选拔的原则有如下几点。

1. 知识互补

谈判涉及技术、商务、财务、翻译、法律等诸多方面的知识，而人的知识面是有限的，俗话说"隔行如隔山"，人的经历和学历的差异，造成有的人实践经验非常丰富，有的人理论知识十分丰富。在人员准备时，要充分考虑到知识的互补性，形成有效的合力。

2. 个性互补

个性是人与人的本质区别。个性包括气质、性格两个方面。

气质通常分为胆汁质、多血质、黏液质和抑郁质等四种类型。气质无好坏之分，不同的气质类型各有长短：稳定的不够灵敏，热情的容易冲动，灵活的往往不能耐久。所以，人员搭配要考虑到四种气质类型平衡。

性格是一个人在个体生活中所形成的对待事物的稳定的态度以及与之相应的习惯化了的行为方式。性格是个性的核心，它决定人的活动的内容和方向。勤劳与懒惰、勇敢与怯弱、自信与自卑、宽容与狭隘等都是性格的表现形式。性格是有社会价值的，谈判人员应该具备顽强、坚韧、灵活、机智、勤奋等健康性格，或者形成健康性格的组合。冷漠刻板、孤僻多疑、急躁好斗、心胸狭窄、自负固执、傲慢轻敌的性格是不适合谈判的。

气质与性格常被人们混淆，二者的区别如表 12.1 所示。

表 12.1　气质与性格的区别

气质	先天遗传作用形成	有解剖学意义	无社会价值	决定心理动力特征
性格	后天学习作用形成	无解剖学意义	有社会价值	决定心理内容方向

3. 具有法律效力

谈判是为了获取利益（得到对方的承诺），谈判结果需要法律的约束，法律是重证据的，谈判的最终结果是具有法律约束力的文本文件。文件的签字人是有法律规定的，最终签字者必须具有相应资格。如果委托他人代理，必须出具委托书，并注明代理的内容、目的、要求和期限。

拓展游戏

选大将

要求：假设每位同学需要组织一场谈判，请从全班同学中挑选出四五位同学做自己谈判小组的成员，并写下选这几位同学的理由。

第四节　制订谈判方案

在正式进行激烈的谈判交锋之前，我们还需制订出一个周全而又明确的谈判计划，即制订一个谈判方案。

一、制订谈判方案的基本要求

谈判方案是谈判人员在谈判前预先对谈判目标等具体内容和步骤所做的安排，是谈判者行动的指针和方向。有了谈判方案，参加谈判的人员可以做到心中有数，明确努力方向，打有准备之仗。谈判方案应对各个阶段的谈判人员、议程和进度做出较周密的设想，对谈判工作进行有效的组织和控制，使其既有方向，又能灵活地左右错综复杂的谈判局势，使谈判沿着预定的方向前进。

谈判方案可以视谈判的规模、重要程度的不同而定，理论上可以是书面形式，也可以是口头形式。但是从实践中看，谈判方案通常是书面的。文字可长可短，可以是长达几十页的正式文件，也可以是短至一页的备忘录。

虽然由于规模、重要程度不同，商务谈判的内容会有所差别，谈判方案内容的多少要视具体情况而定，但其要求都是一样的。一个好的谈判方案应满足以下三个方面的基本要求。

（1）简明扼要。所谓简明扼要，就是要尽量使谈判人员能容易地记住其主要内容与基本原则，在谈判中能随时根据方案要求与对方周旋。谈判方案越是简单明了，谈判人员照此执行的可能性就越大，因为谈判是一项十分复杂的业务工作，谈判人员必须清晰地记住谈判的主题方向和方案的主要内容，在与对手交锋时才能按照既定目标，自如地对付错综复杂而多变的谈判局面，驾驭谈判局势的发展。

（2）具体明确。谈判方案既要求简明扼要，也要求与谈判的具体内容相结合，以谈判具体内容为基础，否则，会使谈判方案显得空洞和含糊。

（3）富有弹性。谈判过程中各种情况都有可能发生，要使谈判人员在复杂多变的形势中取得比较理想的结果，就必须使谈判方案具有一定的弹性。谈判人员可在不违背根本原则的情况下，根据情况的变化，在权限允许的范围内灵活处理有关问题，以取得较为有利的谈判结果。谈判方案的弹性表现在：有几个可供选择的谈判目标；指标有上下浮动的余地；把可能发生的情况考虑在计划中，如果情况变动较大导致原计划不适合，可以实施备选方案。

二、制订谈判的基本策略

谈判的基本策略是指谈判者为了实现己方的谈判目标，在对各种主客观情况充分估量的基础上拟采取的基本途径和方法。

制订商务谈判的基本策略就是要选择能够实现己方谈判目标的基本途径和方法。

谈判不是一个讨价还价的简单过程，实际上是双方在实力、能力、技巧等方面的较量。因此，制订商务谈判策略前应考虑如下影响因素：对方的谈判实力和主谈人的性格特点；对方和己方的优势所在，交易本身的重要性；谈判时间的长短；是否有建立持久友好关系的必要性。通过对谈判双方实力及以上影响因素细致认真地研究分析，谈判者可以确定双方的谈判地位，即处于优势、劣势或者均势，由此确定谈判的策略，如报价的策略、还价的策略、让步与迫使对方让步的策略、打破僵局的策略等。

确定基本策略的第一步是确定双方在谈判当中的目标是什么，包括最高、最低、中间目标的目标体系；在交易的各项条款中，哪些条款是对方重视的，哪些是对方最想得到的，哪些是对方可能做出让步的，让步的幅度有多大等。第二步是确定在己方争取最重要的条款时，将会遇到对方哪些方面的阻碍，对方会提出什么样的交换条件等。第三步是针对以上情况，确定己方应采取怎样的策略。

谈判方案的制订有赖于对双方实力及其影响因素的正确估量和科学分析，否则，谈判方案就没有什么意义了。

三、确定谈判地点和时间

恰当的地点和时间往往有助于取得谈判的主动权。因此，要将谈判的策略与谈判的时间、地点安排结合起来，综合考虑。

根据地点的不同，谈判可分为三种形式，即主座谈判、客座谈判和主客座轮流谈判。一般来说，谈判地点要争取在己方主场，因为在主场举行谈判洽商活动获胜的可能性更大。一些谈判专家所做的研究也证明了这一点。例如，美国心理学家泰勒尔的实验表明：多数人在自己家的客厅与人谈话，比在别人的客厅里更能说服对方。这是因为人们在自己的所属领域能更好地释放能量与本领，所以行为的成功概率更高。事实上，这种情况也适用于谈判。

此外，谈判具体地点的选择也很讲究艺术性。一般来说，在大型会议室中举行的往往是正式的谈判，谈判的开始阶段可选择大型会议室，因为这样能营造一种气势，使双方认真对待。谈判结束签订合同时，也常在大型会议室中进行，同样是为了制造一种合作的气氛和社会影响：这些内容可以公开，双方也希望更多的人了解这样的结果。小型会议室中安排的一般是讨论型的谈判，双方是认真负责的，因此大量具体的细节问题在这样的场合中讨论比较合适；同时，其内容仅限于与会者知道，特别是对有争议的问题，在这种场合比较容易表达。非正式谈判设在小型会议室中进行的情况比较多；办公室约见主要是私密性会见，谈判中也经常需要这种会见，个别交谈和只征求意见，并不做正式决策时选择这种场合很有效。但应该注意的是，无论多小的谈判，它都和内部讨论不一样，谈判中的约见双方是平等的。

在餐桌上或休闲场所，双方比较放松，可以谈论正事，可以诉说友情，也可以讨论无关正事的问题。这样的交流在谈判过程中也是不可或缺的，通过非正式的谈论不仅可以了解对方的真实想法和个人意见，同时也是建立长期感情的方式和渠道，从而有利于正式谈判时的顺利决策。

人们对时间的安排是很重视的，因此在谈判时间的选择上也要深思熟虑。例如，谈判定在星期一上午开始，而且主要谈判人员出席，通常说明主持方很在乎要讨论的主题，并准备花足够的时间来解决；而谈判定在星期五下午则常传达一个信息：该问题应该尽快解决，没有拖延的时间了。

四、安排谈判议程

谈判议程是人们在进行谈判之前预先拟定的谈判目标和实现目标的步骤。制订谈判议程可以使谈判在不损害他人利益的基础上达成对己方更为有利的协议，卓有成效地运用预先设计的谈判技巧而又不为他人所察觉。

议程本身就是一种谈判策略。谈判议程可由一方准备，也可由双方协商确定。谈判议程主要应考虑以下几个方面的事项。

1. 时间安排

时间安排即确定在什么时间举行谈判、谈多长时间、各个阶段的时间如何分配、议题出现的时间顺序等。时间安排是议程中的重要环节，如果时间安排得很仓促，准备不充分，匆忙上阵，就很难沉着冷静地在谈判中实施各种策略；如果时间安排得过长，不仅会耗费大量的时间和精力，而且随着时间的推延，各种环境因素都会发生变化，还可能会错过一些重要的机遇。

2. 谈判议题

所谓谈判议题，就是谈判双方提出和讨论的各种问题。关于谈判议题，首先需明确己方要提出哪些问题、讨论哪些问题，进而对所有问题进行全盘比较和分析：哪些问题是重点问题，要列入重点讨论范围；哪些问题是非重点问题；哪些问题可以忽略；各问题之间是什么关系，在逻辑上有什么联系。其次，还要预测对方会提出什么问题，哪些问题己方必须认真对待、全力以赴去解决，哪些问题可以根据情况做出让步，哪些问题可以不予讨论。

3. 通则议程

通则议程是谈判双方共同遵守使用的日程安排，一般要经过双方协商同意后才能正式生效。在通则议程中，通常应确定以下内容：谈判总体时间及分段时间安排；双方谈判讨论的中心议题；议题讨论的顺序；谈判中人员的安排；谈判地点及接待事宜。

4. 细则议程

细则议程是己方参加谈判的具体策略安排，只供己方人员使用，具有保密性。其内容一般包括以下几个方面：谈判中如何统一口径，如发言的观点、文件资料的说明等；对谈判过程中可能出现的各种情况的对策安排；己方发言的策略，何时提出问题、提什么问题、向何人提问、谁来提出问题、谁来补充、谁来回答对方的问题、谁来反驳对方的提问、什么情况下要求暂时停止谈判等；谈判人员更换的预先安排；己方谈判时间的策略安排、谈判时间期限。

拟订谈判议程时，应注意以下五个问题。

（1）谈判的议程安排要依据己方的具体情况，在程序安排上扬长避短，也就是在谈判的程序安排上，要保证己方的优势能得到充分的发挥。

（2）议程的安排和布局要为己方出其不意地运用谈判策略埋下伏笔。一个谈判老手是绝不会放过利用拟订谈判议程的机会来运筹谋略的。

（3）谈判议程内容要能够体现己方谈判的总体方案以及己方让步的限度和步骤，统筹兼顾，引导谈判或控制谈判的进度。

（4）在议程安排上，不要过分伤害对方的自尊和利益，以免导致谈判过早破裂。

（5）不要将己方的谈判目标特别是最终谈判目标通过议程和盘托出而使己方处于不利地位。

当然，议程由己方安排也有缺点：己方准备的议程往往透露了己方的某些意图，对方通过分析可猜出并在谈判前拟订对策，使己方处于不利地位；同时，对方如果不在谈判前对议程提出异议而掩盖其真实意图，或者在谈判中提出修改某些议程，容易导致己方被动甚至使谈判破裂。

第五节 模拟商务谈判

为了更直接地预见谈判的前景，对于一些重要的和难度较大的谈判，可以采取模拟商务谈判的方法来改进和完善准备工作。

模拟商务谈判是正式谈判前的"彩排"，可将谈判小组成员一分为二，一部分人扮演谈判对手，并以对手的立场、观点和作风来与己方另一部分谈判人员交锋，预演谈判的过程。

微视频
模拟商务谈判

一、模拟商务谈判的作用

模拟商务谈判是指在谈判准备工作的最后阶段、正式谈判前，在占有信息资料的基础上，进行假设推理和实际演习。模拟商务谈判的具体作用通常表现在以下几个方面。

1. 提升应对困难的能力

模拟商务谈判可以使谈判者获得实际经验，提升应对各种困难的能力。很多成功谈判的实例和心理学研究成果都表明，正确的想象练习不仅能够提升谈判者的独立分析能力，而且在心理准备、心理承受、临场发挥等方面都是很有益处的。在模拟商务谈判中，谈判者可以一次又一次地扮演自己，甚至扮演对手，从而熟悉实际谈判中的各个环节。这对初次参加谈判的人来说尤为重要。

2. 检验谈判方案是否周密可行

谈判方案是在谈判小组负责人的主持下，由谈判小组成员具体制订的。它是对未来将要发生的正式谈判的预计，不可能完全反映出正式谈判中出现的一些意外事件。同时，因为谈判人员受到知识、经验、思维方式、考虑问题的立场和角度等因素的局限，谈判方案的制订就难免会有不足之处和漏洞。模拟商务谈判是对实际正式谈判的模拟，与正式谈判比较接近。因此，模拟商务谈判能够较为全面、严格地检验谈判方案是否切实可行，检查谈判方案存在的问题和不足，有助于及时修正和调整谈判方案。

3. 训练和提升谈判能力

模拟商务谈判的对手是自己的人员，对自己的情况十分了解，这时站在对手的立场上提问题，有利于发现谈判方案中的错误，并且能预测对方可能从哪些方面提出问题，以便事先拟订出相应的对策。对于谈判人员来说，能有机会站在对方的立场上进行换位思考是大有好处的。

正如美国著名企业家维克多·金姆所言："任何成功的谈判，从一开始就必须站在对方的立场来看问题。"

这种角色扮演的演练不但能使谈判人员了解对方，也能使谈判人员了解自己，因为它给谈判人员提供了客观分析自我的机会，注意到一些容易忽视的问题，如在与外国人谈判时使用过多的本国俚语、缺乏涵养的面部表情、争辩的观点含糊不清等。

二、模拟商务谈判的方法

常用的模拟商务谈判方法主要有以下三种。

1. 全景模拟法

全景模拟法是指在想象谈判全过程的前提下，企业有关人员扮演成不同的角色所进行的实战性排练。这是最复杂、耗资最大，但也往往是最有效的模拟商务谈判方法。这种方法一般应用于大型的、复杂的、关系到企业重大利益的谈判。在采用全景模拟法时，应注意以下两点。

（1）合理地想象谈判全过程。要求谈判人员按照假设的谈判顺序展开充分的想象，不只是想象事情发生的结果，更重要的是想象事物发展的全过程，以及在谈判中双方可能发生的一切情形，并依照想象的情况和条件，演绎双方交锋时可能出现的一切局面，如谈判的气氛、对方可能提出的问题、我方的答复、双方的策略和技巧等。合理的想象有助于谈判的准备更充分、更准确。所以，这是全景模拟法的基础。

（2）尽可能扮演谈判中的所有人物。尽可能扮演谈判中所有会出现的人物，涉及两层含义：一层是指对谈判中可能会出现的人物都有所考虑，要指派合适的人员对这些人物的行为和作用加以模仿；另一层是指主谈人员（或其他在谈判中会起重要作用的人员）应扮演一下谈判中的每一个角色，包括自己、己方的顾问、对手及其顾问。这种对人物行为、决策、思考方法的模仿，能使我方对谈判中可能会遇到的问题、人物有所预见；同时，从别人的角度进行思考，有助于我方制订更完善的策略。

2. 讨论会模拟法

讨论会模拟法类似于头脑风暴法，它分为两步。第一步，企业组织参加谈判的人员和一些其他相关人员召开讨论会，请他们根据自己的经验，对企业在本次谈判中谋求的利益、对方的基本目标、对方可能采取的策略、我方的对策等问题畅所欲言。不管这些观点、见解如何标新立异，都不会有人指责，有关人员只是忠实地记录，再把会议情况上报领导，作为决策参考。第二步，请人针对谈判中可能发生的各种情况，以及对方可能提出的问题等提出疑问，由谈判组成员一一加以解答。

讨论会模拟法特别欢迎反对意见。这些意见有助于己方重新审核拟订的方案，从多种角度和多重标准来评价方案的科学性和可行性，并不断完善准备的内容，以提高成功的概率。有些企业模拟商务谈判时对反对意见倍加重视；有些企业没有重视模拟商务谈判，讨论会往往变成一言堂，领导往往难以容忍反对意见。后者没有使谈判方案更加完善，而成了表示赞成的一种仪式，这就违背了讨论会模拟法的初衷。

3. 列表模拟法

列表模拟法是最简单的模拟商务谈判方法，一般应用于小型、常规性的谈判。列表模拟法通常通过对应表格的形式展开：在表格的一方列出我方经济、技术、人员、策略等方面的优缺点和对方的目标及策略，另一方则相应地罗列出我方针对这些问题在谈判中所应采取的措施。这种模拟方法的最大缺陷在于它实际上还是谈判人员的一种主观产物，它只是尽可能地搜寻问题并列出对策。对于这些问题是否真的会在谈判中发生，相应对策是否能起到预期的作用，由于没有通过实践的检验，因此，不能百分之百地认为该对策是完全可行的。上述其他模拟法也存在这个问题，只不过会更好一点，或者说列表模拟法的准确性更差一些。

三、模拟商务谈判的要点

1. 科学地做出假设

模拟商务谈判实际就是提出各种假设情况，然后针对这些假设，制订出一系列对策，采取一定措施的过程。因而，假设是模拟商务谈判的前提，又是模拟商务谈判的基础，它的作用是根本性的。

按照假设在谈判中包含的内容，可以将假设分为三类：一是对客观环境的假设；二是对自身的假设；三是对对方的假设。

为了确保假设的科学性，以下四点尤其需要关注。首先，应该让具有丰富谈判经验的人提出假设，相对而言，这些人的假设准确度较高，在实际谈判中发生的概率大；其次，假设的情况必须以事实为基础，所依据的事实越多、越全面，假设的精度也越高，切忌纯粹凭想象主观臆造假设；再次，假设必须按照正确的逻辑思维进行推理，遵循思维的一般规律；最后，应该认识到再高明、全面的假设也不会完全符合谈判的实际情况，而且这种假设归根结底只是一种推测，带有偶然性，若是把偶然性奉为必然性去指导行动，那就是冒险。

2. 慎重选择参加模拟商务谈判的人员

参加模拟商务谈判的人员应该是具有专门知识、丰富经验和较强角色扮演能力的人，而不是只有较高职位、较高地位的人或只会随声附和、举手赞成的人。一般而言，模拟商务谈判需要下列三种人员。

（1）知识型人员。这里的知识是指理论与实践相对完美结合的知识。这种人员能够运用所掌握的知识触类旁通、举一反三，掌握模拟商务谈判的方方面面，基于理论依据和现实基础，能从科学性的角度去研究谈判中的问题。

（2）预见型人员。这种人员对于模拟商务谈判是很重要的。他们能够根据事物的发展变化规律，加上自己的业务经验，准确地推断出事物发展的方向，对谈判中出现的问题相当敏感，往往能对谈判的进程提出独到的见解。

（3）求实型人员。这种人员有着脚踏实地的工作作风，考虑问题客观、周密、不凭主观印象，一切以事实为出发点，对模拟商务谈判中的各种假设条件都小心求证，力求准确。

3. 及时进行总结

模拟商务谈判结束后要及时进行总结。模拟商务谈判的目的是总结经验，发现问题，弥补不足，完善方案。所以，在模拟商务谈判告一段落后，必须及时、认真地回顾在谈判中我方人员的表现，如对对手策略的反应机敏程度、自身班子协调配合程度等一系列问题，以便为真正的谈判奠定良好的基础。

模拟商务谈判的总结应包括对方的观点、风格、精神，对方的反对意见及解决办法，己方的有利条件及运用状况，己方的不足及改进措施，谈判所需情报资料是否完善，双方各自的妥协条件及可共同接受的条件，谈判破裂的界限，等等。

 思考与实践

一、思考与讨论

1. 简述商务谈判的四个层次的目标的特点及作用。

2. 优秀的商务谈判人员应具备什么样的素质？

3. 怎样进行商务谈判人员的配备？

4. 商务谈判人员应如何进行分工与合作？

5. 商务谈判方案要包括哪些内容？

6. 简述模拟商务谈判的类型及注意事项。

二、活动与演练

关于特许经营加盟的谈判准备

目标: 具备组建谈判小组,进行团队协作、信息搜集及分析的能力,能根据谈判的内容和对象选择恰当的谈判策略,拟订谈判计划书,根据模拟商务谈判的过程和结果对计划书进行完善。

背景: 假设你们团队想在某城市某街道开个餐饮特许经营加盟店。现需要跟许可方谈判特许经营加盟事宜。请根据以上背景资料拟订一份商务谈判计划书。商务谈判计划书的最终目标是通过谈判解决加盟费及质量保证、服务等条款,争取优惠条款,最终达成双赢协议。

步骤及要求:(1)以五六人为一组,组建谈判小组,以小组为单位,通过分工协作,对实训背景进行分析,并进行相关信息的收集整理,每个小组撰写一份商务谈判计划书。商务谈判计划书必须针对具体、特定的餐饮品牌店,如肯德基、麦当劳、吉祥馄饨、一鸣真鲜奶吧、豪大香鸡排、咬不得高祖生煎、老娘舅餐饮、甜丫丫、豪客来牛排等,具体加盟的品牌不限。商务谈判计划书必须针对具体的街道,具体城市、街道地点不限。商务谈判计划书要基于真实场景进行大量的调查,同时根据这份商务谈判计划书跟许可方谈判是完全可行的(加盟谈判很可能成功)。

(2)当堂进行模拟商务谈判,之后由其他观摩同学点评,再由场上谈判双方自评和互评,最后由教师对双方进行评价,如发现与计划书出入较大,当场请其做出必要的解释。谈判结束后,以小组为单位对本次谈判进行讨论总结,并提交书面的谈判评估报告。

三、案例分析

苏州某公司希望将自己的产品打进南非市场。为了摸清合作伙伴的情况,公司决定组团到南非进行实地考察。到达南非后,对方立即安排他们与南非公司的总经理会面,会面地点被安排在一个富丽堂皇的大饭店里。考察团在电梯门口遇到一位满面笑容的招待员,她将考察团引入到一个装修豪华、设施现代化的房间。坐在皮椅上的总经理身材肥胖,手中夹着雪茄,脸上一副自信的表情,谈话时充满了激情。他侃侃而谈公司的情况、经营方略以及公司未来的打算。总经理的介绍和他周围所有的一切都深深打动了考察团,他们深信这是一个可靠的、财力雄厚的合作伙伴。考察团回国后,马上发去了第一批价值100多万美元的货物。然而,该批货物再也没有了音信。公司只好再派人去调查,此时才发现他们掉进了一个精心设计的圈套里。那位肥胖的"总经理"原来是当地的一个演员,在电梯门口招呼他们的女招待才是真正的总经理,而装饰豪华的接待室不过是临时租用的房间。待真相大白之后再寻找这家公司才知道它已宣告破产。

问题与分析: 通过该案例,你认为谈判人员在谈判之前应该做好哪些工作?

 知识巩固

第十三章　商务谈判策略

 学习目标

能描述商务谈判策略的作用和运用原则；掌握制订商务谈判策略的步骤；熟知商务谈判开局、报价、磋商、成交阶段的各种策略。

导入案例

某年，上海甲公司拟引进外墙防水涂料生产技术，日本乙公司与我国丙公司报价分别为 22 万美元和 18 万美元。经调查了解，两家公司技术与服务条件大致相当，甲公司有意与丙公司成交。在终局谈判中，甲公司安排总经理与总工程师同乙公司谈判，而全权委托技术科长与丙公司谈判。丙公司得知此消息后，主动大幅降价至 10 万美元与甲公司签约。

思考与讨论：你认为甲公司采取了什么谈判策略在这场交易中赢得了较好结果？

第一节　商务谈判策略的作用与运用

商务谈判策略是指在谈判过程中实现谈判任务与目标的方法与手段，是各种方式、措施、技巧、战术、手段及其组合运用的总称。商务谈判策略依据谈判双方的实力，纵观谈判全局的各个方面、各个阶段的关系，规划整个谈判力量的准备和运用，指导谈判的全过程。

商务谈判策略是一个集合概念和混合概念。一方面，它表明商务谈判中所运用的单一方式、技巧、措施、战术、手段等都只是商务谈判策略的一部分。对于策略，谈判人员可以从正向来运用，也可以从反向来运用；既可以运用策略的一部分，也可以组合运用策略的几部分。另一方面，它还表明商务谈判中所运用的方式、技巧、措施、战术、手段等是交叉联系的，难以再深入分割与分类。

多数商务谈判策略是事前决策的结果，是科学制定策略本身指导思想的反映，也是谈判实践的经验概括。它规定谈判者在一种能预见和可能发生的情况下，应该做什么、不能做什么。谈判中所采取的许多策略，都要经历酝酿和运筹的过程。酝酿和运筹的过程，也是集思广益的互动过程。只有经过这一过程，才能选择准确、恰当的商务谈判策略。

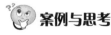 **案例与思考**

狞猾的犯人

在某国监狱的单间牢房里，一个犯人通过门上那个瞭望小孔看到走廊上警卫正在那儿喝咖啡。他想喝咖啡想疯了，于是用右手指关节轻轻地敲了一下门。警卫慢悠悠地踱过来，粗声哼道："干嘛？"犯人答道："请给我喝一杯咖啡，就是你喝的那种。"警卫没有理会犯人的请求，转身就要走。犯人又用右手指关节敲门，说道："劳驾你给我一杯咖啡，我只等 1 分钟，如果你不给，我就在水泥墙上撞脑袋，直到出血晕倒为止。当监狱的官员把我拉起来，我苏醒后，我就发誓说是你干的。当然，他们绝不会相信我。但请你想一想，你得出席听证会，在听证会前，你得填写一式三份的报告，你要卷入一大堆审讯事务。你想一想吧，所有这一切就是为了不给我不值几个钱的一杯咖啡？只要一杯，保证再不打搅你。"

思考与讨论： 你如何评价这个犯人的谈判策略？如果你是警卫，你会预见可能发生什么情况吗？你会采取什么样的谈判策略？

一、商务谈判策略的作用

充分认识和把握商务谈判策略的特征，有助于谈判人员在实践中灵活有效地谋划策略、使用策略。到目前为止，出现了很多商务谈判策略，但是没有发现单一性功能很突出的商务谈判策略。因为商务谈判是一种复杂的心理活动过程，是一种纷繁的经济现象和社会交往现象，需要从客观实际出发，从不同的角度用不同的眼光去看待、思考、使用不同的策略。商务谈判策略的具体作用如下。

微视频
商务谈判策略

（1）是实现谈判目标的桥梁。谈判双方因为对彼此都有需求，所以会愿意坐在同一张谈判桌上进行洽商。但是，买方和卖方之间的利益要求是有差别的。如何来协调这种差别，缩短实现目标的距离，那就需要谈判策略来起到桥梁作用。在商务谈判中，不可能完全不运用策略，但并不是只要使用了策略就是可行的。策略可以促进或阻碍谈判的进程，即运用得当的策略可以促进交易的尽快达成；运用不当的策略，在很大程度上起副作用或反作用，延缓或阻碍谈判目标的实现。

（2）是实现谈判目标的有力工具。把商务谈判策略看作一种工具，是为了让谈判人员认识、磨炼和灵活地运用它。不同的工具用途是不一样的。如果商务谈判人员拥有的工具多、选择多，则容易出精活、细活。在商务谈判中，如果谈判人员的策略只有几招，就容易被对手识破，也就难以顺利地实现自己的目标。一般情况下，谈判高手能够在众多的谈判策略中灵活选用适合的策略来实现己方的目标。

（3）具有引导功能。在谈判过程中，双方会就各自的利益展开辩论，但是谈判并不是一场比赛，不要求决一胜负；也不是一场战争，不要求将对方消灭。相反，谈判是一项互惠互利的合作事业。因此，在谈判中，为了协调不同利益，以合作为前提，避免冲突。谈判双方是"同一条船上的人"，谈判最终实现的结果应该是共赢，而不是一方受益另一方受损。谈判人员应该在坚持各自目标利益的前提下，共同努力，把船划向成功的彼岸。所以，商务谈判策略被理解为引导谈判顺利发展的航标。

（4）具有调节和稳定的作用。商务谈判过程中，为了缓和紧张的气氛、增进彼此了解，有经验的谈判者会采取一些比较轻松的策略来充当润滑剂。例如，在谈判开局阶段，对对方进行友好的问候，用一些中性的话题来调节气氛，但需要注意的是不要讨论与政治相关的敏感话题；在大家比较累的时候，闲聊一些娱乐性话题活跃一下氛围；在谈判出现僵局的时候，运用化解僵局的策略来促使谈判继续进行；当谈判偏离主题的时候，借用适当的策略回到主题，避免局部问题偏离大的方向，耽误谈判的进程。

二、制订商务谈判策略的步骤

制订商务谈判策略的步骤是指制订策略所应遵循的逻辑顺序，主要包括以下几步（见图 13.1）。

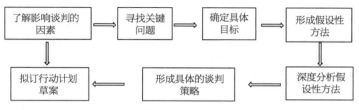

图 13.1　制订商务谈判策略的步骤

（1）了解影响谈判的因素。在制订合理的谈判策略之前要对影响谈判的各因素进行了解和掌控，这也是制订成功谈判策略的基础。影响谈判的各因素包括谈判的背景，谈判中的问题、双方的分歧，态度、趋势、事件或情况等，这些因素共同构成一套谈判组合。首先，谈判人员将这个组合分解成不同的部分，并找出每部分的意义。其次，谈判人员进行重新安排，在观察分析之后，找出最有利于己方的组合方式。

（2）寻找关键问题。每次谈判虽然涉及的问题会很多，但是一定是围绕一个关键问题展开讨论的。要求对问题特别是关键问题做出明确的解释与界定，弄清楚问题的实质，以及该问题对整个谈判的成功会造成什么障碍等。

（3）确定具体目标。在商务谈判开始之前要确定本次谈判的目标，商务谈判的策略也要设计一个目标：根据现象分析，找出关键问题，调整和修订原来的目标，或确定一个新目标。

（4）形成假设性方法。商务谈判策略是在谈判之前对谈判过程中涉及的问题进行预测并给出相应的解决之道。因此，根据谈判中不同问题的不同特点，逐步形成解决问题的途径和具体方法，这就要求谈判人员对预见性的问题进行假设，突破常规限制，尽力探索出既能满足己方期望的目标又能解决问题的方法。

（5）深度分析假设性方法。假设性方法是基于现实问题进行的一种试探和猜想，但该方法并不能保证每一个策略都是合理、有效的。在提出了假设性的解决方法后，要对少数比较可行的策略进行深入分析。依据有效、可行的要求，对这些方法进行分析、比较，权衡利弊，并从中选择若干个比较满意的方法与途径。

（6）形成具体的谈判策略。在对假设性方法进行深度分析并得出假设性结果的基础上，对拟订的谈判策略进行评价，形成具体的、最终使用的谈判策略结论。

（7）拟订行动计划草案。有了具体的谈判策略，紧接着便是要考虑谈判策略的实施。要从一般到具体提出每位谈判人员必须做到的事项，把它们在时间、空间上安排好，并进行反馈控制和追踪决策。

三、商务谈判策略运用的基本原则

运用商务谈判策略也是有章可循的，通常要遵循以下基本原则。

（1）周密谋划原则。谈判可以说是一种高水平的智力竞赛，舌战犹如枪战，其中的"刀光剑影"不难想象。只有周密谋划，才能取得预期的谈判效果。所谓周密谋划原则，就是在运用谈判策略时要对每一环节、每一句话进行周密的考虑，做到胸怀大局、有勇有谋。

（2）随机应变原则。谈判桌上的攻防技巧、招数、套路很多，策略无穷，常用常新，同时形势也可能瞬息万变，这就要求谈判者特别是主谈人随机应变。所谓随机应变原则，就是在运用谈判策略时要根据谈判的有利时机，灵活应对谈判形势的变化。

（3）有理、有利、有节原则。商务谈判是买卖双方不断磋商、相互让步、解决争端，以求最后达成协议或签订合同的过程。就达成的协议或签订的合同而言，一般是双方可以接受而且彼此均能获益的。这就要求谈判双方都要遵循有理、有利、有节的原则。所谓有理，是指在谈判磋商中，无论提的是建议还是反建议，都要在掌握充分的材料与数据的基础上充分地说理，而不是空洞地说教，更不是臆测，或者无理坚持己见；所谓有利，是指谈判人员应当利用对自己有利的因素，促进谈判向预期的目标发展；所谓有节，是指在谈判磋商中涉及争议问题时，因关系到双方的利益，应掌握好分寸与火候，适可而止，切不可贪得无厌。

拓展游戏

谈判策略

要求：两人一组，向其他组员谈谈你对谈判要使用策略的想法或感受，约 5 分钟。

第二节　谈判开局的策略

在开局阶段，谈判者为了实现开局目标、营造良好的谈判气氛，会运用各种策略或方式。常见的谈判开局策略有以下几种。

微视频

开局策略

一、一致式开局策略

一致式开局策略是指以协商、肯定的语言进行陈述，使对方对己方产生好感，创造双方对谈判的理解充满一致性的感觉，从而使谈判双方在友好、愉快的气氛中展开谈判工作。一致式开局策略的目的在于创造取得谈判成功的条件。一致式开局策略比较适用于谈判双方实力比较接近，双方过去没有商务往来的情况。第一次接触，都希望有一个好的开端。因此，谈判人员要多用外交礼节性语言、中性话题，使双方在平等、合作的气氛中开局。

另外，要表示充分尊重对方意见的态度，语言要友好礼貌，但又不刻意奉承对方。姿态上应该不卑不亢，沉稳中不失热情，自信但不自傲，把握分寸，顺利打开局面。一致式开局策略还有一种重要途径，就是在谈判开始时以问询方式或者补充方式诱使对方走入己方的既定安排，从而使双方达成一致和共识。所谓问询方式，是指将答案设计成问题来询问对方，例如，"你看我们把价格和付款方式问题放到后面讨论怎么样？"所谓补充方式，是指借对方意见的补充，使自己的意见变成对方的意见。

曾任美国总统的杰弗逊曾经针对谈判气氛说过这样一句意味深长的话："在不舒适的气氛下，人们可能会违背本意，言不由衷。"20 世纪上半叶最有影响力的工会领袖之一欧内斯特·贝文则说过，根据他平生参加各种会谈的经验，他发现，在舒适明亮、色彩悦目的房间内举行的会谈，大多比较成功。

二、保留式开局策略

保留式开局策略是指在谈判开始时，对谈判对手提出的关键性问题不做彻底的、确切的回答，而是有所保留，从而给对手造成神秘感，以吸引对手步入谈判。采取保留式开局策略时，注意不要违反商务谈判的道德原则，即以诚信为本，向对方传递的信息可以是模糊信息，但不能是虚假信息。否则，很容易使自己陷于非常难堪的局面之中。

三、慎重式开局策略

慎重式开局策略是指以严谨、凝重的语言进行陈述，表达出对谈判的高度重视和鲜明的态度，目的在于使对方放弃某些不适当的意图，以达到把握谈判的目的。慎重式开局策略适用于谈判双方过去有过商务往来，但对方曾有过不太令人满意的表现的情况，己方要通过严谨、慎重的态度，引起对方对某些问题的重视。

例如，可以对过去双方业务关系中对方的不妥之处表示遗憾，并希望通过本次合作能够改变这种状况。可以用一些礼貌性的提问来考察对方的态度、想法，不急于拉近关系，注意与对方保持一定的距离。

这种策略也适用于己方对谈判对手的某些情况存在疑问，需要经过简短的接触摸底和进一步了解的情况。当然，慎重并不等于没有谈判诚意，也不等于冷漠和猜疑，这种策略正是为了寻求更有效的谈判成果而使用的。

四、坦诚式开局策略

坦诚式开局策略是指以开诚布公的方式向谈判对手陈述自己的观点或意愿，尽快打开谈判局面。坦诚式开局策略比较适合双方过去有过商务往来，而且关系很好，互相了解较深的情况，可以将这种友好关系作为谈判的基础。在陈述中可以真诚、热情地畅谈双方过去的友好合作关系，适当地称赞对方在商务往来中的良好信誉。由于双方关系比较密切，可以省去一些礼节性的外交辞令，坦率地陈述己方的观点以及对对方的期望，使对方产生信任感。采用这种策略时，要综合考虑多种因素，例如，自己的身份、与对方的关系、当时的谈判形势等。

坦诚式开局策略有时也可用于实力不如对方的谈判者。己方实力弱于对方，这是双方都了解的事实，因此没有必要掩盖。坦率地表明己方存在的弱点，使对方理智地考虑谈判目标，这种坦诚也表现出实力较弱一方不惧怕对手的压力，充满自信和实事求是的精神，这比"打肿脸充胖子"大唱高调掩饰自己的弱点要好得多。

 案例赏析

"土"朋友

某村一村干部在同外商谈判时，发现对方因自己的外貌、衣着等对自己持有怀疑心理，这种状态妨碍了谈判的进行。于是，这位村干部当机立断，站起来对对方说道："我是农民出身，也懂经济并且拥有决策权。我们摊子小，并且实力不强，但人实在，愿意真诚与贵方合作。咱们谈得成也好，谈不成也好，至少你这个外来的'洋'先生可以交一个我这样的'土'朋友。"寥寥几句肺腑之言，打消了对方的疑惑，使谈判顺利地向纵深发展。

【案例简析】这位村干部使用的是坦诚式开局策略，通过坦率地陈述己方的观点以及对对方的期望，使对方产生信任感。

五、进攻式开局策略

进攻式开局策略是指通过语言或行为来表达己方强硬的姿态，从而获得谈判对手必要的尊重，并借以制造心理优势，使谈判顺利进行下去。采用进攻式开局策略一定要谨慎，因为，在谈判开局阶段就设法显示自己的实力，使谈判开局就处于剑拔弩张的气氛中，对谈判进一步发展极为不利，也可能使谈判一开始就陷入僵局。

进攻式开局策略只有在特殊情况下使用，例如发现谈判对手居高临下，以某种气势压人，有某种不尊重己方的倾向，如果任其发展下去，对己方是不利的，因此要变被动为主动，不能被对方气势压倒。采取以攻为守的策略，可以捍卫己方的尊严和正当权益，使双方在平等的地位上进行谈判。进攻式策略要运用好，必须注意有理、有利、有节，不能使谈判一开始就陷入僵局。要切中问题要害，对事不对人，既表现出己方的自尊、自信和认真的态度，又不能过于咄咄逼人，使谈判气氛过于紧张，一旦问题表达清楚，对方也有所改观，就应及时调节一下气氛，使双方重新建立起一种友好、轻松的谈判气氛。

六、挑剔式开局策略

挑剔式开局策略是指开局时，对对手的某项错误或礼仪失误严加指责，使其感到内疚，从而达到营造低调气氛、迫使对方让步的目的。

 案例赏析

巴西公司吃了哑巴亏

巴西一家公司到美国去采购成套设备。由于巴方谈判小组成员上街购物耽误了时间，当他们到达谈判地点时，比预定时间晚了45分钟。因此，美方代表一开局就对此极为不满，花了很长时间来指责巴方代表不遵守时间，没有信用，如果一直这样下去，以后很多工作很难合作，浪费时间就是浪费资源、浪费金钱。对此，巴方代表感到理亏，只好不停地向美方代表道歉。谈判开始以后美方似乎还对巴方代表来迟一事耿耿于怀，一时间弄得巴方代表手足无措，说话处处被动，无心与美方代表讨价还价，对美方提出的许多要求也没有静下心来认真考虑，匆匆忙忙就签订了合同。等到合同签订以后，巴方代表平静下来，才发现自己吃了大亏，上了美方的当，但已经晚了。

【案例简析】 本例中美方谈判代表成功地使用挑剔式开局策略，迫使巴方谈判代表自觉理亏，在来不及认真思考的情况下匆忙签下了对美方有利的合同。

总之，在谈判中，遇到不同类型的谈判对手时，我们所采取的开局策略应该有所不同。如果谈判对手真诚友好、态度和善、诚意十足，我们也应该表现出足够的诚意，表现得坦诚友好。如果谈判对手一开局就咄咄逼人，试图在气势上压倒我们，想给我们一个下马威，我们也应该毫不示弱。

开局的策略极其重要，开局策略用对了，才能为谈判奠定基础。

第三节　报价阶段的策略

谈判双方在结束了非实质性交谈之后，就要将话题转向有关交易内容的正题，即开始报价。这里所谓的报价不仅指商品在价格方面的要求，还包括关于整个交易的各项条件，包括商品的数量、质量、包装、装运、保险、支付、商检、索赔、仲裁等。报价是整个谈判过程的核心和最重要的环节，决定了整笔业务是否能够成交、成交后能带来多少利润。

一、价格起点策略

1. 高报价策略

高报价策略即前面提到的西欧式报价，是指卖方提出一个高于本方实际要求的谈判起点来与对方讨价还价，最后再做出让步达成协议的谈判策略。"开高"通常有两个目的。第一是操纵对方期待。谈判学者发现，"我们对于成交价的期待，通常受到对方开价操纵"。所以一般来讲，开高得高、开低得低、先讲先赢。第二是预留让步空间。我们通常不会相信对方开出来的第一个价钱就是底价，所以都要留一个让步的空间，让自己有回旋的余地。这种方式，也可以试探对方的反应。看对方防不防守，可以判断其偏好及对议题的接受程度。

> 一位美国商务谈判专家曾针对 2 000 位主管人员做过采访。结果发现这样的规律：如果买主出价较低，则往往能以较低的价格成交；如果卖主喊价较高，则往往能以较高的价格成交；如果卖主喊价出人意料地高，只要能坚持到底，则在谈判不致破裂的情况下，往往会有很好的收获。

可见，高报价策略的运用，能使自己处于有利的地位，有时甚至会收到意想不到的效果。

但运用这种策略时应注意喊价要狠，让步要慢。凭借这种方法，谈判者一开始便可削弱对方的信心，同时还能乘机考验对方的实力并确定对方的立场。

 案例与思考

高报价带来的成功

1984 年，美国洛杉矶成功地举办了第二十三届夏季奥运会，并赢利 1.5 亿美元，创造了奥运史上的一个奇迹。这一成功除了得益于其组织者著名青年企业家尤伯罗斯具有出色的组织才能和超群的管理才能外，更重要的是得益于他卓越的谈判艺术。第二十三届夏季奥运会的巨额资金，可以说基本上是尤伯罗斯谈出来的。

当时，尤伯罗斯一开始就对经济赞助商们提出了很高的条件，其中包括每位赞助商的赞助款项不得少于 400 万美元。著名的柯达公司开始自恃牌子老，只愿出赞助费 100 万美元和一大批胶卷。尤伯罗斯毫不让步，并断然把赞助权让给了日本的富士公司。后来柯达公司虽经多方努力，但其影响远远不及获得赞助权的富士公司。

很高的要价并未吓跑赞助商，其他各方面的赞助商纷至沓来，并且相互之间展开了激烈的竞争。最后，尤伯罗斯从众多赞助商竞争者中挑选了 30 家，轻松地解决了所需的全部资金，并使第 23 届奥运会成为奥运历史上第一次赢利的奥运会，从而增强了奥运会承办者的信心。

思考与讨论：尤伯罗斯为什么能成功地在谈判中使用高报价方式？

我们在谈判前要想好：如果对方开价高，我们怎么做；如果对方开价低，我们又怎么回应。也就是说，我们根据对方所出的第一张牌，来决定下一步该怎么做。除此之外，我们可以先发制人，也就是不必管对方第一张牌是什么，我们都先对外宣布：我们已经决定要怎么回应了。这样做的目的是让对方仔细思考，到底还要不要按原定计划出牌。

2. 低报价策略

低报价策略即前面提及的日本式报价，是指先提出一个低于己方实际要求的报价，以让利来吸引对方，试图首先去击败参与竞争的同类对手，然后再与对方进行真正的谈判，迫使其让步，达到自己的目的。

商业竞争从某种意义上可分为三大类，即买方之间的竞争、卖方之间的竞争，以及买方与卖方之间的竞争。在买方与卖方之间的竞争中，一方如果能首先击败同类竞争对手，就会占据主动地位。当对方觉得别无所求时，就会委曲求全。这种策略在各类商务谈判活动中被广泛运用。

应对这种策略的方法有二：其一，把对方的报价内容与其他竞争对手的报价内容进行比较和计算，并直截了当地提出异议；其二，不为对方的小利所迷惑，自己报出一个一揽子交易的价格。

低报价策略虽然最初提出的价格是最低的，但它常在价格以外的其他方面提出了最利于本方的条件。对于买方来说，要想取得更好的条件，就不得不考虑接受更高的价格。因此，低价格并不意味着卖方放弃对高利益的追求。可以说，它实际上与高报价殊途同归，两者只有形式上的不同，而没有实质性的区别。一般而言，低报价有利于竞争，高报价则比较符合人们的价格心理。多数人习惯于价格由高到低，逐步下降，而不是相反的变动趋势。

二、除法报价策略

除法报价策略是一种价格分解术，以商品的数量或使用时间等概念为除数，以商品价格为被除数，得出数字很小的价格，使买主对本来不低的价格产生一种便宜、低廉的感觉。

> 如保险公司为动员液化石油气用户参加保险，宣传说：参加液化石油气保险，每天只交保险费1元，若遇到事故，则可得到高达1万元的保险赔偿金。这种做法，用的就是除法报价策略。相反，如果说，每年交保险费365元，效果就差多了。因为人们觉得365元是个不小的数字，而每天交1元，人们在心理上就容易接受了。

三、加法报价策略

加法报价策略是指在商务谈判中，有时怕报高价会吓跑客户，就把价格分解成若干层次渐进提出，使若干次的报价最后加起来仍等于当初想一次性报出的高价。在出牌时选择开低，就可以采用加法报价策略。

> 装修房屋的时候最常碰到以下这种情况。设计师一开始报的价钱可能不高，但装修到一半，就问你："客厅这花岗石地板，勾一条黑边，您看如何？"你说："好好好。"过一会儿，他又问："您看这里做一个花边，好不好？"你一看，挺好的，说："好好好。"就这样，最后装修好的时候，价钱就超出你当初的预算了。
>
> 文具商向画家推销一套笔墨纸砚。如果他直接报出全套价格，画家可能根本不会买。但文具商可以先报笔价，要价很低；成交之后再谈墨价，要价也不高；待笔、墨卖出之后，接着谈纸价，再谈砚价，提高价格。画家已经买了笔和墨，很容易会配套购买，不忍放弃纸和砚，在谈判中便很难在价格方面做出让步了。

采用加法报价策略，所出售的商品一般具有系列组合性和配套性。买方一旦买了组件1，就无法割舍组件2和组件3了。针对这一情况，作为买方，在谈判前就要考虑商品的系列化特点，在谈判中及时发现卖方"加法报价"的企图，挫败这种"诱招"。

视野拓展

积极价格与消极价格

四、差别报价策略

差别报价是指在商务谈判中针对客户性质、购买数量、交易时间、支付方式等方面的不同，采取不同的报价策略。这种策略体现了商品交易中的市场需求导向，在报价策略中应重点运用。

> 例如，为巩固良好的客户关系或建立起稳定的交易联系，对老客户或有大批量需求的客户，可适当实行价格折扣；对新客户，有时为开拓新市场，也可给予适当让价；对某些需求弹性较小的商品，可适当实行高价策略；对于"等米下锅"的客户，价格则不宜下降。旺季较淡季价格自然较高；交货地点远者较近者或区位优越者，应适当加价；支付方式中，一次付款较分期付款或延期付款，须给予价格优惠等。

 **案例与思考**

蒙玛公司"无积压商品"策略

蒙玛公司在意大利以"无积压商品"而闻名，其秘诀之一就是对时装分多段定价。它规定新时装定价上市后，以3天为一轮，每隔一轮按原价削减10%，以此类推，那么到10轮（一个月）之后，蒙玛公司的时装价就削减到了只剩35%左右的成本价了，结果是蒙玛公司的时装常一卖即空。蒙玛公司最后结算，赚钱比其他时装公司多，又没有积货带来的损失。

思考与讨论：请分析蒙玛公司的时装赚钱比其他时装公司多，又没有积货的具体原因；如果你是老板，你敢采取这种策略吗？为什么？

五、对比报价策略

对比报价是指向对方抛出有利于本方的多个商家同类商品交易的报价单，设立一个价格参照系，然后将所交易的商品与这些商家的同类商品在性能、质量、服务与其他交易条件等方面做出有利于己方的比较，并以此作为己方要价的依据。价格谈判中，使用对比报价策略，往往可以增强报价的可信度和说服力，一般有很好的效果。对比报价策略可以从多方面进行。

例如，将本商品的价格与另一可比商品的价格进行对比，以突出相同使用价值的不同价格；将本商品及其附加各种利益后的价格与可比商品不附加各种利益的价格进行对比，以突出不同使用价值的不同价格；将本商品的价格与竞争者同一商品的价格进行对比，以突出相同商品的不同价格；等等。

应对对比报价策略的方法：其一，要求对方提供有关证据，证实其所提供的其他商家的报价单的真实性；其二，仔细查找报价单及其证据的漏洞，如性能、规格型号、质量档次、报价时间和其他交易条件的差异与不可比性，并以此作为突破对方设立的价格参照系屏障的切入点；其三，己方也抛出有利于自己的另外一些商家的报价单，并进行相应的比较，以其人之道还治其人之身；其四，找出对方价格参照系的漏洞，并予以全盘否定，坚持己方的要价。

六、数字陷阱策略

数字陷阱是指卖方抛出自己制作的商品成本构成计算表（其项目繁多、计算复杂）给买方，用以支持己方总要价的合理性。运用此策略可以为己方谋取到较大利益，击退或是阻止对方的强大攻势。但是若商品成本构成计算表被对方找出明显错误，则己方就会处于被动局面，易使谈判复杂化，进程缓慢。此策略一般是在商品交易内容多、成本构成复杂、成本计算方法无统一标准，或是对方攻势太强的情形下使用。实施时，成本计算方法要有利于己方，成本分类要细化，数据要多，计算公式要尽可能繁杂。

使用此策略必须慎重，因为对方会怀疑己方在分类成本中可能夸大或"掺水分"以加大总成本，容易给对方留下不诚实、耍滑头的印象，从而影响以后的生意往来。

在一般的商务谈判中，不可避免地要谈到各种各样的数据，这些数据对谈判双方而言有着重要的意义。在谈判中，有的谈判者喜欢利用对方不善于处理数据的特点，在谈判中占便宜，不断地向对方抛出各种数据。这时切忌鲁莽行事。首先，要尽可能弄清与所交易的商品有关的成本计算统一标准、规则与惯例；其次，可以选择几项分类成本进行核算，寻找突破口，一旦发现问题，就借机发动攻势；最后，寻找有利的理由，拒绝接受对方抛出的成本构成计算表，坚持己方原有的立场与要价。在分析数据的时候，要慢慢来。不妨承认己方对数据处理的能力不足，请对方一项一项地说，再一项一项地算，如果当场算不清楚，可以把资料带回去仔细研究，弄清楚所有的数字之后，再正式表达立场。

 **案例与思考**

工程师的报价策略

有个跨国公司的高级工程师，他的某项发明获得了发明专利。一天，公司总经理派人把他找来，表示愿意购买他的发明专利，并问他愿意以多少的价格转让。他对自己的发明到底值多少钱心中没数，心想只要能卖 10 万元就不错了，可他的家人却事先告诉他至少要卖 30 万元。到了公司总经理的办公室，因为一怕老婆、二怕经理不接受，所以胆怯，一直不愿正面说出自己的报价，而是说："我的这个发明花费我 5 年的心血，这个发明专利在社会上有多大作用，能给公司带来多少价值，您比我更清楚，还是先请您说一说吧！"这样无形中把球踢给了对方，让总经理先报价。

总经理只好先说："50 万元，怎么样？"这位工程师简直不敢相信自己的耳朵，直到总经理又说了一次以后，才意识到这是真的。经过一番讨价还价，最后以这一价格达成了协议。

思考与讨论：在这个案例中，你认为是谁在报价，采用了什么报价策略？

七、应价策略

报价是谈判一方向另一方提出交易的条件，因此，与某一方的报价过程相对应，必然地存在着另一方对报价的反应过程，这就是应价，即指谈判的一方对另一方报价所做的反应。在任何一项商务谈判中，报价与应价都构成一个事物的两个不可缺少的方面，两者相互依存，互为条件。

在谈判的一方报价之后，一般情况下，另一方不可能无条件地接受对方的全部要求，而是会相应地做出这样或那样的反应。一个老练的谈判者必须能正确应付对方提出的任何条件和要求，包括那些出乎意料的建议、要求。既然交易的条件是由双方共同来确立的，而不是仅取决于某一方的主观意愿，那么，在一方提出报价以后，另一方也应该通过一定的途径提出己方的条件。对己方来说，应价不仅仅是对对方的报价提出疑问、做出评价，或者是不置可否等，它还直接或间接地表明了己方对交易条件的要求，反映着己方的立场、态度和利益。

在商务谈判过程中，对方报价时，谈判人员若想使己方在后面的谈判中处于更为有利的位置，应注意以下几点。

（1）不要打断对方报价。在对方报价时，不应该随便插话使报价中断，而应认真听取对方报价的内容，打断对方一方面不礼貌，另一方面可能听不到对方的让步条件或优惠条件。

（2）明确对方报价的内容。对于对方报价不太清楚的地方可以提问并要求对方给予解释，可以复述对方的报价以得到对方的确认。

（3）不要贸然地否决对方的报价。即使对方的报价极不合理，也不要马上否决，或者马上给出己方的还价，而是应该在了解对方的价格构成、报价依据和计算办法等之后，再提出己方的要求或还价。

从时间上看，应价是伴随报价而发生的，但就其实质而言，两者并无二致。因此，应价绝不是将自己置于被动应付的地位，而应该采取积极有效的措施对报价过程施加影响，使之朝有利于己方的方向发展，努力使己方的交易条件得到对方认可，争取谈判的主动权。

视野拓展
谈判报价案例

事实上，应价对谈判行为过程的影响力绝不亚于报价，只要处理得当，谈判者完全可以"后发制人"，取得满意的谈判结果。

应价方对另一方的报价做出回复，有两种基础的策略可供选择：一种是要求对方降低其报价，另一种是提出己方的报价。比较而言，选择第一种策略可能更为有利。

严格地说，不论运用哪种策略，应价都是己方对报价一方发动的反击，客观上都向对方传递了某些重要信息，包括己方的决心、态度、意愿等。不过，前一种策略表现得更为隐蔽，因为己方既没有暴露自己的报价内容，更没有做出任何相应的让步；而对方往往因对己方的条件缺乏足够的了解，不得不做出某种让步。

 案例赏析

应对毫无诚意的报价

甲厂与乙公司进行设备购买谈判时，乙公司代表报价 2 000 万元，甲厂代表认为这是一个毫无诚意的报价，没有还盘，乙公司代表两次报价后降至 1 760 万元，甲厂代表仍未还盘。乙公司代表大怒，扬言再降 100 万元，1 600 万元不成交就中止谈判。甲厂代表因掌握同类设备交易历史情报，所以不为乙公司代表的威胁所动，坚持要他们再降。第二天，乙公司代表宣布中止谈判，甲厂代表毫不为之所动。几天后，乙公司另派代表提出继续谈判的请求。甲厂代表亮出同类设备在 1 年内的多项交易情报。情报出示后，乙公司以品质等理由解释一番，最后将价格降至合理水平。

【案例简析】由此可见，应价时，对对方有足够的了解就会底气足。

第四节　磋商阶段的进攻和防御策略

一、进攻策略

在商务谈判中，占有主动权的一方抱着争取尽可能多的利益的目的，往往采取进攻策略。进攻策略具体包括针锋相对、以退为进、最后通牒、以柔克刚等策略。

1. 针锋相对策略

针锋相对策略就是针对谈判对手的论点和论据，逐一予以驳回，进而坚持己方立场的毫不退让的策略。具体做法为：对方说什么，就反驳什么，并提出新的意见。在谈判过程中，谈判人员应该围绕对方谈到的内容，有针对性地予以反驳。

例如，甲方说："我的人工费高，故产品售价高。"乙方反驳道："你的人工费绝没有你说的那么高。"可谓针锋相对。又如，一方拍案而起，扬言："不谈了！"另一方则冷眼相对，反驳道："谈不谈是你的权利，但你要对行为的后果负责！"

在使用该策略时应注意：驳斥对方时，要对准话题，不能走火、跑偏。否则，对方会说"你没听明白"，从而可能一下子瓦解你的话语体系。此外，话锋是否锐利完全在于是否有理，而不在于是否声色俱厉。

2. 以退为进策略

以退为进策略是指以退让的姿态作为进取的阶梯的策略。在这种策略中，退是一种表面现象，由于在形式上采取了退让，对方便能从己方的退让中得到心理满足，不仅思想上会放松戒备，而且作为回报，对方也会满足己方的某些要求，而这些要求正是己方的真实目的。商务谈判中的以退为进策略表现为先让一步，顺从对方，然后争得主动权，反守为攻。

在市场经济条件下，以退为进的手法很多，主要表现在以下几个方面。

（1）替己方留下讨价还价的余地，以使对方在报价或还价时有所退却，满足对方的要求。

（2）不要让步太快。轻而易举获得己方的让步，不仅不会使对方在心理上得到满足，反而会使对方怀疑己方的让步有诈。慢慢让步，会使对方心理上得到满足，对方等待越久，也就越珍惜。

（3）让对方先开口说话，充分暴露对方的观点，隐藏己方的要求。这样，对方由于暴露过多，回旋余地就小，己方的针对性就会更强。

（4）不要做无谓的让步，以己方的每次让步换取对方的让步，或强调己方的困难处境，以争取对方的谅解和适当的退却。

（5）买方可以用不得不遗憾退出的策略来尝试推进，比如说"我们非常喜欢贵方的产品，也乐意同贵方合作，遗憾的是我方只有这么多……"。而作为卖方，亦可以用不得不忍痛拒绝的方式来推进交易，比如说"我方的成本这么高，价格不能再降……"。

3. 最后通牒策略

最后通牒策略是指当谈判双方因某些问题纠缠不休时，其中处于有利地位的一方会向对方提出最后交易条件，要么对方接受己方的交易条件，要么己方退出谈判，以此迫使对方让步的谈判策略。

最后通牒策略是极有效的策略，它在打破对方对未来的奢望、击败犹豫中的对手方面起着决定性作用。另外，最后通牒策略常以强硬的形象出现，人们往往不得已而用之。它的最后结果可能是中断谈判，也可能促使谈判成功。因为一般来说，谈判双方都是有所求而来的，谁都不愿白白地花费精力和时间空手而归。特别是在商务谈判中，任何一个谈判者都知道，自己一旦退出谈判，马上就会有许多等在一旁的竞争者取而代之。

使用最后通牒策略也必须慎重，因为它实际上是把对方逼到了无可选择的境地，容易引起对方的敌意。

一般来说，只有在以下四种情况下，才能使用最后通牒策略：①谈判者知道自己处于一个强有力的地位，其他竞争者都不如己方的条件优越，如果对方要使谈判继续进行并达成协议，只有找己方继续谈判。②谈判者已尝试过其他方法，但都未取得什么效果。这时，采取最后通牒策略是迫使对方改变想法的唯一手段。③当己方将条件降到最低限度而不能再降时。④当对方经过旷日持久的谈判，已无法再负担由于失去这笔交易所造成的损失而非达成协议不可时。

谈判者使用最后通牒策略，总希望能够成功，其成功必须具备以下五个条件。

第一，发出最后通牒的方式和时间要恰当。一般在发出最后通牒前，要想方设法让对方在己方做些"投资"。例如，先在其他次要问题上达成协议，在时间、精力等方面让对方有所消耗。等到对方的"投资"达到一定程度时，即可发出最后通牒，使对方难以抽身。

第二，发出最后通牒时言辞要委婉，既要达到目的，又不至于锋芒毕露，因为言辞太过犀利容易伤害对方的自尊心。

"就是这个价钱，没什么可谈的了！""接受这个条件，否则到此为止！"这种最后通牒言辞过于锋利，一般情况下对达成交易没什么好处。言辞委婉的最后通牒效果一般要好一些，如"贵方的道理完全正确，只可惜我们只能出这个价钱，你们看能否再通融通融？"这种留有余地的最后通牒，为对方留退路，更易于被对方接受。

第三，拿出一些令人信服的证据，用事实说话。

例如，"你的要求提得并不过分，我非常理解，只是我方的财务制度不允许"。

第四，最后通牒内容应有弹性。最后通牒不要将对方逼上梁山，别无他路可走，应该设法让对方在己方的最后通牒中选择一条路，至少在对方看来是两害相权取其轻。

第五，最后通牒要给对方留有考虑或请示的时间。在商务谈判中，让对方放弃原来的条件与立场是需要时间的。因此，谈判者发出最后通牒后，还要给对方留有考虑的时间，以便让对方有考虑的余地。这样，可使对方的敌意减轻，不至于弄巧成拙。

4. 以柔克刚策略

以柔克刚策略通常也称为以软化硬策略，是指面对咄咄逼人的谈判对手，可暂不做反应，以己方之静制对方之动，以持久战磨其棱角、挫其锐气，待其精疲力竭之后再发起反攻，从而达到反弱为强的谈判策略。

运用该策略的要点是冷静、持久、迂回或以守为攻、以理服人。谈判人员面对谈判对手咄咄逼人的语言、苛刻的条件时，忍耐性一定要好，容许对方发泄情绪，己方一定要采用平和、柔缓的语言，同时还要有礼貌、风趣幽默，以缓解对方激动的情绪；对谈判要有充分的耐心、坚定的信念，做好打持久战的准备；理性思考对策，一般可避开当前话题，转换为无关紧要的内容，如果能找到对方的薄弱环节展开讨论，只要不激怒对方，效果可能会更好；己方提议如和谈判内容相关，要注意有理、有利、有节，不能被对手抓到弱点。

运用该策略时还需要注意对手应是拥有最终决策权的人，如对手并无最终决策权，此策略的效果会大打折扣。如发现不能使用此策略，要么改用其他策略，要么及时退出谈判，不宜浪费有限的精力和时间。

二、防御策略

同样，谈判人员在谈判中，也可以根据实际情况，使用一些策略来灵活地阻止对方的进攻。

（1）限制策略。谈判中，拥有有限权力的谈判人员往往比拥有决定权的谈判人员更容易处于一个有利的地位。前者可要求对方做出妥协和让步，但是当自己被要求让步时，可以以自己权力有限为借口而不用做出什么承诺。作为权力有限的一方，当在国外拜访客户被要求做出让步时，就可以说："由于材料和信息所限，咱们明天再谈，好不好？"从而阻止对方的进攻。

（2）没有先例策略。没有先例指的是在某一个问题上到目前为止还没有出现过类似情况。当对方提出了一个过分的要求时，可以回应"没有先例"，这是拒绝对方要求的一个机智的借口或是理由。这种策略强调的是问题，而不是人的因素，因此非常有效和具有说服力。

例如，对方要求己方接受承兑交单的付款方式，己方就可以说"没有先例"，这意味着，这种付款方式到目前为止从来没有使用过。

（3）疲劳战术策略。当对方非常强势好斗，一直给己方施加压力时，己方可以采用拉锯战的战术，将谈判延长到多个回合。这样，有可能使对方身心疲惫，己方也就可能由防守转为进攻。

视野拓展

休会破解法

（4）休会策略。当谈判遇到一些障碍，谈判的一方甚至双方可能都希望推迟谈判，以便休息一下，恢复体力和精神时，可采用休会策略。同时，可利用休会的机会调整一下谈判策略，缓和一下局势，以便继续谈判。多数情况下，双方会利用休会时间进行一些私下单独的交流以改变不利的气氛或局面。

（5）示弱以求怜悯策略。寻求怜悯和同情包括谈判的一方假装弱势或是窘迫以便得到另一方的可怜、同情。在谈判中，如果一方的谈判实力确实比另一方弱或实力相当，使用这一策略会比较有效。另外，谈判桌上的新手也常会较多地使用这一策略。例如，"如果接受你的价格，我会被炒鱿鱼的"。

（6）挑剔还价策略。挑剔还价策略是指在谈判中，谈判一方通过再三对商品质量、性能、价格、运输等方面寻找瑕疵进行讨价还价，压低报价方的报价的策略。

案例赏析

巧买冰箱

澳大利亚谈判学家罗伯特（以下简称罗）有一次去买冰箱。

营业员（以下简称营）指着罗伯特要买的那种冰箱说：700 美元一台。

罗：这种型号的冰箱有多少种颜色？

营：共有 22 种颜色。

罗：能看看样品吗？

营：当然可以！（接着立即拿来了样品）

罗：（边看边问）你们店里的现货有多少种颜色？

营：现有 12 种。请问您要哪一种？

罗：（指着样品上有但店里没有的颜色）这种颜色与我厨房的墙壁颜色相配！

营：很抱歉，这种颜色现在没有。

罗：其他颜色与我厨房的颜色都不协调。颜色不好，价钱还这么高，要不便宜一点？否则我就要去其他的商店了，我想别的商店会有我要的颜色。

营：好吧，便宜一点。

罗：可这台冰箱有些小毛病！你看这……

营：我看不出什么。

罗：什么？这一点毛病虽然小，可是冰箱外表有毛病通常不都要打点折扣吗？

营：……

罗：（又打开冰箱门，看了一会儿）这冰箱带制冰器吗？

营：有！这个制冰器每天 24 小时为您制冰块，1 小时才 3 美分电费。（她认为罗伯特对制冰器很感兴趣）

罗：这可太糟糕了！我的孩子有轻微哮喘病，医生说绝对不可以吃冰块。你能帮我把它拆下来吗？

营：制冰器没办法拆下来，它是和整个制冷系统连在一起的。

罗：可是这个制冰器对我根本没用！我现在花钱把它买下来，将来还要为它付电费，这太不合理了！当然，如果价格可以再降低一点的话……

结果，罗伯特以相当低的价格——不到 550 美元，买到了他十分中意的冰箱。

【案例简析】这就是一个典型的应用挑剔还价策略成功还价的案例。

 拓展游戏

要求：两位同学一组，请模仿表演上面的"巧买冰箱"案例。（鼓励改编创作）

第五节 磋商阶段的僵局处理策略

商务谈判进入实质的磋商阶段以后，谈判各方往往由于某种原因相持不下，陷入进退两难的境地。这种谈判搁浅的情况常被称为"谈判的僵局"。

一、谈判僵局的种类

按照人们对谈判本身的理解角度不同，可以将谈判中的僵局分为不同的类型。

1. 狭义分类

大多数人认为，谈判就是交换意见、达成一致看法、签订协议的过程，这是对谈判所做的狭义上的理解。从这种狭义的角度来理解谈判，僵局的种类包括谈判初期僵局、中期僵局和后期僵局三种。

谈判的初期，主要是双方彼此了解、熟悉、建立融洽气氛的阶段，双方对谈判都充满了期待。但是如果由于误解，或由于某一方谈判前准备得不够充分，使另一方在感情上受到很大的伤害，就会导致僵局的出现，使谈判匆匆收场。

谈判的中期是谈判的实质性阶段，双方需要就有关技术、价格、合同条款等交易内容进行详尽的讨论、协商。在合作的背后，客观地存在着各自利益的差异，这就可能使谈判暂时向着使双方难以统一的方向发展，产生谈判中的僵局，而且，中期僵局常常具有此消彼长、反反复复的特点。有些中期僵局通过双方之间重新沟通，便可迎刃而解；有些则因为双方都不愿在关键问题上退让而使谈判长时间拖延，问题悬而难解。因此，谈判中期是僵局最为多变的阶段，也是经常发生谈判破裂的阶段。

谈判后期是双方达成协议的阶段。在已经解决了技术、价格等关键性问题之后，还有诸如项目验收程序、付款条件等执行细节需要进一步商议，特别是合同条款的措辞等很容易引起争议。但谈判后期僵局不像谈判初期僵局那样难以解决。只要某一方表现得大度一点，稍做让步便可顺利结束谈判。需要指出的是，谈判的后期僵局决不容轻视，如果掉以轻心，有时仍会出现重大问题，甚至使谈判前功尽弃。因为到了后期，虽然合作双方的总体利益以及各自利益的划分已经通过谈判确认，但是只要正式的合同尚未签订，总会有权利、义务、责任、利益和其他一些细节尚需确认和划分，因此不可疏忽大意。

2. 广义分类

其实，谈判不是简单的从交换意见到签订合作协议的过程，而是贯穿整个合作始终的过程。

在谈判中，双方的观点与立场的交锋是持续不断的。当利益冲突变得不可调和时，僵局便出现了。所以，从广义上讲，僵局是伴随整个合作过程随时随地都有可能出现的。例如，项目合作过程分为合同协议期和合同执行期，因此，谈判僵局分为协议期僵局和执行期僵局两类。协议期僵局是双方在磋商阶段因意见产生分歧而形成的僵持局面。执行期僵局是在执行合同过程中双方对合同条款理解不同而产生分歧形成的僵持局面；或出现了双方始料未及的情况导致一方把责任有意推向另一方，抑或一方未能严格履行协议引起另一方的严重不满等而引起的责任分担不明确的争议而形成的僵持局面。这就是从广义角度来理解的僵局。

3. 谈判内容上的分类

依据谈判内容的不同，谈判僵局的种类也不同。也就是说，不同的谈判主题会有不同的谈判僵局。

通常，不同的标准，不同的技术要求，不同的合同条款，不同的项目合同价格、履约地点、验收标准、违约责任等都可以引起不同内容上的谈判僵局。需要指出的是，在所有可能导致谈判僵局的谈判主题中，价格是最为敏感的一种，是产生僵局频率最高的一个方面。因此，不论在国内还是国际商务谈判中，从内容上讲，价格僵局是经常存在的。

二、谈判中形成僵局的原因

不论是谈判中的何种僵局，其形成都是有一定原因的，只要我们能够对这些原因准确地加以判断并适度地把握，处理僵局也就有的放矢了。那么，当我们认真而冷静地对僵局的成因进行分析时，就不难发现，其原因主要在于以下几个方面。

（1）谈判中的一言堂。除了书面形式的谈判以外，交易双方多是面对面地通过语言来交流信息、磋商议题的。谈判中的任何一方，不管出于何种欲望，如果过分地、滔滔不绝地论述自己的观点而忽略了对方的反应和陈述的机会，必然会使对方感到不满与反感，从而造成潜在的僵局。更严重的情况是：谈判中的一方认为自己理由充分，唯恐对方不了解，或是认为只有从不同角度反复陈述自己的观点才能取得对方的理解与信任，希望以此获得成功。他们并没有考虑到给对方表达观点的机会，剥夺了对方的发言权，从而形成僵局。

（2）过分的沉默与迟钝。谈判中的任何一方，无论出于什么目的，不能或不愿在谈判桌上与对方进行充分交流。过分沉默，看似认真、专注倾听，实际上反应迟钝或不置可否，会引起对方的种种猜疑和戒备，甚至引起对方的不满，从而给对方造成心理压力，形成难堪局面，造成僵局。

（3）观点的争论。在谈判过程中，如果对某一问题双方各自坚持自己的看法和主张，谁也不愿做出让步，往往容易产生分歧，争执不下。双方越是坚持自己的立场，分歧就会越大。这时，双方真正的利益被这种表面的立场所掩盖，而双方为了维护各自的面子，非但不愿做出让步，反而会用顽强的意志来迫使对方改变立场。于是，谈判变成了意志力的较量，自然陷入僵局。

经验证明，谈判双方在立场上关注越多，就越不能注意调和双方利益，也就越不可能达成协议。甚至谈判双方都不想做出让步，或以退出谈判相要挟，这就更增加了达成协议的难度，拖延了谈判时间，容易使谈判一方或双方丧失信心与兴趣，最终使谈判以破裂而告终。立场观点的争执所导致的谈判僵局，是比较常见的，因为人们容易在谈判中犯立场观点性争执的错误，这也是形成僵局的主要原因。

（4）偏激的感情色彩。偏激的感情色彩，是指谈判者对所商谈的议题过分地表现出强烈的个人感情色彩，提出一些不合乎逻辑的议论和意见，形成强烈的个人偏见或成见，引起对方的不满，造成谈判的僵局，甚至使谈判破裂。

> 如谈判中买方认为供货方的要价过高，便喋喋不休地旁征博引，说某某企业的货物如何好，条件又如何优惠等，引起供货方的厌烦，导致谈判陷入僵局。

（5）谈判人员素质低下。人的素质永远是引发事故的重要因素。谈判人员素质高低不仅是谈判能否成功的重要因素，而且当双方合作的客观条件良好，共同利益较一致时，谈判人员的素质往往是起决定性作用的因素。

事实上，仅就导致谈判僵局的因素而言，在某种程度上都可归结为人员素质方面的原因。退一步而言，有些僵局明显就是由于谈判人员的素质欠佳导致的，如谈判人员运用策略不当激怒对方、礼仪不周冒犯对方、专业知识欠缺让对方失去信心等。

（6）信息沟通的障碍。谈判本身是靠"讲"和"听"进行沟通的。事实上，即使一方完全听清了另一方的讲话内容并予以正确的理解，并能够接受这种理解时，也不意味着就能够完全把握对方所要表达的思想内涵。谈判双方信息沟通过程中的失真现象是时有发生的。实践中，信息传递失真而使双方之间产生误解，出现争执，并因此使谈判陷入僵局的情况是屡见不鲜的。这种失真可能是口译方面的，也可能是合同文字方面的，这些都属于沟通方面的障碍。

信息沟通本身，不仅要求真实、准确，而且还要求及时、迅速。但谈判实践中却往往由于未能达到这一要求而使信息沟通产生障碍，从而导致僵局。这种信息沟通障碍就是指双方在交流彼此情况、观点，协商合作意向、交易的条件等过程中遇到的理解障碍，主要表现为：双方文化背景差异所造成的沟通障碍，由于职业或受教育程度的不同所造成的一方不能理解另一方的沟通障碍，以及由于心理因素等原因造成的一方不愿接受另一方意见的沟通障碍，等等。这些都可能使谈判陷入僵局。

（7）软磨硬抗式的拖延。虽然软磨硬抗是商务谈判中常用的手法，但是谈判人员为了达到某种不公开的目的，而采取无休止的拖延，不仅会使对方厌恶，而且会使对方产生更大的反感，致使谈判陷入僵局和破裂。

例如，谈判人员借口眼下有件急事要处理而将谈判委托给××代表继续谈判，而接替者又称没有决定权，致使谈判没有任何实际意义，明显地在拖延谈判时间。

这样不仅不尊重对方，而且隐藏着某种其他动机，使对方反感，造成僵局。

（8）外部环境的变化。谈判中因环境变化，谈判者对己方做出的承诺不好食言，但又无意签约，采取不了了之的拖延战术，会使对方忍无可忍，造成僵局。

例如，市场价格突然变化，如按双方洽谈的价格签约，必给一方造成损失，若违背承诺又恐对方不接受，双方都不挑明议题，形成僵局。

这种久拖不决的僵局，源于谈判人员缺乏应有的坦诚态度，又企图单方面从对方获取利益。

以上是造成谈判僵局的几种因素。在谈判实践中，很多谈判人员害怕僵局的出现，担心由于僵局而导致谈判暂停乃至最终破裂。其实不必如此。谈判经验告诉我们：这种谈判暂停乃至破裂并不绝对是坏事。因为暂停谈判，可以使双方都有机会重新审慎地检讨各自谈判的出发点，既能维护各自的合理利益又能注意挖掘双方的共同利益。如果双方都逐渐认识到弥补现存的差距是值得的，并愿意采取相应的措施，包括做出必要的进一步妥协，那么这样的谈判结果也真实地符合谈判原本的目的。即使谈判破裂，也可以避免非理性的合作，即不能同时给双方都带来利益上的满足。有些谈判似乎形成了一胜一负的结局，实际上，失败的一方往往会以各种方式来弥补自己的损失，甚至以各种隐蔽的方式挖对方的墙脚，结果导致双方都得不偿失。

所以，谈判破裂并不总是以不欢而散而告终的。双方通过谈判，即使没有成交，但彼此之间加深了了解，增进了信任，为日后的有效合作打下了基础。从这个意义上来看，谈判陷入僵局并非坏事，在某种程度上还可以说是一件有意义的好事。

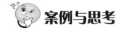 **案例与思考**

设备、材料存放地点导致的僵局

在中外合作的某项扩建改造工程中，中方要求外方将其设备、材料存放在上海的施工现场，企图以此来保证工程的进度。然而，在外方看来，这是强迫他们承担设备、材料损失的风险，为此外方相应提高了工程造价。最终结果是双方在项目价格上相持不下，形成僵局。

思考与讨论：你觉得此案例中可以如何避免僵局？

三、避免僵局的原则

妥善处理谈判僵局的有效途径是将形成僵局的因素消灭在萌芽状态。以下几项原则有助于避免僵局。

（1）闻过则喜。在谈判中提出反对的意见，是谈判顺利进行的障碍，同时也是对议题感兴趣或想达成协议的表示。因此，听到对方的反对意见要闻过则喜，应诚恳地表示欢迎。问题的关键是谈判双方从指导思想上都应坚持正确的谈判态度。提出反对意见者，说话要有充分依据，尊重对方；被提意见者要谦虚，欢迎对方畅所欲言。

（2）态度诚恳。谈判中形形色色的反对意见中，有一部分是不合理的，谈判人员在解释、回答这些反对意见时，绝不能用针锋相对的愤慨口吻来反驳，而是应该态度冷静、诚恳，解释时语言适度，既不多讲也不少讲。这样，可以减轻对方的负担，满足对方自尊心的需要，而且可以在倾听对方意见的基础上探出对方的动机和真实目的，为制订对策做准备。同时，谈判人员也应将自己的看法和对方意见的不实之处反馈给对方，从而形成对等的谈判局面。

（3）不为观点分歧而发生争吵。谈判既是智力的角逐，又是感情的交流。当谈判中的分歧较大时，双方都会不同程度地流露出各自的真实感情，即使在理智的控制下，言谈中也难免会出现一些冷嘲热讽，甚至产生情绪上的对立。因此，谈判人员必须有较强的自控能力，不要为观点分歧的争论而出言不逊，以防止变争论为争吵；要注意语言的委婉性、艺术性，以充分的理由来强化说服力；同时注意对方的情绪变化，分析其心理状态，因势利导，寻求解决分歧的途径，从而使谈判顺利进行。

（4）努力达成互惠式谈判。所谓互惠式谈判，是指谈判双方都要认定自身需要和对方的需要，然后双方共同探讨满足彼此需要的一切有效的途径与办法。要视对方为问题解决者，而不是敌人，对于对方所提供的资料采取审慎的态度，不要不信任对方；谈判中态度要温和，眼睛紧盯在利益目标上，而非立场的纠缠上；寻求共同利益而不是单纯从自身利益考虑。

为了使互惠式谈判能够有效地开展，可以采用"多头并进"的谈判方式。

多头并进，就是同时讨论有待解决的各个项目，如价格、付款条件、交货条件及售后服务等。由于各个具体项目之间有较大的伸缩性，当其中的一项遇到难题时，可以暂时放下，移到下一项；或是当某一项不得不做退让时，设法从其他项目得到补偿。这种谈判的办法，又叫作横向谈判，尽管进展缓慢，但可以减轻谈判人员的压力，有利于避免僵局。如果采用单项深入式的谈判，每次只集中谈论一个项目，这种谈判方式虽然进度快，但是各个项目之间缺乏呼应，易使谈判双方承受较大的压力，导致谈判陷入僵局。互惠式谈判的核心是谈判双方既要考虑自己的利益，也要兼顾对方的利益，是平等合作式的谈判。

四、妥善处理僵局的方法

谈判中出现僵局并不可怕，重要的是要正确地认识和对待它，并且能够认真分析导致僵局的原因，以便对症下药打破僵局。具体而言，应在认真研究突破僵局的具体策略和技巧的基础上，确定整体的行动方案，最终妥善地处理好谈判的僵局。

微视频

处理僵局的策略

1. 潜在僵局的间接处理方法

所谓间接处理法，就是谈判人员借助有关事项和理由委婉地否定对方的意见的方法。具体的方法有以下几种。

（1）先局部肯定后全盘否定。谈判人员对对方的观点和意见持不同的看法或是发生分歧时，在发言中首先应对对方的观点和意见中的一部分略加肯定，然后以充分的根据和理由间接地、委婉地全盘否定。

（2）先重复再削弱。先重复再削弱是指谈判人员先用比较婉转的语气，把对方的意见重复一遍，再做回答。这样做可以缓和谈判气氛，显得比较温和。因为，在己方复述对方的意见时，对方会感到己方是充分尊重其意见的，心理压力会相对减轻些，谈判就不会因观点不同形成僵局，而能缓解潜在的对立情绪。实际上，这就意味着削弱了反对意见。

运用这种方法时，要注意研究对方的心理活动、承受能力，要因时、因人、因事而异，不能机械地套用。

（3）用对方的意见去说服对方。用对方的意见去说服对方是指谈判人员直接或间接地利用对方的意见去说服对方，促使其改变观点的方法。

例如，买方对卖方说："贵公司设备质量是很好，只是价格比其他公司贵太多了，远远超出了我们的预算。"卖方也许可以这样去说服买方："您说得对，我们的价格确实比其他公司贵20%。

不过，采购我公司设备的客户的设备利用率平均提高了×%，设备利用率的提高可让每台设备每年增加×万元的产值。我公司在贵市的办事处预计明年开业，到时我们能提供更及时的服务，设备利用率还有可能进一步提升。"

（4）以提问的方式促使对方自我否定。谈判人员不直接回答问题，而是提出问题，有可能使对方在回答问题的过程中否定其原来的意见。例如本书第十一章第三节中的"零售方与业务员的谈话"的案例，供方为争取一份销售合同，派一名业务员前去与零售企业洽谈，整个洽谈过程中，供方业务员通过提问的方式，促使零售方否定了自己原来的观点，进而达成了协议。

 案例赏析

购买飞机的谈判

美国大富翁霍华·休斯为了大量采购飞机，自己与某飞机制造厂的代表谈判。霍华·休斯性情古怪，脾气暴躁，他提出了34项要求。谈判双方互不相让，谈判充满火药味，怎么谈都谈不拢。休斯不死心，最后便找了一位代理人帮他出面继续谈判。休斯告诉代理人，只要能满足34项要求的一半，他便满意了。而谈判的结果，这位代理人竟然得到了34项要求中的30项。休斯十分满意，便问他是怎么做到的。代理人回答："很简单，每次谈判一陷入僵局，我便问他们'你们到底是希望和我谈呢？还是希望再请休斯本人出面来谈？'经我这么一问，对方只好乖乖地说'算了算了，一切就照你的意思办吧！'"

【案例简析】代理人以休斯为要挟委婉地否定了对方的意见，其实也是采用了提问的方式。

以上所述对谈判中潜在僵局间接处理的各种方法，都有一定的适用范围和局限性，实践中能否行得通，取决于谈判者是否灵活运用。

2. 潜在僵局的直接处理方法

潜在僵局的直接处理方法也很多，在实际谈判中我们务必灵活地选用有效的方法。

（1）站在对方立场上说服对方。说服是以充分的理由和事实使对方认可，但是，在商务谈判中仅有充分的理由和事实并不一定能使对方信服。为此，当谈判中一方坚持固有意见时，要使说服有效，除了使用无可辩驳的证据和严密的推理外，还必须使对方的需要得到一定的满足。所以，要站在对方的立场上，讲清道理，使对方确实感到他原来所坚持的意见必须改变才行，以扭转谈判的僵局。

（2）归纳概括法。归纳概括法，是指在谈判中将对方的各种反对意见进行归纳整理、集中概括，然后有针对性地加以解释和说明，从而起到削弱对方观点与意见的效果。例如，需方代表对供方提供的商品提出很多意见：商品的外观不新颖，包装有问题，质量与价格不相称，顾客不欢迎，等等。需方提了一连串的反对意见，无非是在为讨价还价做准备。供方若逐一回答，不但啰唆，而且需方也未必听得进去。对此，供方代表可以将对方的这一连串的反对意见进行归纳、整理，总结为商品的质量问题，进而抓住质量问题去解释和说服对方。这样有针对性的说服可以把对方的疑虑及早消除，有利于避免出现僵局。

（3）反问劝导法。谈判中，常常会出现莫名其妙的压抑气氛，这就是陷入僵局的苗头。出现这种情况的原因极为复杂，有的是谈判人员个人心理变化所致，有的是一方有反对意见但尚未表露所致，等等。这时谈判人员可适当运用反问劝导法，以对方的意见来反问对方，防止谈判陷入僵局，而且能够有效地说服对方。

例如，需方说："你提供的商品，无论是质量，还是价格都可以，只是目前我们不打算进货！"供方摸不清需方的真实意图，可以说："向您提供的这些商品，正像您说的那样，一切都不错。看来，您很识货！目前这种商品的销路很好，进些货是当然的，何乐而不为呢？"这时需方通常会进一步解释或回答，这样供方便可知道需方的真实意图了，然后便可以有针对性地进行劝导工作，从而避免谈判陷入僵局。

（4）幽默法。幽默法用得好，可以起到意想不到的效果。当谈判出现沉闷的气氛时，谈判人员说几句诙谐的话，可以改善剑拔弩张的气氛。这是因为幽默可以使谈判人员的心理压力得到缓解，精神也会为之一振，这样，谈判活动又可以在轻松的气氛中进行了。

（5）适当馈赠。谈判人员在相互交往的过程中，可以适当地互赠些礼品作为联络感情的方法，西方学者曾幽默地称之为"润滑策略"。这是防止谈判出现僵局的行之有效的途径，也就等于直接明确地向对方表示"友情第一"。所谓适当馈赠就是说馈赠要讲究艺术，一是注意对方的习俗，二是防止有"贿赂"之嫌，做到"礼轻情义重"。

（6）场外沟通。场外沟通是一种非正式谈判，双方可以无拘无束地交换意见，大胆沟通，消除障碍，避免出现僵局。对于正式谈判出现的僵局，同样可以利用场外沟通的途径来化解，消除隔阂。场外沟通，亦应提高警惕，既不要做单方面的过多表达以免泄露己方机密，也不要在轻松的气氛中轻信对方提供的信息。

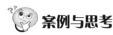 **案例与思考**

新加坡华裔客商买大蒜

一位新加坡华裔客商与我国山东某进出口公司谈判大蒜生意。第一轮谈判时，中方报价最低为 720 美元/吨，对方出价最高为 705 美元/吨。双方坚持自己立场，互不让步，谈判陷入僵局。

双方决定休会三天。中方安排该客商游览参观并进一步交换意见，增进了解。参观过程中，该客商提及自己祖籍山东，对山东有特殊的感情，此番游览勾起了他对家乡和亲人的思念。

三天后，双方重新回到谈判桌前，谈判氛围融洽了许多。事实上，当时正值大蒜收获期，如不及时成交，错过销售时机，不但会导致大蒜质量变差，收购价格也可能下跌，而且当时美元对人民币汇率呈上升趋势，及时结算就等于提价。基于这种种情况，中方愿意让步至 705 美元/吨成交。没想到，该客商逆向而行，将买价提高至 710 美元/吨，并提出附加条件，要求签订长期合作协议，这让中方大为吃惊。

思考与讨论：你如何评价中方这次谈判的成功？你如何理解新加坡华裔客商最后的举动？

3. 妥善处理谈判僵局的最佳时机

在谈判实践中，选择最佳时机处理僵局往往会取得意想不到的效果。谈判活动的发展变化，在不同的时间各不相同，在不同的时间采取相应的措施处理僵局，效果大不一样。下面列举几种方法。

（1）及时答复对方的反对意见。谈判中双方都希望自己的意见得到对方的尊重和重视，若对方不能给予明确的答复，往往会给己方造成心理障碍，形成谈判的潜在僵局。为此，只要对方提出明确的反对意见，己方都应及时给予答复，若一时无法答复，亦应解释清楚，这样可以取得主动权，使对方感到己方的诚意，有利于打破僵局。

（2）适当拖延答复时间。谈判中的很多棘手问题常会使谈判人员不能即刻答复，在这种情况下，可以拖延时间再做答复，以取得更好的效果。但拖延答复时间不宜过长，而且应当向对方说清楚。若出现下列情况，则可以拖延答复：①对方提出的反对意见，使己方感到不能做出满意的答复时；②反驳对方意见缺乏足够的证据时；③即刻回答会使己方陷入被动时；④确实有把握控制谈判局势，使对方的反对意见随着谈判的深入逐渐削弱时；⑤对方的反对意见明显偏离议题时；⑥对方由于心理原因而提出发泄性的反对意见时。

（3）争取主动，先发制人。若谈判人员事先发现对方会提出某种反对意见，抢在对方之前把问题提出来，作为己方的论点，劝导对方重新认识问题，可以有效地避免和打破僵局。采用这种做法应善于察言观色，随时注意对方的态度，把握好时间，避免争论和陷入僵局。值得注意的是，

"先发制人"绝不是"强加于人"。

4. 打破谈判中僵局的做法

如果在一次谈判中僵局已明显化，双方又争执不下，致使谈判毫无进展，如何妥善处理这种明显的谈判僵局，是直接关系到谈判效果的大问题。妥善处理已经形成的僵局，关键是设法缓解对立情绪，弥合分歧，使谈判出现转机，推动谈判进行下去。具体的做法通常有以下几种。

（1）采取横向式的谈判。扩大谈判的面：先撇开争执的问题，去谈另一个问题，而不是盯住一个问题不放，不谈妥誓不罢休。

例如，当双方在价格问题上互不相让而形成僵局时，这时可以先暂时将其搁置，改谈交货期、付款方式等其他问题。如果对方在交货期等议题上满意了，再重新回过头来谈价格问题，阻力就会小一些，商量的余地也就更大一些。这样弥合分歧，会使谈判出现新的转机。

（2）改期再谈。在谈判中，往往会出现严重僵持，致使谈判无法继续的局面，这时候可以共同商定休会，并商定再次谈判的时间、地点。但在休会之前务必向对方重申己方的意见，引起对方的注意，使对方有充足的时间进行考虑。

（3）改变谈判环境与气氛。谈判中气氛紧张，易使谈判人员产生压抑、沉闷，甚至烦躁不安的情绪。作为东道主，可以组织谈判双方进行一些松弛的活动，如游览观光等，使紧张的神经得到缓解。这当中，谈判双方可以不拘形式地就某些僵持问题继续交换意见，在轻松融洽的气氛中消除障碍，使谈判出现新转机。

（4）叙旧情，强调双方共同点。回顾双方以往的合作历史，强调和突出共同点和以往合作的成果可以削弱彼此的对立情绪，达到打破僵局的目的。

（5）更换谈判人员或者由领导出面调解。谈判中出现了僵局，经多方努力仍无效果时，可以征得对方同意，及时更换谈判人员。这是一种迫不得已的、被动的做法，必须慎重使用。必要时，企业的领导出面，因势利导，表明对谈判局势的关注，也可以达到化解僵局的效果。

 拓展游戏

突破僵局

某连锁超市，计划在市郊张庄村建立一个大型超市。连锁超市希望以 500 万元买下超市占用的土地的使用权，而张庄村却坚持要 1 000 万元。经过几轮谈判，连锁超市的出价上升到 700 万元，张庄村的还价降到 800 万元，双方再也不肯让步了，谈判陷入了僵局。

张庄村坚持的是维护村民的立场，因为农民以土地为本，失去了这片土地的使用权，他们的生活会受到很大影响，只是想多卖一些钱来办企业，另谋出路。而连锁超市站在股东的立场上，让步到 700 万元也是多次请示董事会后才定下的，他们想在购买土地使用权上省下一些钱，用于扩大超市规模。

要求：三四人一个小组，讨论怎么突破僵局。

第六节　磋商阶段的让步策略

没有商量余地的谈判是不存在的，只要有谈判，势必会有让步。从战术上看，让步就像防守，既不能放弃，也不能一让到底。究竟应该如何正确地做出让步呢？我们首先要清楚常用的两种让步策略，其次是要懂得让步的方法（模式），最后还要知道迫使对方让步的策略。

一、两种让步策略

1. 策略一——坚守三个让步原则

（1）让步之后一定要向对方提出要求。在谈判中，轻易地做出让步，会让对方觉得这件事对己方来说并不重要，以至于让对方觉得其还有更大的利益空间可以争取。因此，做出一次让步之后，一定要向对方提出一个要求，让对方觉得己方的让步是有代价的。那么，在让步之后应该如何向对方提出要求呢？我们可以使用"如果……"的句式。

　　例如，当买方提出 10 日前要完成装货的要求时，供方也可以提出一个要求："如果我们可以在 10 日前要完成装货的要求，那么你们可以……"而当买方要求供方购买保险时，供方也可以提出："如果我们承担保险费用，那么就请你们在……"这样一来，买方就很难在己方让步之后再提出额外的要求了。

在谈判中，每做出一次让步之后，都要让对方兑现一个要求，这样才能让谈判双方的交换筹码基本等值。

（2）让步的幅度要逐级递减。在通常情况下，谈判不会在一个来回之间就谈妥，双方需要在整个交涉过程中做出一系列让步。因此，第一次可以做比较大的让步，但之后每一次让步都要比上一次的幅度小，并能最终在预期的水平前止步。

　　例如，你去买衣服，对方开价 200 元，你还价到 150 元，如果无法成交，对方可能会再退一步，愿意以 190 元的价格售卖，此时你也可以遵循同样的让步幅度，让步 10 元，还价到 160元。如果依旧无法成交，接下来，对方可能会愿意再退一步，以 180 元售卖，那么你再次还价时，减少的金额必须少于 10 元，以此类推。这样做，可以让对方觉得你的让步在逐渐接近底线，如果他不做出让步，谈判就会破裂，这种紧迫感会让对方愿意根据你的让步做出调整，最终成交。

（3）明确己方能让步的方面。在谈判前，我们需要明确哪些方面可以让步，哪些方面不能让步。

　　例如，经济不怎么宽裕但时间宽裕的一家人的搬家预算是没有办法超支的。也就是说，如果搬家公司说不加钱那时间就不能挑，这家人一般会答应，因为这相比超出预算来说，就是比较小的问题，可以让步。

在小问题上适当做出牺牲，可以显示出己方的诚意，给对方带来满足感；在大问题和原则性问题上只能做小的让步，甚至不让步，才可以守住己方的底线。但是，如果对方在某件事情上非常坚决地要求己方做出让步，应该如何应对？这就涉及第二种让步策略。

2. 策略二——请出更高权威决策者

运用请出更高权威决策者的策略，即将对方的说服焦点转移到一个更具权威的对象身上，从而增加对方的说服难度，帮助己方在谈判中守住更多的利益。

　　例如，在商店经常会有这样的场景：一位顾客看中了某样商品，但价格有些超出预算。当顾客询问营业员是否可以多给一些优惠时，营业员通常都会回复目前已经是自己权限内的最低价格了，如果还要更低折扣要问老板。营业员将让步的决定权从自己身上转移到更高决策者身上，顾客就不得不面临新的难题：从现在开始，自己要说服一个更高决策者，这就在无形中增加了说服的难度。这会促使顾客在价格上做出让步。

在任何谈判中，都不能只考虑进攻而不考虑防守。换一个角度看，谈判其实是一种寻求让步方式的艺术。适时的小让步，既需要把握时机，也需要具备交换筹码的技巧。可以说，越能够控制自己让步程度的谈判者，最后越能得到对自己有利的谈判结果。

二、让步方法（模式）

谈判的让步强调要正确地控制让步的次数、步骤与程度，即采用正确的让步方法，不可使让步过多、过快、过大。

表 13.1　八种让步模式

（单位：元）

让步模式	第一期	第二期	第三期	第四期
1	0	0	0	60
2	15	15	15	15
3	8	13	17	22
4	22	17	13	8
5	26	20	12	2
6	49	10	0	1
7	50	10	-1	1
8	60	0	0	0

美国谈判专家嘉洛斯以卖方的让步为例，归纳出八种让步模式（见表 13.1），并分别分析了各种让步模式的利益大小。在任何一种让步模式中，卖主准备降价的额度均为 60 元。

（1）坚定让步模式。卖方先让对方一直以为妥协无望，普通的买主会放弃和卖主讨价还价。而一个意志坚定的买主则会坚持不懈，在卖主做出重大让步后，他会继续逼迫卖主做出让步。因此，这种让步模式并不可取，它既抛开了本来做小小的让步即可能成交的软弱的买主，又给强硬的买主在卖主让步之后提供了继续施加压力的可乘之机。

（2）等额让步模式。这种让步模式很容易刺激谈判对手继续期待更进一步的让步。当第二期争取到与第一期相同的让步额时，他有理由做这样的推测：如果再做一番努力，还可以争取到同样的让步。第三期果然如此。在卖主第四次做出让步后，他还可能这么想。若卖主坚持不再让步，买主就会失望，很可能达不成交易的目标。

（3）递增式让步模式。这种让步模式往往会造成卖主重大的损失。因为它将买主的胃口越吊越大，买主会认为：只要坚持下去，令人鼓舞的价格就在前面。买主的期望值会随着时间的推延而越来越大，对卖主极为不利。

（4）小幅递减让步模式。这种让步模式显示出卖主的立场越来越坚定，他虽然愿意妥协，但是防卫森严，不会轻易做出让步。

（5）有限让步模式。这种让步模式代表卖主有较为强烈的妥协意愿，不过同时也告诉买主：所能做的让步是有限的。在谈判的前期，有提高买主期望的风险，但是随着让步幅度的减小，卖主走向一个坚定的立场后，风险也就渐渐降低了，这时聪明的买主便会领悟到，更进一步的让步已经是不可能的了。

（6）大幅递减让步模式。这种让步模式很危险，因为一开始就让一大步，将会大幅提高买主的期望值。不过接踵而来的第三期拒绝让步以及最后一期小小的让步，会很快抵消这个效果，使对方知道，即使更进一步的讨论也是徒劳无功的。从卖主的角度来看，一开始的大幅让步是不妥的，他永远无法知道买主是否愿意付出更高的价格。

（7）价格反弹让步模式。这种让步模式使让步大幅递减但又有价格反弹，它脱胎于大幅递减让步模式。第三期的轻微涨价即价格反弹，表现出卖主更坚定的立场。第四期又做出了小小的让步，将会使买主感到满意。

（8）一次性让步模式。这种让步模式对买主有极强烈的影响，一下子降价 60 元，使买主顿时充满了信心和希望，但接下来便是失望，卖主不再降价，则有谈判破裂的危险。

从实际谈判情况来看，采用较多的是第 4 种和第 5 种让步模式。这两种让步模式对卖方来说是步步为营，使买方的期望值逐步降低，较适应一般人的心理，因而比较容易被对方接受。第 6

种和第 7 种让步模式需要有较高的艺术技巧和冒险精神，如果运用得好，可以少做让步，迅速达成交易；但如果运用得不好，则往往会使卖方做出更多的让步，且容易造成谈判僵局。第 2 种、第 3 种和第 8 种让步模式实际采用得很少，而第 1 种让步模式基本上不会采用。

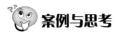 **案例与思考**

马克与搬家公司的谈判

老板将公司搬迁的任务交给马克，并要求他在有限的预算内，尽可能在一天之内全部搬完。马克盘点了一下这次搬迁的情况：公司共有五百多名员工，要在一天之内完成搬家，时间紧、预算少，可谓是一个十分棘手的任务。

马克在网上经过一番搜索、比价，找到了一家性价比最高的搬家公司。对方表示可以满足在一天内全部搬完的要求，但前提是马克的公司必须在上午七点前打包好所有的东西，并且搬家公司只负责路上搬运，不负责将物品从楼下搬进新公司。考虑到搬迁时间紧迫，公司也可以为搬迁出人出力，马克答应了对方的要求。接着，对方又提出：所有的贵重物品都需要额外收取保险费用，否则，若在搬运途中有任何破损，搬家公司概不负责。想到计算机在搬运途中容易损坏，公司还有不少重要资料需要妥善搬运，马克又答应了对方的要求。看马克答应得这么快，搬家公司继续提出：双方需要事前确定搬家物品的大致重量和体积，实际搬运中超重或超过体积的物品，搬家公司要额外收费。听到这里，马克开始感到不悦，他觉得对方的要求越来越多，自己一直都在退让。但不知道为什么，面对搬家公司的不断加码，马克却无法化解。

思考与讨论：如果碰到搬家公司提出这些条件，你会怎么处理？

三、迫使对方让步的策略

谈判是在双方共同利益的基础上进行的，在这一过程中，每一方都渴望满足自己的需求，可是又不得不考虑对方的需求，同时谈判的条件也不是固定不变的，因为只有互相让步谈判才会成功。由于谈判双方都有自己的底线，而且首先让步的那一方肯定要放弃一部分自己的利益，所以谁都不愿意先让步。

通常如何做可以让对手先让步呢？

（1）拥有强大的气场。在谈判桌上，精神抖擞、容光焕发、言谈举止落落大方，这强大的气场会有助于击溃对方的心理防线。假如谈判中一味谦虚退让，通常会引起对方的鄙视，对方会认为己方是无能的，己方的产品也是劣质的，这样的话对方就会表现得高高在上，可想而知，己方只会节节败退。

张伦是一家出口公司的销售经理，在与日本客户村上的一次谈判中，他一开始就气场十足，慷慨激昂地陈述了公司的产品和销售状况，并强调这种产品在中国和美国都是非常畅销的。村上是个十分精明的商人，他被张伦的一番话打动，觉得张伦是个具有吸引力的合作者，不由自主地想和张伦合作，谈判很快进入了正式严肃的主题。后来村上表示："我本来只是打算试试看，但是张伦先生身上所散发的那种气场使我相信他的话是正确的，双方有必要合作。于是我首先开始做出让步，最终双方达成了协议。"

（2）抓住对方的弱点，步步为营。迫使对方让步需要先了解对方的弱项或底线，己方不轻易让步，步步推进，直到对方让步。

某年 6 月，济南某机床厂与美国卡尔曼公司进行机床销售的线上谈判。双方在价格问题上陷入了僵持状态。这时我方获得情报：卡尔曼公司原来签订的其他机床合同不能兑现，因为美国关税政策有变，使得原供货商迟迟不肯发货。而卡尔曼公司又与自己的客户签订了供货合同，对方要货甚急，卡尔曼公司陷入了被动的境地。我方根据这个情报，在接下来的谈判中沉着应对，不紧不慢，也毫不松口，卡尔曼公司最后终于沉不住气，以我方的报价订购了 150 台机床。

（3）站在对方的立场看谈判。有些谈判人员只在乎自己的利益，漫天要价，却丝毫不理会对方的感受。他们想着只要给对方一点点利益就可以了，这样做的结果只会令对方更加反感。虽然有的谈判对手当时不会表露出来不满，但是其实可能已经暗下决心：绝对不能与这种人合作。要想与对方长期合作，最好在谈判中表现出为对方着想、站在对方的立场看问题的态度，这样做往往会使得对方让步。

> 李斯在一家公司担任项目经理，一次他和一家新成立不久的公司合作，在报价的时候，他只是给对方开了一个当前行情中不高，甚至偏低的价位，并真诚地告诉对方："目前这个价格就可以了，等你们以后发展好，挣大钱的时候再多给吧。"李斯的这种做法获得了对方的好感，他们建立了长期的合作关系，后来这家公司声名显赫后，也一直与李斯合作。

没有准备的谈判是很难成功的，谈判人员要事先了解对方的情况，看看有没有办法解决问题。要想进行长期的合作，就要采取双赢的合作模式，在谈判中的表现如果处处只考虑自己的利益，对方往往很难让步，最后自己也会一无所获。因此，无论是买方还是卖方，都不妨牢记一条让步铁律：核心问题绝不让步，枝节问题可以商谈。在这一条铁律的指导下，当己方表现出为对方着想，适当做些小让步，或者谈判时适当地向对方施加压力，施加压力的时候有分寸，始终把对方看作合作者而不是对手，和谐相处，由于给对方留下了好的印象，给对方留足了面子，对方往往会更容易让步。

总之，在实际谈判过程中，双方都要慢慢地妥协，任何一方坚持自己的原则，不愿意妥协，都将影响谈判的顺利进行。适当的妥协不仅不会损害自身的利益，而且还会在满足对方需求的同时使自己获得更长久的利益。

 案例赏析

松下幸之助的让步

1952 年，为了引进飞利浦公司的先进技术，松下公司和荷兰飞利浦公司进行了一次谈判。

当时，飞利浦公司拥有 3 000 名研究人员和世界上最先进的设备，已经是世界著名的大公司了；而日本的松下公司即使在日本也不是很出名。

当时松下幸之助克服了很多困难，经过努力将飞利浦公司要求的技术援助费从销售额的 7% 压到 4.5%。接下来，飞利浦公司要求松下公司一次性付清 2 亿日元的专利转让费，并且在草拟的合同上还规定，如果违反合同，或在执行合同时出现偏差，松下公司将要接受处罚并被没收机器。这令松下幸之助伤透了脑筋。当时松下公司的资本总额不过 5 亿日元，飞利浦公司要求的 2 亿日元的转让费几乎占松下公司全部资产的一半。如果答应了飞利浦公司提出的条件来签合同，松下公司就会承担极大的风险；如果不答应对方提出的条件，松下公司就会失去与之合作的机会。经过再三思考，松下幸之助认为，飞利浦公司在机械研发上实力十分雄厚，这一技术资源是 2 亿日元买不到的，一旦签约，松下公司就能够利用这一技术资源获取长期的利益，尽管风险非常大，但值得冒险。经过调查，松下幸之助决定妥协，在合同上签字。

【案例简析】谈判中有时需要为了长远利益做出当前的让步，也需要冒一定的风险。事实证明，松下幸之助当时的妥协是非常值得的。如今松下公司已经成为世界上赫赫有名的电器公司。假如当时松下电器公司不妥协，不答应飞利浦公司提出的条件，也许就没有其后来的崛起了。

第七节　成交阶段的谈判策略

一、结束阶段促进成交策略

谈判的不同阶段有不同的适用策略，下面列举几种比较适用于结束阶段的策略。

1. 时间策略

时间策略是指通过时间因素给对方施加压力，即通过强调超过时间期限后对方将承担的不利后果来对对方施加压力，以使谈判成果能够尽快确定下来，结束谈判。

在日常的商务贸易活动中，人们会经常听到这样一些话："从×月×日起，这种产品就要限制进口了""如果贵公司不在×日内汇来款项，我们将无法按期交货""明天×点钟之前如没有收到你方的电话，我们将同别人签订合同"。

这就是提出时间期限的策略。日常生活中如此，商务谈判中也是如此。在谈判中，期限能使犹豫不决的谈判对手尽快做出决定，因为他们害怕错过这个机会就不会再有相同的机会，从而通过时间给对方造成某种压力，这种压力常常迫使对方改变战略。

谈判专家科恩说："时间是除信息和权力之外影响谈判结果的主要因素之一。"

时间策略也是当谈判陷入停滞不前的境地时，使之快速前行的方法，通常又称为时间性通牒策略。要注意的是，当谈判处于僵局状态时，贸然地采取时间策略只能激怒对方，从而造成谈判的破裂，所以应用时间策略应该把握好时机和谈判氛围。可以看出，何时提出时间限制使其发挥预期的效果是一个关键的问题。在结束阶段使用时间策略时需要注意以下问题。

（1）不要盲目地设定截止日期。一旦盲目地定下一个截止日期，而对方又识破了这一招，留给己方的选择要么是谈判真的告吹，要么是承认己方在弄虚作假，即过了己方规定的时限，己方还在继续跟别人谈判。因此，设定截止日期一定要谨慎。

（2）确定截止日期时的语气要委婉，因为确定截止日期从某种程度上来说是对谈判对手施加压力。为了使时间策略能够发挥正向作用，而不是起反向作用，确定截止日期时语气一定要委婉，尤其是在谈判结束阶段，双方在前期的谈判中都做出了很多努力，付出了很多人力、物力成本，态度生硬地使用时间策略会使谈判对手产生反感或逆反心理，从而导致谈判破裂。

2. 最后通牒策略

使用最后通牒策略的情况是当一方占有一定的优势，谈判双方又在细枝末节上纠缠不休的时候，优势一方阐明自己的立场，讲清自己的最后让步条件，并表明如果对方不接受则谈判将会破裂，以此督促对方尽快决定，从而结束谈判。这一策略可以加速成交，但是也有使谈判破裂的风险。因此，在促进成交阶段使用最后通牒策略时一定要注意以下几个问题。

（1）应该在判断双方已经就关键问题做了多次磋商以后再使用。如果双方的磋商还不是很充分，一方就贸然采用最后通牒策略，这样最后通牒就变成一种恐吓，同时过早地暴露了己方的底线，是不会达到预期目的的。

（2）注意使用最后通牒策略的环境。最后通牒策略的适用环境是对方对己方的需求强度大于己方对对方的需求强度，或者己方在谈判中处于相对优势。另外，谈判已经进行了充分的磋商，双方已经最大限度地向对方的条件靠近，需要摊出底牌来结束谈判时也可以使用最后通牒策略。还有一种情况是，己方已经做了真实的最大让步，只能通过最后通牒策略来结束谈判。

（3）用自身的行动和态度来加强最后通牒的效力。使用最后通牒策略时，通常应该由团队中身份较高的人出面讲清最后的条件，比如：基于当前的谈判状态，这种条件是成交的强有力的理由；支持这一理由的各种法律条文和政策文件；在谈判桌外要求预订回程的机票，制订回程的计划；等等。另外，从态度上，最后通牒的表达要避免生硬和尖刻，但要使对方感觉到己方的依据是有说服力的，是强硬的。此外，最后通牒留给对方的余地要有弹性，不要把对方逼向绝境。

（4）一定要保证最后通牒的效力。即一定是对方接受，谈判成功，对方不接受，谈判破裂，不能在对方不接受的情况下再有其他让步。

3. 取舍由之策略

取舍由之策略往往与最后通牒策略一起使用比较有效，即当最后通牒策略使用之后对方仍然纠结于成交条件时，可以让对方了解己方可以以谈好的条件成交，当然如果对方不接受，己方对于谈判破裂的后果也可以轻松承受。这一策略需要让对方知道如果不与己方成交，己方也可以找到其他的成交方，从而给对方施压。另外，从使用该策略的时间来看，越在谈判后期使用效果越好。如果在谈判前期就使用该策略，会使对方感觉没有受到尊重；如果在谈判中期采用该策略，会使对方怀疑有第三方竞争者介入谈判，产生疑问，从而影响谈判进程。

4. 折中调和策略

折中调和策略是将双方立场和条件的差距，以折中且完全对等的形式或以互相让步但不对等的形式予以妥协的做法。由于该策略的主体特征是相互妥协且更多地强调"对半"让步，因此，可以认为该策略是一种公平而理智的分割差异的策略。但是在使用中应该注意，该策略只有在谈判的最后阶段才可以使用。在谈判的前期使用该策略，只能使条件不合理的一方得利，折中结果难以公正。在经过严谨的分阶段谈判后，双方立场均有所改善，交易条件日趋公平、合理时，对最后尚存在的文字、数字条件分歧以折中的方式解决，其结果才更合理。

5. 总体条件交换策略

总体条件交换策略是指双方将所有分歧条件以有的利于对方（退）、有的利于己方（进）的新条件组成一个方案向对方提出的做法。也就是说，把对己方有利的条件和对己方不利的条件以及对谈判对手有利和不利的条件进行区分之后，在分别承担一些不利条件的同时获得一些有利条件而组成一个新的谈判方案。由于该方案包括了谈判存在的所有分歧，故称"一揽子交易"，而针对所有分歧提出了有进有退的条件，因而也称为"好坏搭配"。

如果是对方提出的条件，己方谈判人员可以在不利的问题上提出疑问，目的是再争取一些对自己有利的条件，如果对方坚决拒绝，但交易条件已经达到自己的底线，则可以成交。而如果是己方提出的条件而对方要求再谈时，己方只需讲"是"或"否"。如果对方自以为聪明，非要纠缠，则坚决予以回击，否则，该策略就会失效。

6. 改变谈判场地策略

当谈判双方已经就绝大多数重要交易条件达成一致意见，仅因个别问题存在分歧而影响成交时，可以根据情形改变谈判场地，如在酒店、茶社、度假村等非正式场地来转换谈判氛围。这种策略适用于谈判时间过长使双方产生倦怠感或谈判气氛紧张对立的情形。如果此时继续在谈判桌前商讨，既很难达成协议又可能使形势恶化。轻松友好的氛围有助于恢复谈判人员倦怠的大脑、缓和谈判桌上严肃紧张的局面；私人兴趣等方面的情感交流可以促进谈判桌上相互让步，化解遗留问题，最终达成协议。

7. 比较策略

（1）有利的比较法，即有意将对方放在很高地位的成交法。这种成交法的典型语言如下。

"这种型号的产品××厂商（著名大厂）已经订货了""我发现最发达的厂家刚开始总是购买三部，你们是否也订购三部？""像贵公司这样的大公司执市场的牛耳，对于这项能够促进贵公司地位提升的产品，贵公司怎能放过呢？"

（2）不利的比较法，即以惰性谈判可能带来不幸后果的例子督促对方成交的方法。使用这种方法时，谈判者往往要列举一些令人遗憾的事情。例如，对方拖延谈判，时断时续、旷日持久，因此招致了损失和成本增多。这种成交方式多用于保险业或者能改善对方目前状况的交易。典型语言如下。

> 你们推迟一天，就会增加被竞争者抢先的危险，像 A 公司的遭遇一样。你们知道，A 公司的市场地位一直很稳固，但由于那家新工厂 B 抢先购买了自动生产设备，A 公司就失去了原有的市场地位。我诚恳地劝你们不要再迟疑，要像 B 工厂一样当一个领导者，而不要像 A 公司那样犹豫不决，最后成了失败者。

谈判到了最后的阶段，做这样的比较会是非常有用的。

8. 最后让步策略

针对磋商阶段遗留的分歧，有时可能需要通过最后让步才可实现成交，结束谈判。在使用最后让步策略时，要注意以下两点。

（1）把握让步的时间。过早让步会被对方认为是前一段讨价还价的结果，而不是为达成协议做出的终局性让步；过晚让步则会削弱对对方的影响和刺激作用。

（2）更小心地控制让步的幅度。让步幅度过大会让对方认为这不是最后的让步，仍有可以讨论的空间；让步幅度过小会让对方认为微不足道，刺激不足。让步的幅度常常要根据对方出场的人物的职位做出，一般以幅度刚好满足该出场人物维持地位和尊严需要为宜。做出最后让步后，己方就必须坚定立场，否则对方会继续紧逼。

9. 试用样品策略

谈判者可以提议订购一笔少量廉价的样品，或者无偿使用，这是十分简单的成交法。当谈判者没有别的办法使这笔买卖成交时，这一方法就是最后的努力。把产品留给对方，其成交率可能是出人意料的。例如，一家制造厂在更换了原材料却不知客户是否满意时，可以先交部分货，让对方试用，如果对方不满意，再把产品退回来，当然应该规定一个试用的期限。

> 国外的一家办公室设备生产商，曾允许它的谈判人员把机器留给顾客使用 5～9 天，其结果是谈判的成功率大为提高，而且往往五家试用公司中就能成交三家。谈判人员说："在试用期间，我们还可以帮助对方维修原有的机器设备，这样对方就不得不在试用期内签下订货合同。"

利用这种成交方法的最大问题是：只要公司允许提供试用，谈判人员就可能放弃其他的努力，日渐懒惰。另外，如果对方在资金上没有任何困难，可能会拒绝试用样品。

10. 单刀直入策略

单刀直入策略，即谈判人员用简单明了的语言，向谈判对手直截了当地提出成交建议，也叫直接请求成交法。这是一种常用且简单有效的方法。

> 例如，销售人员：师傅，您刚才提出的问题都得到解决了，现在我给您下单好吗？
> 又如，销售人员：王主任，您是我们的老客户了，您知道我们公司的信用条件，咱们这次的合作，就这么定了，好吗？

单刀直入策略的优点是可以有效地促成购买，节省洽谈时间，提高谈判效率。但它也存在一些局限性，如果成交请求遭到对方的拒绝，可能会破坏不错的谈判气氛，也可能会让对方觉得己方急于达成协议，从而提出苛刻要求。使用单刀直入策略需注意具体情形，一般来说以下情况可以运用此方法：①与关系比较好的老顾客谈判时；②对方未提出异议，想购买又不便开口时；③对方已有成交意图，但仍犹豫不决时。

11. 利用相关群体策略

利用相关群体策略是指谈判人员利用对对方决策有重要影响的群体促成交易。在实际交易中，对购买者决策有影响的群体一般有以下两类。

一是同类产品的其他购买者。心理学研究表明，从众心理和行为是一种普遍的社会现象。人的行为既是一种个体行为，又是一种社会行为，受社会环境因素的影响和制约。当购买人看到其他人做出购买决定后，会更迅速地采取交易行为。谈判人员利用人的从众心理，采取利用相关群体策略，创造一定的众人争相购买的氛围，可促成对方迅速做出决策。

> 在电商平台购买需要的产品时，比如买某本书，点击链接进入店铺，大多数人扫上一眼主页面的图和详情介绍之后，紧接着就是看销售量是多少，看好评多少、差评多少，其他客户都是如何评价的，商家有没有不诚信的行为，买家晒出来的效果怎么样，等等。如果买的人多，好评多，通常就下单购买了，这种行为就是典型的"从众心理"。

二是同伴。人们通常视自己的同伴为同一战线的队友，在无法决定是否成交时，往往要听取同伴的意见。因此，谈判人员也可以利用对方的同伴促成交易。

 案例赏析

你为什么不向他了解

一次出口交易会上，某国的一位商人对我国的某拖拉机厂的农用拖拉机感兴趣，但他又不太相信该拖拉机厂的产品质量和销路，因此，一直犹豫不决。拖拉机厂的代表后来没有单纯地用一些枯燥的技术指标来说服他，而是拉家常式地问道："贵国的×××经理您熟悉吗？"客商说："熟悉，当然熟悉，我们都是做农用机械生意的，还合作过呢。"厂方代表说："那您为什么不向他了解一下呢？去年他从我们厂买了一大批拖拉机，可是赚了一大笔啊。"客商回到住处，立即通过电话验证了这一情况，第二天，客商就高兴地与拖拉机厂签订了订购合同。

【案例简析】此案例中厂方代表运用的就是相关群体策略，有时候，它比卖家大声地为自己的产品做广告有用得多。

二、争取成交阶段最后利益策略

如何在成交阶段争取最后的利益呢？在这个方面也有一些特别的策略，例如常见的临阵反悔策略、附加条件策略。

1. 临阵反悔策略

临阵反悔策略是指在谈判终结时，为了给己方争取更大的利益，当双方已经进入谈判终结阶段，一切条件都已经达成，在签约之前，一方突然反悔，要求对某一项合同条款进行修改，为己方争取进一步的利益。

这种策略是希望在最后关头从心理上给对方造成急躁的情绪和带来意想不到的压力。由于对方在谈判过程之中已经消耗了大量的人力、物力，甚至如果对方是客方，很可能已经做好了返程的准备，因此，对方为了不使谈判前功尽弃，有时会不得不同意己方的要求。

运用这种策略要防止过犹不及，即主要是从附带条件中寻找折扣的机会，不能针对关键问题反悔，因为这样会给合作伙伴造成出尔反尔的不良印象，即使是达成交易，也可能由于不信任而影响双方未来的合作。

2. 附加条件策略

附加条件策略是指在双方已经基本达成交易意向，谈判就要结束时，己方提出一些小的附加条件来强调自己的利益。一般这些附加条件不会触动对方的关键利益,不会给对方造成较大损失。常见的附加条件有:要求对方提供或增加赠品、要求对方提供送货上门或安装服务、要求对方减免运送费用等。

　　例如,淘宝客服:"亲,如果没有什么问题,您早点下单,就还能赶上今天的发货啊!"

　　顾客:"好的,可是我从贵店购买了这么多化妆品,只送一个化妆包。我的朋友也很喜欢呢,我会推荐他们也来买的,再送一个包好吗?"

　　谈判者可以利用许多技巧和策略达成交易,但是这些技巧并非都能适用于各种交易谈判,有些技巧不适合某个谈判者的工作方法或者个人偏好。不过,谈判人员还是应了解所有的策略和技巧,具备这方面的知识,有助于选定最适当的办法达成较佳的成果。

 拓展游戏

僵局化解模拟训练

　　学生自由分组,每组6人,其中3人为A组,扮演销售人员,另3人为B组,扮演顾客。对以下场景进行模拟,目的是锻炼学生化解僵局、说服对方的能力和技巧。

　　场景一:A组现在要将公司的某件商品卖给B组,而B组要想方设法地挑出商品的各种毛病,寻找制造僵局的机会;A组的任务是一一回答B组提的问题,努力化解僵局,即便是一些小的问题也要让B组满意,不能伤害双方的感情。

　　场景二:B组已经将商品买回去了,但是发现商品有些小问题,需要售后服务;B组要讲一大堆对商品的不满,A组的任务仍然是帮助B组解决这些问题,提高B组的满意度。

　　要求:每组谈判时间约10分钟,结束后每个小组推选代表进行总结,并写出书面报告。

 # 思考与实践

一、思考与讨论

　　1. 商务谈判策略的作用是什么?

　　2. 简述商务谈判中开局的策略。

　　3. 简述商务谈判中报价的策略。

　　4. 商务谈判中应价应注意哪些问题?

　　5. 阻止对方进攻的策略有哪些?

　　6. 谈判中僵局成因有哪些?打破谈判僵局的方法有哪些?

　　7. 让步有哪些策略?

　　8. 让步的模式有哪些?你喜欢哪一种?为什么?

　　9. 迫使对方让步的策略有哪些?哪几种更常用?

　　10. 结束阶段有哪些策略可以促进最后的成交?

二、活动与演练

　　1. 两人为一组,为购买一套立体声音响而进行讨价还价。

　　情景:甲与乙正为购买一套立体声音响而进行讨价还价。该音响是市场上最新技术的成果。因为乙卖的是新产品,乙想看看顾客对这种新产品的反应(以上假设是表明乙有对价格进行减价的权利)。假如甲的预算支出是1 500元。

　　要求：请尝试进行讨价还价练习，看如何才能比较顺利地成交。

　　2．三四个人一组，扫描二维码选择案例的一方制定谈判策略，要求包含各个阶段的策略。

三、案例分析

　　一对夫妻花了三个月时间找到了一座他们非常喜爱的古玩钟，他们商定只要不超过5 000元就买回来。但是，当他们看到上面的标价时，妻子却犹豫了，"哎哟，"妻子低声道，"钟上的标价是7 500元，我们还是回去吧。我们说好了不超过5 000元，还记得吗？""我记得。"丈夫道，"不过我们要试一试，看少一点能否买到，我们已经寻找了这么久了。"

　　他俩私下商量了一会儿，由丈夫担任谈判代表，尽管他认定5 000元买到这座钟的希望很小。他鼓起勇气，对钟表售货员说："我看到你们有只小钟要卖，我看了上面的定价，我还看到价标上有许多尘土，给它增添了古董的气氛。"顿了顿，他又接着说道："我告诉你我想干什么吧，我想给这个钟出个价，一口价，听好啊！"他停下来看看售货员的反应，"嗨，我给你，2 500元。"售货员连眼睛也没眨一下："给你，卖啦！"

　　夫妻俩欣喜若狂了吗？

　　不，事实的结果是：夫妻俩把钟买回去后，常常不由自主地想：这钟恐怕本来就值不了几个钱……或者是里面的零件少了……

　　问题与分析：评价这对夫妻和售货员购买钟的谈判。

 知识巩固

第十四章　国际商务谈判

 学习目标

能解释国际商务谈判的特殊性与基本要求；能举例说明世界主要国家和地区人们的谈判风格。

导入案例

　　一位美国商人到他国某地进行商务考察，当地领导热情接待，并许诺诸多优惠条件。经过一周的考察，双方准备谈判了，商人此时并未下定决心。恰好此时他收到急电，母亲病危，需要立即返回，于是他答应处理完家事再返回谈判签约。此时离当地最早起飞的航班时间还有 1 小时，他认为无论如何都来不及了，于是决定赶到另一个城市搭乘航班。当地领导非常热情，让他放心，立即动用警车开道，一路绿灯，直接停在了飞机舷梯下，购票、安检、边检等手续全免了。商人站在舱门口挥手告别致谢的同时，原先不清楚的思路忽然清楚了："这里不适宜投资，我不会再来了。"

　　思考与讨论：此案例与谈判风格是否有关？这个美国商人的想法可能是怎样的？你认为当地领导的正确做法应该是怎样的？

第一节　认识国际商务谈判

　　国际商务谈判，就是谈判参与各方跨越了国界的商务谈判，是国内商务谈判在国际领域的延伸和发展。概括起来，可以把国际商务谈判理解为这样一个过程：不同国家或地区的贸易双方根据双方不同的需要，运用所获得的信息，就共同关心或感兴趣的问题进行交流、沟通、磋商，协调各自的经济利益，谋求妥协，从而使双方感到是在自愿的、平等的、有利的条件下达成协议，促成交易的过程。一项谈判是否成功，就在于参加谈判的双方能否通过各种不同的讨价还价的方式和策略，往返折中，最后取得妥协，达成一个双方都能接受的共赢方案。

一、国际商务谈判的特殊性

　　国际商务谈判除具有与国内商务谈判共有的一般性特征外，还有不同于国内商务谈判的特殊性特征，体现了区别于国内商务谈判的特质。

　　（1）跨国性。跨国性是国际商务谈判最显著的特征，也是其他特征的基础。国际商务谈判双方来自不同的国家或地区，谈判的结果会导致资产的跨国流动，必然要涉及国际贸易、国际结算、国际保险、国际运输等一系列问题，带有明显的国际性。因此，在国际商务谈判中必须以共同遵守的国际商法为准则，以共同认可的国际惯例为准绳，一切事宜按国际惯例或通行做法来操作。

　　这一特点要求谈判人员要熟悉各种国际惯例，熟悉对方所在国的法律条款，熟悉国际经济组织的各种规定和国际商法。这些是一般国内商务谈判不可能涉及的。

（2）政策的约束性。国际商务谈判的跨国性决定了其具有强烈的政策约束性。国际商务谈判的双方处于不同的国家的政治、经济环境之中，谈判双方的商务关系又是两国之间整体经济关系的一部分，常涉及两国之间的政治关系和外交关系，双方国家政府必然会经常干预和影响谈判的进程与结果，所以国际商务谈判必须严格贯彻执行国家的有关方针政策和外交政策，执行对外贸易的一系列法律和规章制度。

这一特点要求国际商务谈判人员必须熟知本国和对方国家相关的方针政策，注意国别政策，了解和掌握对外经济贸易的法律和规章制度。

（3）文化差异性。国际商务谈判的双方有着不同的社会文化和政治经济背景，处于不同的地理、宗教环境之中，具有不同的价值观、道德观、思维方式、行为方式，在语言表达及风俗习惯等方面也有差异。文化的差异性必然使国际商务谈判的难度及复杂程度远远高于国内商务谈判。

这一特点要求参与国际商务谈判的人员注重了解和掌握双方国家的宗教文化、伦理道德及风俗习惯等，在谈判中努力尊重和协调好双方在宗教文化和伦理道德等各方面的差异。

 **案例与思考**

在沙特阿拉伯的谈判与闲聊

某国建筑企业谈判小组在沙特阿拉伯进行一项工程承包的谈判。谈判休会期间，双方随意地闲聊。聊到服饰问题时，该谈判小组的一位成员对沙特阿拉伯女性穿着发表了一些个人的意见，认为过于保守、不舒服，也不好看。对方听后并未表态，只是很礼貌地说要出去接一个电话。随后，双方共进午餐。在下午的继续谈判中，该国谈判人员明显感到对方的冷淡和消极情绪，与上午的谈判有显著的差别，整个下午没有什么实质性的进展，在后来的谈判中也是困难重重，最终谈判以破裂告终。

思考与讨论：你认为案例中沟通出现障碍的原因何在？该谈判还有哪些可以推进的空间？

（4）要求谈判人员要有更高的素质。国际商务谈判的上述特殊性决定了谈判的复杂性和困难性，这就要求国际商务谈判人员在知识结构、语言能力、对政策法规的理解和把握、谈判策略及技巧的运用能力、防范风险能力等各方面都具有更高的水准。谈判人员必须具备广博的知识、敏锐的思维和高超的谈判技巧，不仅在谈判桌上能随机应变，运用自如，而且要在谈判前注意资料的准备、信息的收集，使谈判按预定方案顺利地进行。

二、国际商务谈判的基本要求

对国际商务谈判与国内商务谈判的异同分析，很容易得出这样的结论：国际商务谈判与国内商务谈判并不存在质的区别，但是，如果谈判者以与对待国内谈判对手、对待国内商务活动同样的逻辑和思维去对待国际商务谈判对手和处理涉外商务谈判中的问题，这显然难以取得国际商务谈判的圆满成功。在国际商务谈判中，除了要把握前述章节所阐述的一般原理和方法外，谈判者还应注意以下几个方面。

1. 做好更充分的准备

国际商务谈判的复杂性要求谈判者在谈判之前进行更为充分的准备：一是充分了解和分析潜在的谈判对手，明确对方个人的状况，分析其公司经济情况、运营现状、经营作风、领导者信息等；二是研究商务活动的环境，包括国际政治、经济、法律和社会环境等，评估各种潜在的风险及其可能产生的影响，拟订各种防范风险的措施；三是合理安排谈判计划，解决好谈判中可能出现的水土不服、体力疲劳、难以获得必要的信息等问题。

2. 对文化差异有足够的敏感性和正确的态度

谈判者对文化差异必须有足够的敏感性。西方社会有一句俗语，"When in Rome, do as the Romans do"，也就是我国常说的"入乡随俗"。在涉外商务谈判中，谈判者要尊重对方的文化习惯和风俗，不仅要善于从对方的角度看问题，而且要善于理解对方看问题的思维方式和逻辑。任何一个国际商务活动中的谈判人员都必须认识到，文化是没有优劣的，必须尽量避免模式化地看待另一种文化的思维习惯。

微视频

南亚地区人们头部动作的含义示例

同时，谈判者要特别注意国际商务谈判中的法律和道德规范问题。

在同一文化背景下，某一行为合法与不合法，符合或者不符合道德规范，两者之间的界限往往是比较明显并为大众所接受的。但在国际交往中，文化的差异导致了谈判者在价值观、商业惯例和工作规则方面的区别，也进而模糊了合法与否、符合道德规范与否之间的界限。大家可能都知道抢劫银行是既违法又不道德的行为，而捐钱给慈善机构则被大多数人视为既合法又道德的行为，但在这两者之间还存在着一些"灰色"地带。在一方看来是不合法或不符合道德规范的行为在另一方看起来可能完全没有问题。

例如，在商业交往中，一公司向另一公司赠送了一件相当贵重的礼物以换取对方与自己缔结一份合同，这在一些国家被视为非法的商业贿赂行为；而在另一些国家，这可能是平常的商业惯例，不存在不合法或不符合道德规范之嫌。

再如，在一些个人主义文化色彩较重的国家，一个人是否能获得一份工作取决于他所受的教育、过往的工作经验和个人的整体素质，与这个人的家庭背景无关；而在那些偏向于集体主义文化的国家，个人与家庭的关系非常紧密，一个人是否能获得某个就业机会取决于他的家庭出身。当这两种文化在国际谈判桌上碰撞时，就会产生诸如一方希望在双方的合资企业中为公平起见公开招聘优秀人才，而另一方则希望从自己的家庭成员、亲朋好友中挑选合资企业员工的冲突。在一方看来，任人必须唯贤才能确保公平，才能广纳贤才，否则就不符合自己的道德规范；而在另一方看来，肥水不流外人田，况且用自己熟悉的人更有助于管理。

在国际商务谈判中，合法与否的问题可以参考双方的法律规定并尽可能征求两国律师对争议问题的意见以获得一种更为全面的看法。至于符合道德规范与否就更为复杂，比较好的做法是在展开重大商业行动之前先充分了解对方的商业惯例、管理模式、工作方式和价值观，再根据具体情况具体分析，在不确定的时候应当三思而后行，毕竟有违道德规范的做法有损企业的商业形象。

3. 具备良好的外语技能

谈判者（通常是谈判团队中的翻译人员）能够熟练运用对方的语言，至少双方能够使用一种共同语言来进行磋商交流，对提高谈判过程中双方交流的效率、避免沟通中的障碍和误解有着特别重要的意义。

 拓展游戏

弄巧成拙

一位英国商人在伊朗谈判，一个月来事事顺利，同伊朗同事建立了良好的关系。他在谈判中尊重伊斯兰文化，感觉自己成功地避免了任何有潜在危险的闲谈。最后，这位英国商人兴高采烈地和对方签订了合同。他签完字后，对着他的伊朗同事竖起了大拇指。顿时，空气变得紧张起来，一位伊朗官员离开了房间。这位英国商人摸不着头脑，不知道发生了什么，他的伊朗同事也觉得很尴尬，不知如何向他解释。

要求： 和同伴讨论问题可能出在哪里；查阅相关资料，看看谁的猜测更接近正确答案。

第二节 各地区商人的谈判风格

国际贸易的特点是多国性、多民族性、谈判对象多层次性。虽说谈判对象都是个体，个人的气质、性格对其谈判风格的形成起主导性作用，但其气质、性格的背后则是文化差异。不同国家、不同民族、不同地域的人，价值观、消费习俗、生活方式、文化背景等差异很大，形成了各具特色的谈判风格，这些都是进行国际商务谈判时应当了解和掌握的。商务谈判人员只有熟悉对方的谈判风格，才更容易因势利导、灵活运用各种谈判策略，取得谈判的成功。

在造成不同群体谈判风格差异的诸多因素中，地域和信仰是两个重要的因素，限于篇幅，以下主要从地域角度简单介绍主要国家和地区商人群体的谈判风格。

一、亚洲地区商人的谈判风格

（一）韩国商人的谈判风格

韩国商人非常重视商务谈判的准备工作。在谈判前，韩国商人通常要对对方进行咨询了解，如经营项目、规模、资金、经营作风以及有关商品的行情等。了解掌握有关信息是他们坐到谈判桌前的前提条件。一旦韩国商人愿意坐下来谈判，通常就表明他们早已对这项谈判进行了周密准备而胸有成竹了。

韩国商人很注重谈判礼仪。他们十分在意谈判地点的选择，一般喜欢在有名气的酒店、饭店洽谈。如果由韩国商人选择会谈地点，他们定会提前或准时到达，以尽宾主之谊；如果由对方选择会谈地点，他们则常会推迟一点儿到达，以便东道主能更从容地做准备。在进入谈判会场时，一般走在最前面的是主谈人或地位最高的人，多半也是谈判的拍板者。

韩国商人比较重视在会谈初始阶段就创造友好的谈判气氛。

韩国商人逻辑性强，做事喜欢条理化，谈判也不例外。所以，在谈判开始后，他们往往先提出主要议题进行讨论。韩国商人能灵活地使用两种不同的谈判手法——横向谈判与纵向谈判，他们善于讨价还价。他们也有让步的时候，但目的是在不利形势下，以退为进来战胜对手。

（二）日本商人的谈判风格

日本商人的集体主义风格比较明显。正因为如此，在谈判中，日本商人在提出建议之前，通常必须先与公司的其他部门和成员商量。他们的谈判风格也常不是个人拍板决策，即使谈判代表有签署协议的权力，合同书的条款也是集体商议的结果。谈判过程具体内容的洽商要反馈到日本公司的总部，当成文的协议在公司里被传阅了一遍之后，就被看成各部门都同意了的集体决定。需要指出的是，日本商人做决策往往费时较长，但一旦决定下来，行动起来通常十分迅速。

> 例如，日本商人的决策如果涉及制造产品的车间，那么决策的酝酿就从车间做起，一层层向上反馈，直到公司决策层反复讨论协商。如果谈判过程中协商的内容与他们原定的目标有出入，那么很可能这一程序又要重复一遍。

日本商人重视礼仪。如果外国商人不适应日本商人的礼仪，或表示不理解、轻视，在谈判中就不大可能获得他们的信任与好感。

日本商人爱面子。与他们谈判时，常需要将保全对方的面子作为谈判中需要注意的首要问题。

比如尽量避免直接指责日本商人、避免直截了当地拒绝日本商人；不要当众提出令日本商人难堪或他们不愿回答的问题等。

与欧美商人相比，日本商人做生意更注重建立个人之间的人际关系。相对来说，日本商人不喜欢对合同讨价还价，他们特别强调能否同外国合作伙伴建立可以相互信赖的关系，如果能成功地建立这种相互信赖的关系，常常比较容易签订合同，一旦这种关系得以建立，双方都十分注重长期保持这种关系。这种态度常常意味着放弃用另找买主或卖主获取眼前利益的做法，而在对方处于困境或暂时困难时，乐意对合同条文采取宽容的态度。

在同从未打过交道的日本商人协商时，如果在谈判前就获得日方的信任，非常有助于谈判的顺利进行。公认的好办法是先找一个信誉较好的中间人，这对谈判的成功大有益处。在与日本商人的合作中，中间人在沟通双方信息、加强联系、建立信任与友谊上都有着不可估量的作用。中间人既可以是企业、社团组织、知名人士，也可以是银行、为企业提供服务的咨询组织等。

最后，日本商人在谈判中有耐心也是很出名的。他们的耐心并不意味着缓慢，而是准备充分、考虑周全、洽商有条不紊、决策谨慎小心。为了一笔理想交易，他们往往可以毫无怨言地等上几个月。只要能达到他们预期的目标，或取得更好的结果，时间对于他们来讲似乎不是第一位的。另外，日本商人具有耐心还与他们在交易中注重友谊、相互信任有直接的联系，这是因为要建立友谊、信任需要时间。所以，与日本商人谈判时不要急于求成。

 **案例与思考**

日本公司的谈判策略

日本资源短缺，在煤和铁矿石上需求量较大。澳大利亚生产煤和铁，并且在国际贸易中不愁找不到买主。正常情况下，一般应是日本的谈判者到澳大利亚去谈生意，但是，日本某公司经常想尽办法把澳大利亚商人请到日本去谈生意。到了日本，澳大利亚商人没几天就表现出急于想回到故乡去的想法，在谈判桌上常常表现出急躁的情绪。而作为东道主的日本谈判代表则不慌不忙地讨价还价，结果往往是日本方面仅仅花费了少量招待费，就取得了通常谈判桌上难以获得的利益。

思考与讨论：日本商人为什么要把澳大利亚商人请到本国谈判？日本商人是如何获得谈判主动权的？

（三）南亚及东南亚商人的谈判风格

南亚、东南亚包括众多国家，商人随国别不同而呈现出不同的性格特点，因此商务谈判风格也有所不同。

1. 印度尼西亚商人的谈判风格

印度尼西亚绝大多数的人是穆斯林。前往印度尼西亚洽谈商务的最佳时间通常是每年9月到次年6月，因为多数印度尼西亚商人在七八月外出避暑度假。大多数印度尼西亚商人强调行业互助精神，待人很有礼貌，不讲别人的坏话，但较难成为知心朋友。一旦建立了推心置腹的交情，与之合作就比较容易，而且可靠。印度尼西亚商人的一个重要特点是喜欢有人到家里访问，因此家访是和印度尼西亚商人谈商务得以顺利进行的一种有效手段。印度尼西亚是个多民族的国家，很多民族有本民族的特殊习俗与禁忌。因此，若到印度尼西亚进行商务活动，最好先了解当地具体的习俗与禁忌。

2. 新加坡商人的谈判风格

新加坡商人多谦恭、诚实、文明有礼，他们在谈判桌上一般会表现出三大特点：一是谨慎，不做没有把握的生意；二是守信用，只要签订合同，便会认真履约；三是看重面子，特别是对老一代人，面子往往具有决定性的作用。新加坡商人不太喜欢听别人对自己说"恭喜发财"，他们认为"发财"在这里是指"发不义之财"，有不好的寓意。新加坡注重环保，讲究文明卫生，在新加坡随地吐痰或扔烟头会受到严厉的惩罚。

3. 泰国商人的谈判风格

泰国商人比较注重融洽气氛，他们比较注意关心和考虑他人的需要和感受。保持心态平和也是他们的一个价值观。泰国商人大多重视个人面子。他们尽力避免造成冲突或公开的对峙，避免使用可能使别人难堪或是对别人造成羞辱的语言和行为。泰国人通常认为对社会地位较高的人表现出适当的尊敬是十分重要的。

泰国商人崇尚艰苦奋斗、勤劳节俭，不愿过分依附别人，他们的生意也大都由家族控制，不太信任外人。同业之间会互相帮助，但不会形成一个稳定的组织来共担风险。与泰国商人进行商务谈判时，与他们结成好朋友需要花费相当多的时间和努力，但这种关系一旦建立，他们就会非常信任你，遇到困难，也会给你帮助。

4. 菲律宾商人的谈判风格

菲律宾商人的特点是很注重关系，注意等级秩序。菲律宾人很尊重老人，如果想要把生意做成功，年轻的外国商人最好听从年长菲律宾人士的安排，尤其是当后者是买方或潜在的客户时。

与其他东南亚国家的人们一样，菲律宾人对他人表现出怠慢的表情很敏感。菲律宾人总是尽力保持与别人的平和关系，即便事情仅仅是表面上的顺利。

菲律宾商人讲究含蓄。菲律宾商人很有礼貌，总是尽量避免冒犯别人，他们通常会尽力避免使用"不"这个生硬的字。他们喜欢用含蓄的说法和迂回的方式来避免冒犯别人。

菲律宾商人喜欢讨价还价，所以，报价时不妨多留些余地。

5. 印度商人的谈判风格

相对来说，印度社会层次分明、等级森严，这与他们古老的信仰有关。印度商人大多观念传统、思想保守，遇到问题时不太愿意承担责任。所以，与他们进行商务谈判时，合同条款务必要严密细致，力求消除日后纠纷的隐患。一般来说，要与印度商人在商务往来中建立信任需要很长时间，而且通常很难亲密到推心置腹的地步。印度商人擅长使用拖延术来消磨对方的意志，从而能够更好地探清对方的底牌。

6. 马来西亚商人的谈判风格

马来西亚商人通常强调人际关系的重要性，认为在进行商务谈判之前，对对方有一些了解是非常必要的；他们注重社会礼节、等级制度、社会地位和尊敬程度。按照马来西亚的传统观念，老年人、在组织当中担任重要职务的人以及马来西亚贵族都具有较高的社会地位；马来西亚商人对面子十分敏感，如果某人失去耐心并且发火，将被看成非常丢面子的事情，并且也使别人丢面子。他们通常喜欢以面对面商讨的方式来解决争端。

二、美洲地区商人的谈判风格

（一）美国商人的谈判风格

美国商人的谈判风格主要有以下几个特点。

1. 自信与优越感

美国是世界上经济技术最发达的国家之一，国民经济实力也最为雄厚。这使美国商人对自己的国家深感自豪，具有强烈的自尊感与荣誉感。这种心理在他们的贸易活动中充分表现出来。他们在谈判中，自信心和自尊感都比较强，加之他们所信奉的自我奋斗的信条，常使与他们打交道的外国谈判者感到美国商人有自我优越感。

美国商人的自信还表现在他们坚持公平合理的原则上。他们认为两方进行交易，双方都要有利可图。他们的谈判方式是喜欢在双方接触的初始就明确阐明自己的立场、观点，提出自己的方案，以争取主动权。美国商人的自信，还表现在对本国产品的品质优越、技术先进等方面毫不掩饰地称赞上。他们认为，如果你的产品质量过硬、性能优越，就要让购买你产品的人认识到，那种到实践中才检验的想法，美国商人认为是不需要的。

由于有着与生俱来的自信和优越感，他们总是十分有信心地发表自己的意见和权益要求，不太顾及对手，显得咄咄逼人，而且语言表达直率，喜欢开玩笑。当谈判不能按照他们的意愿进行时，他们常常直率地批评或抱怨。但他们又善于直接地向对方表露出真挚的感情，这种情绪也容易感染别人，谈判时不妨充分利用这一点，以创造良好的谈判气氛。

2. 注重实际利益

美国商人做交易往往以获取经济利益作为最终目标，但他们一般不会漫天要价，同时也不喜欢别人漫天要价。因为他们认为，做买卖要双方都获利，不管哪一方提出的方案都要公平合理。美国商人做生意时更多考虑的是做生意所能带来的实际利益，而不是生意人之间的私人交情。

3. 法律意识根深蒂固

美国是一个高度法治化的国家，法律观念在商业交往中也表现得十分明显。美国商人通常认为，为了保证自己的利益，最公正、最妥善的解决办法就是依靠法律，依靠合同。因此，他们特别看重合同，会十分认真地讨论合同条款，而且特别重视合同违约的赔偿条款，同时也关心合同适用的法律，以便在执行合同中能顺利地解决各种问题。

美国商人重合同、重法律，还表现在他们认为商业合同就是商业合同，朋友归朋友，两者之间不能混淆起来。私交再好，在经济利益上也是绝对分明的。

4. 注重时间效率

大多数美国商人特别重视珍惜时间，注重活动的效率，所以在商务谈判中，美国商人常抱怨其他国家的谈判对手拖延时间，缺乏工作效率，而这些国家的商人也埋怨美国商人缺少耐心。在美国商人的企业，各级部门职责分明，分工具体。因此，谈判的信息收集和决策都比较快速、高效率，加之他们性格外向、坦率，所以，他们谈判的特点一般是开门见山，报价及提出的具体条件也比较客观，水分较少。如果对方的谈判特点与他们不一致，他们就会感到十分不适应，而且常常把他们的不满直接表达出来。

美国商人时间观念强，还表现为做事井然有序，有一定的计划性，不喜欢事先没安排妥当的人来访。另外要注意，与美国商人约会，早到或迟到都是不礼貌的。

5. 喜欢进行全盘平衡的"一揽子交易"

所谓"一揽子交易"，主要是指美国商人在谈判某项目时，不是孤立地谈其生产或销售，而是将该项目从设计、开发、生产到销售等一起商谈，最终达成全盘方案。美国谈判人员比较注重大局，善于通盘运筹。所以，美国商人谈判喜欢先定下总交易条件，再谈具体条件。

👑 拓展游戏

要求： 两三个人一组，运用所学的国际商务谈判知识，从商务谈判的策略、技巧、种类、谈判人员的素质、商务谈判的礼仪及各国商人的谈判风格等几个角度，分析采购谈判案例（扫描二维码）中中方谈判成功的原因，并进行模拟演练。

（二）加拿大商人的谈判风格

加拿大呈现多元文化的复杂性，当听到加拿大商人自己把加拿大商人分为英裔加拿大商人和法裔加拿大商人时，其他人一般不要发表意见，因为这是加拿大国内民族关系的一个敏感问题。

英裔加拿大人大多集中在大西洋省份及安大略，法裔加拿大人主要集中在魁北克。英裔加拿大商人同法裔加拿大商人在谈判风格上差异较大。英裔加拿大商人谨慎、保守、重誉守信。他们在进行商务谈判时相当严谨，一般要对所谈事务的每个细节都充分了解后，才可能答应对方要求。并且，他们在谈判过程中喜欢设置关卡，一般不会爽快地答应对方提出的条件和要求，所以从开始到价格确定这段时间的商谈是颇费脑筋的；不过，一旦最后拍板，签订契约，日后执行时违约的事情很少出现。法裔加拿大商人非常和蔼可亲，平易近人、善于表达情感、客气大方，比较讲究礼仪，等级观念较强烈。

（三）拉丁美洲商人的谈判风格

拉丁美洲许多国家经济相对落后，贫富分化明显。拉丁美洲商人大多有着强烈的民族自尊心，以自己悠久的传统和独特的文化而自豪，希望能在平等互利的基础上进行商贸合作。所以，与拉丁美洲商人谈判时，表现出尊重他们的人格和历史是比较明智的选择。

拉丁美洲商人比较突出的性格特点是固执，个人人格至上，比较开朗、直爽。体现在商务谈判中，就是对自己意见的正确性坚信不疑，很少主动做出让步；如果他们对别人的某种请求感到不能接受，则很难让他们转变态度。他们常根据对手讲话的语气和神情判定谈判对手的工作能力以及所处的地位。

拉丁美洲商人不太注重物质利益，而比较注重感情，追求比较悠闲、恬淡的生活。因此，想与拉丁美洲商人做生意，最好先与他们交朋友，一旦你成为他们的朋友，他们就会优先考虑你作为做生意的对象。

在谈判中，拉丁美洲商人处理事务一般节奏较慢、时间利用率较低。

拉丁美洲商人在谈判风格方面也各有特点。下面以墨西哥和巴西为例来说明。

1. 墨西哥商人的谈判风格

首先，大多数墨西哥商人很看重密切而持久的关系。要想生意成功，私人接触和相互之间的关系起主要作用。因此，与墨西哥商人谈判，需要在商务谈判之前，确保有足够的时间了解商业伙伴。其次，墨西哥商人比较看重礼节。再次，墨西哥商人擅长讨价还价，谈判过程通常漫长而艰难，所以开价时要留出额外的还价空间。

2. 巴西商人的谈判风格

巴西商人重视深厚的、长期的关系，在谈生意之前，要花费一定的时间来建立良好的、令人愉悦的关系。闲聊的话题有足球、巴西历史、文学和旅游地等。在巴西，一个人的地位更多地取决于他所处的社会阶层、受教育程度和家庭背景，而不是个人成就。在巴西东南部，商务人士越来越看重严格的计划表和准时性，尤其是在圣保罗。巴西商人呈现出富于表情的交流风格，他们热情、友好、健谈，善于运用非语言表达方式以及在公众场合表达自己的情绪。巴西商人称得上是还价高手，他们不惧怕直接拒绝对方的开价。因此，与巴西商人谈判，要为漫长的谈判程序留出足够的时间，在最初出价时要留足余地。

三、欧洲地区商人的谈判风格

欧洲地区商人的谈判风格呈现一定的地区差异性。

1. 英国商人的谈判风格

英国是世界上率先进入工业化的国家，曾被称为世界头号经济大国。自 20 世纪以来，虽然英国的经济实力逐渐下降，但英国人的大国意识仍旧普遍很强，常是一副悠然自得的样子。此外，他们也始终保留着岛国民族的特性，比较保守、害羞，也有很多外国人评价他们对新事物裹足不前，并且显得高傲、矜持，容易给人难以接近的印象。

无论在谈判场内还是谈判场外，英国商人都很注重个人修养，尊重他人，不会没有分寸地追逼对方。同时，他们也很关注对方的修养和风度，如果能在谈判中显示出良好的教养和风度，就会很快赢得他们的尊重。英国商人的等级观念较为严格，他们颇为看重与自己身份对等的对手谈判。

在和英国商人交谈时，话题尽量不要涉及爱尔兰前途、共和制和君主制的优劣、乔治三世以及大英帝国的衰落原因等政治色彩较浓的问题。比较安全的话题是天气、旅游等。

2. 德国商人的谈判风格

虽然德国的商业惯例存在着南北差异和东西差异，但从整个民族的特点来看，德国人具有自信、谨慎、保守、刻板、严谨、办事富有计划性、工作注重效率、追求完美的性格特征，德国谈判者身上所具有的这种日耳曼民族的性格特征在谈判桌上得到了充分的展现。例如，他们的谈判准备会做得充分周到，他们也很礼貌和讲究效率，思维富于系统性和逻辑性，当然也有人评价他们自信而固执。因此，与德国商人谈判，应尽量避免采取针锋相对的谈判方式，而要以柔克刚、以理服人。

3. 法国商人的谈判风格

法国是欧洲国家当中社会等级制度较为明显的国家。法国的商业文化自成一体，受到来自北欧的日耳曼民族和南方的拉丁民族的共同影响，形成了世界上独一无二的法国谈判风格。例如，相比于英语，法国商人更喜欢用法语，他们若发现与自己谈话的人会说法语，却使用了英语，他们往往很生气。法国商人重视关系，但同时又奉行个人主义；法国商人不喜欢过于直接地提出自己的观点，但又很容易产生争执。

 案例与思考

安瑞在沙特阿拉伯

法国人安瑞是城市交通工程方面的专家，一家沙特阿拉伯的建筑工程公司邀请他参与该公司负责营建的一项政府工程。安瑞从未在中东工作过，大部分的工作经验是在欧洲和北美积累的。当安瑞到达工程公司总经理的办公室时，他被请到地板上的一个坐垫上面等候。总经理看到了安瑞，但他只看了一眼安瑞，就一直在忙着招呼其他来访者。这一批客人中，安瑞是最后一位，他前面还有 7 位，半个小时过去了，安瑞忍不住问秘书什么时候才能轮到他，秘书也不清楚。其间，有许多人进进出出打断总经理的接见工作，安瑞开始感到不耐烦，很显然，总经理一点儿也不在乎被他人打扰。

一个小时过去了，秘书才领着安瑞坐到总经理对面的那张椅子上。他们用英文交谈，一阵子客套后，总经理把安瑞介绍给公司的一个工程小组，其中包括公司副总经理，他是总经理的表弟，毕业于美国麻省理工学院。引见之后，总经理安排安瑞做了个报告，主题是道路规划问题，语言用英语。报告开始一段时间后，安瑞发现许多听众表情茫然，这时他才想到，很多专业技术名词和概念必须经过翻译才能使听众听懂。这一组人中，似乎只有副总经理听懂了报告。晚上回到饭店休息，安瑞想看看今天到底有哪里需要注意和改进。

思考与讨论： 你能帮安瑞分析一下并提出自己的意见吗？

4. 意大利商人的谈判风格

大多数意大利商人非常重视商人个人的作用，在商务谈判时，往往是出面谈判的人决定一切。因此，意大利商人在交往活动中常拥有较大的自主权。

意大利商人希望在谈论商务之前对对方有一定的了解，愿意在谈论商务之前先建立良好的私人关系。意大利商人善于社交，表情丰富。在谈判中进行决策时，他们一般比较慎重，不愿仓促表态。意大利商人特别看重商品的价格，谈判时显得寸步不让，而在商品的质量、性能、交货日期等方面则比较灵活。

5. 俄罗斯商人的谈判风格

俄罗斯是一个重礼好客的国家，其礼俗兼有东西方礼仪的特点。俄罗斯商人的礼节表现在衣着、问候礼仪等诸多方面。谈判者在衣着和在公众面前的行为等方面都需要遵守特定的礼仪。

俄罗斯人有一定的社会等级观念。等级观念对于谈判的影响主要有两个特别的方面。首先，如果对方是女性管理人员，她们将会受到特殊的礼遇。其次，一般所有重要的决策都是由组织当中最高层的男性领导者做出的。因此，在与俄罗斯商人进行谈判时，必须明确谈判对象是不是真正的决策者。

有些俄罗斯商人谈判时还往往喜欢带上各种专家，这样不可避免地会扩大谈判队伍，而且专家意见不一也会延长谈判时间，拖慢谈判节奏。此外，俄罗斯商人在谈判桌前通常非常精明。因此，与俄罗斯商人做生意时，保持耐心很重要。

 案例赏析

细节方面的破绽

在一次设备引进项目谈判中，俄罗斯方认为对方在报价中有较大的水分，为了尽可能以较低的价格购买最有用的技术，俄罗斯方开始就技术的具体细节、索要的东西等方面展开技术谈判攻势。俄罗斯方索要的东西包罗万象，包括详细的车间设计图纸、零部件清单、设备装配图纸、原材料证明书、化学药品和各种试剂、各种产品的技术说明书、维修指南等。卖方觉得这些东西迟早会交给对方，因此没有过多地注意把关，把可给可不给的资料或实物都交给了对方。通过索要到的这些细节文件和物品，俄罗斯方找到了对方的不少破绽，然后杀了一个回马枪，重新启动商务谈判，最后迫使对方在价格上做出了大幅度的让步。

【案例简析】由此可见，商务谈判可以套用西方的谚语：你再怎么小心也不为过（You can't be too careful）。

6. 北欧商人的谈判风格

北欧的几个国家有着相似的历史背景和文化传统。由于其信仰及历史文化，北欧人形成了心地善良、为人朴实、谦恭稳重、和蔼可亲的性格特点。

北欧商人是务实型的，工作计划性很强，没有丝毫浮躁的样子，凡事按部就班，规规矩矩。他们喜欢有条不紊地按议程顺序逐一进行，谈判节奏较为舒缓，但这种平稳从容的态度与他们的机敏反应并不矛盾，他们善于发现和把握达成交易的最佳时机并及时做出成交的决定。

北欧商人在谈判中态度谦恭，非常讲究文明礼貌，不易激动，善于同外国客商搞好关系。同时，他们的谈判风格坦诚，不隐藏自己的观点，善于提出各种建设性方案。他们喜欢追求和谐的气氛，但也不会一味地顺应对方的要求。

北欧商人通常不喜欢无休止地讨价还价，他们希望对方的公司在市场上是优秀的，希望对方提出的建议是他们所能得到的最好的。如果他们看到对方的提议中有明显的漏洞，他们就会重新评估对方的职业作风和业务能力，甚至会改变对对方的看法，进而转向别处去谈生意。另外，北欧商人性格较为保守，他们更倾向于尽力保护他们现在所拥有的东西。因此，他们在谈判中更多地把注意力集中在怎样做出让步才能保住合同上，而不是着手准备其他方案。

四、其他地区商人的谈判风格

1. 澳大利亚商人的谈判风格

澳大利亚商人在商务谈判中很重视办事效率。他们派出的谈判人员一般都具有决定权，同时也希望对方的谈判代表同样具有决定权，以免在决策中浪费时间。他们一般也不喜欢采用开始报价高，然后慢慢讨价还价的做法。他们采购货物时大多采用招标方式，以最低报价成交，根本不给予讨价还价的机会。他们在签约时非常谨慎，但一旦签约，较少发生毁约现象。澳大利亚商人一般都很遵守工作时间，不迟到、不早退，通常也不愿多加班，他们公私分明，认为谈判场外的招待与生意无关。

2. 非洲商人的谈判风格

按地理区域，非洲可分为北非、东非、西非、中非和南非等五个部分。不同地区、不同国家的人在种族、历史、文化等方面的差异较大，因而他们的国情、生活、风俗、思想等方面也各具特色。

非洲各国内部存在许多部族，各部族之间的对立意识很强，其族人的思想大多倾向于为自己的部族效力，对于国家的感情则相对淡漠。非洲各部族内部的生活，具有浓厚的大家庭主义色彩，有的人认为有钱人帮没钱人是天经地义的，故而他们不愿意去努力赚钱而将希望寄托在家境富裕的族人身上。相对而言，非洲人工作效率相对较低，时间观念相对较差。谈判时，他们准时到会的情况较少，即使到了也很少马上开始谈论正事，往往要海阔天空地漫谈一通。

去非洲做生意，需要赢得各环节有关人士的信任和友谊，这样才容易使交易顺利进行。

非洲各国中，南非的经济实力最强，黄金和钻石的生产流通是其经济的两大支柱。南非商人的商业意识较强，他们讲究信誉，付款守时。他们通常会派出有决定权的人负责谈判，一般不会拖延谈判时间。

3. 阿拉伯人的谈判风格

受地理、宗教、民族等问题的影响，阿拉伯人具有一些共同的特点：以宗教划派，以部族为郡，通用阿拉伯语，信仰伊斯兰教，有很强的家庭主义观念，脾气偏强，好客，注重信誉，乐于讨价还价，喜欢用手势等非语言沟通方式来表达思想等。具体来说，与他们进行商务谈判要关注以下几点。

首先，阿拉伯人十分好客，对于来访客人，他们都会十分热情地接待。但谈判过程也容易被突然来访的客人打断。所以，与他们谈判时，要有耐心和能见机行事。

其次，有的阿拉伯商人时间观念不太强，有时会随意中断或拖延谈判，决策过程也较长，但这并不是由于他们拖拉和无效率，而可能表明他们对你的建议有不满之处。他们并不当着你的面说"不"字，而是根本不做任何决定，希望时间能帮助他们达到目的。

最后，阿拉伯人通常热衷于讨价还价，并且经常希望他们的合作者在谈判过程中对价格和条件做出较大的让步。所以，与阿拉伯商人谈判，在最初出价时留足余地，是比较聪明的选择。

♛ 拓展游戏

他们会怎么做？

曾有一个有趣的故事流传：在餐厅盛满啤酒的杯中发现了苍蝇，英国人……法国人……西班牙人……日本人……沙特阿拉伯人……美国人……

要求：两三人一组，讨论或模仿他们分别会怎样做。

思考与实践

一、思考与讨论

1. 文化差异对国际商务谈判活动有什么影响？有哪些具体的应对对策？
2. 日本商人与韩国商人的谈判风格有哪些异同点？
3. 请分析美国商人的谈判风格，并说明和他们进行谈判时应注意哪些事宜。
4. 欧洲各地区的商人的谈判风格各有何特点？应如何应对？
5. 德国商人的谈判风格是怎样的？
6. 你想象的浪漫法国人是怎样的？他们的商务谈判风格和你的想象有何异同？
7. 澳大利亚商人的谈判风格是怎样的？
8. 谈谈你印象深刻的某个国家商人的谈判风格。

二、活动与演练

模拟国际商务谈判

目标：了解国际商务谈判的含义与特征，认识文化差异对国际商务谈判的影响，能够解读不同国家与地区商人的谈判风格，能根据国际商务谈判的具体对象采取相应的对策与方法。

步骤：任务布置➡任务实施➡任务完成➡任务考核。

内容与要求：①学习小组结对，分别扮演买方企业与卖方企业；②每两个模拟企业互为谈判对手，其中一方扮演外商代表；③双方做好国际谈判准备工作；④注意涉外礼仪和规范。

成果形式：制作场景演示脚本，模拟国际商务谈判的整个过程。

三、案例分析

美国一家石油公司经理差点儿断送了一笔重要的石油买卖，关于事情的经过，请听他的自述："我会见石油输出国组织的一位阿拉伯代表，和他商谈协议书上的一些细节问题。谈话时，他渐渐地朝我靠拢，越来越近，直到离我仿佛只有一个拳头的间隔才停下来。我下意识地往后退了退，在我们两人之间保持着一个我认为是适当的距离——半米左右。这时，只见他略略迟疑了一下，皱了皱眉头，随即又向我靠近。我不安地又退了一步。突然，我发现我的助手正焦急地盯着我，并摇头向我示意。感谢上帝，我终于明白了他的意思。我站住不动了，在一个觉得最别扭、最不舒服的位置上谈妥了这笔交易。"

问题与分析：阿拉伯代表为什么对美国代表的后退皱起了眉头？美国代表的助手在向他示意什么？在关于国际商务谈判文化差异方面，本案例带给我们哪些启示？

 知识巩固

附　录

学生自主模拟商务谈判训练

　　鉴于教师精力有限，编者建议同学们自行组织模拟商务谈判训练以增加实践机会。三五个人可组成一个谈判小组，与其他小组共同选定案例后即可进行模拟商务谈判练习。

　　本书配套资料中提供了若干备选案例，扫描下方二维码可查看各案例的公开素材，确定甲、乙方后可向授课教师索要己方资料。注意：双方的"己方资料"应相互保密，不应试图去获得对方资料，否则会因谈判失去真实性而让实践的价值大打折扣。

模拟谈判 1	模拟谈判 2	模拟谈判 3	模拟谈判 4	模拟谈判 5

更新勘误表和配套资料索取示意图

　　说明1：本书配套教学资料存于人邮教育社区（www.ryjiaoyu.com），资料下载有教师身份、权限限制（身份、权限需网站后台审批，参见示意图）。

　　说明2："用书教师"，是指学生订购本书的授课教师。

　　说明3：本书配套教学资料将不定期更新、完善，新资料会随时上传至人邮教育社区本书相应的页面内。

　　说明4：扫描二维码可查看本书现有"更新勘误记录表""意见建议记录表"。如发现本书或配套资料中有需要更新、完善之处，望及时反馈，我们将尽快处理！

　　咨询邮箱：13051901888@163.com。　　　　咨询电话、微信：13051901888。

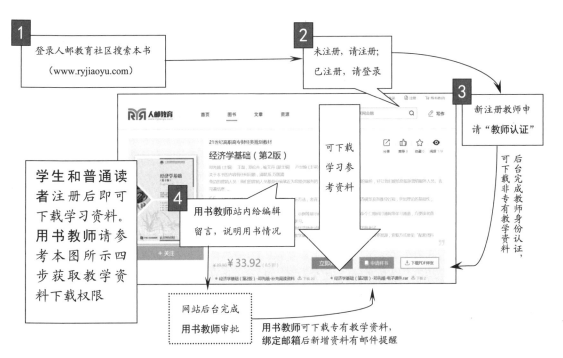

主要参考文献

[1] 程艳霞, 2019. 管理沟通：知识与技能. 2版. 武汉：武汉理工大学出版社.

[2] 崔文丹, 王杰, 齐闯, 2018. 商务谈判与沟通. 北京：机械工业出版社.

[3] 杜慕群, 朱仁宏, 2023. 管理沟通. 4版. 北京：清华大学出版社.

[4] 黄琳, 2024. 商务礼仪. 5版. 北京：机械工业出版社.

[5] 黄漫宇, 2023. 商务沟通. 3版. 北京：清华大学出版社.

[6] 霍伊, 2019. 打造超级人脉：在高度互联的世界里建立强大的人际关系. 朱倩倩, 译. 杭州：浙江大学出版社.

[7] 吉田裕子, 2020. 学会说话：人际沟通力提升法则. 侯鹏图, 译. 北京：中国科学技术出版社.

[8] 蒋巍巍, 2020. 向上管理的艺术：如何正确汇报工作. 北京：人民邮电出版社.

[9] 康青, 2022. 管理沟通. 6版. 北京：中国人民大学出版社.

[10] 李博, 王晓娟, 2019. 商务礼仪. 北京：清华大学出版社.

[11] 李爽, 2017. 商务谈判. 北京：人民邮电出版社.

[12] 李颖娟, 2022. 人际沟通与交流. 3版. 北京：清华大学出版社.

[13] 李英羽, 2023. 华为三十年：从中国出发的全球化[M]. 北京：中国人民大学出版社.

[14] 李逾男, 杨学艳, 2017. 商务谈判与沟通. 2版. 北京：北京理工大学出版社.

[15] 李志军, 2018. 商务谈判与礼仪. 北京：中国纺织出版社.

[16] 刘俊, 2019. 谈判：让你在交易中扭转局面. 北京：中国民主法制出版社.

[17] 刘园, 2011. 谈判学概论. 4版. 北京：首都经济贸易大学出版社.

[18] 卢海涛, 2020. 商务谈判. 2版. 北京：电子工业出版社.

[19] 莫群俐, 2023. 商务谈判（微课版）. 北京：人民邮电出版社.

[20] 莫群俐, 2024. 商务沟通：策略、方法与案例（附微课）. 2版. 北京：人民邮电出版社.

[21] 潘锦云, 汪春成, 2021. 商务谈判：理论、实务与艺术. 合肥：中国科学技术大学出版社.

[22] 千海, 2019. 会谈判的人，前程都不差. 北京：中国经济出版社.

[23] 瑟勒, 贝尔, 梅泽, 2021. 沟通力：高效人际关系的构建和维护. 张豫, 译. 北京：人民邮电出版社.

[24] 苏建福, 向贤勇, 2022. 职场关系与沟通技巧. 上海：上海交通大学出版社.

[25] 汤秀莲, 宋京津, 2024. 商务礼仪. 3版. 北京：清华大学出版社.

[26] 魏江, 王颂, 2024. 管理沟通：成功管理的基石. 5版. 北京：机械工业出版社.

[27] 姚凤云, 刘纯, 赵雅坦, 2021. 商务谈判与管理沟通. 3版. 北京：清华大学出版社.

[28] 余世维, 2012. 有效沟通. 2版. 北京：北京联合出版公司.

[29] 张传杰, 黄曼宇, 2022. 商务沟通：方法、案例与技巧（微课版）. 2版. 北京：人民邮电出版社.

[30] 张晖, 胡晓阳, 江丽, 2019. 商务谈判. 上海：上海财经大学出版社.

[31] 张莉, 刘宝巍, 2021. 管理沟通. 4版. 北京：高等教育出版社.

[32] 张岩松, 韩金, 2021. 人际沟通与社交礼仪. 2版. 北京：清华大学出版社.